Sascha Adamek
Scharia-Kapitalismus

Sascha Adamek

Scharia-Kapitalismus

Den Kampf gegen unsere Freiheit
finanzieren wir selbst

Econ

Econ ist ein Verlag der Ullstein Buchverlage GmbH

ISBN 978-3-430-20240-4

© der deutschen Ausgabe
Ullstein Buchverlage GmbH, Berlin 2017
Alle Rechte vorbehalten
Lektorat: Annalisa Viviani, München
Gesetzt aus der Minion und der Neuen Helvetica
bei LVD GmbH, Berlin
Druck und Bindung: CPI books GmbH, Leck
Printed in Germany

Für meine Lieben

Inhalt

Einführung

Wie wir den Kampf gegen unsere Freiheit selbst finanzieren

Im Zentrum dieses Buches steht das Geld – Geld, das Ideologie, religiösen Wahn, aber auch Waffen transportiert; Geld, das Menschen ermöglicht, zu den Waffen zu greifen; Geld, das nahöstliche und europäische Mäzene bereit sind auszugeben, um den Kampf gegen unsere Art zu leben zu führen. Den Kampf gegen eine Überzeugung, die uns über alle politischen und religiösen Unterschiede hinweg eint und die aussagt, dass die Würde eines jeden Menschen unantastbar ist, unabhängig davon, ob jemand aus reicher oder armer Familie stammt, gleichen Glaubens, andersgläubig oder gar nicht gläubig ist, ob er hetero- oder homosexuell ist, ob er Schweinefleisch, Rindfleisch, Lammfleisch oder gar kein Fleisch isst. Und unabhängig von der Frage, ob er in der Öffentlichkeit zärtlich mit seiner Geliebten umgeht und seine Haut zeigt oder sie lieber bedeckt hält.

Für den Kapitalismus sind diese menschlichen Kategorien nur insoweit von Belang, als sie vermarktbar sind. Der Kapitalismus kennt keine Überzeugung, er ventiliert vor allem Geld. Geld um des Geldes und seiner Vermehrung willen. In diesem System ist es gleichgültig, was es mit diesem Geld auf sich hat. Allerdings haben sich über eineinhalb Jahrhunderte Kapitalismus sehr unterschiedliche Blickwinkel auf dieses Wirtschaftssystem entwickelt. Solange die real produzierende Wirtschaft die Welt beherrschte, war der sogenannte Manchester-Kapitalismus im Fadenkreuz der Kritik.

Mit der globalen Machtübernahme der Finanzmärkte und dem
Hochfrequenzhandel entstand der Begriff des »Kasino-Kapitalis-
mus«. Zeitgenossen, die an die Möglichkeit eines für Mensch und
Natur nachhaltigen Kapitalismus glauben, sprechen hingegen
schon seit einigen Jahrzehnten vom »Öko-Kapitalismus«.

Dieses Buch entwickelt einen Blickwinkel auf ein Marktseg-
ment der Weltwirtschaft, das sich für unsere Zivilgesellschaften als
besonders explosiv herausstellt. Es geht um den Handel mit Staaten, die ganz oder teilweise Bestandteile der Scharia in ihr Strafgesetz eingeführt haben. Scharia beschreibt im Fall dieser Staaten die
rein juristische Definition als Bündel von Normen, Vorschriften
und Verboten, die aus dem Koran und den Überlieferungen des
Propheten hergeleitet werden. Es geht um Staaten, die es nicht dabei belassen, ihre eigene Bevölkerung mit der Praxis der Scharia zu
drangsalieren, sondern die durch millionenschwere Spenden von
Privatpersonen sowie durch direkte staatliche Zuwendungen
Gruppen fördern, die primär im Sinn haben, unsere demokratischen und aufgrund ihrer Multikulturalität verletzlichen Gesellschaften in die Luft zu jagen. Die Summe und die sehr differenzier-
ten Spielarten dieser Handelsbeziehungen werden hier unter dem
Begriff »Scharia-Kapitalismus« subsumiert.

Die meisten der mehr als vier Millionen Muslime in Deutschland leben seit Jahrzehnten ohne Rücksicht auf die strenge Auslegung der Scharia. Sie leben in Deutschland nicht nach der Scharia,
sondern trotz der Scharia. Viele reformorientierte Muslime legen
überdies der Scharia eine rein religiöse Deutung zugrunde. So bezeichnet der reformorientierte Münsteraner Islampädagoge
Mouhanad Khorchide[1] sie als theologisch definierten »Weg zu
Gott«. Dagegen verstehen die Islamisten – von den Salafisten, den
Wahhabiten über die Muslimbruderschaft bis hin zu ihren reichen
Gönnern aus dem Nahen Osten – darunter ein strenges, für alle
Muslime gültiges juristisches Gebilde, das sich aus dem Koran und
den Überlieferungen ableitet und sämtliche Lebensbereiche des
Menschen regelt.[2]

Gerade diese Unbestimmtheit des Scharia-Begriffs lädt zu dem Buch-Titel *Scharia-Kapitalismus* ein. Dieser Begriff beschreibt keinen wissenschaftlichen Umstand, schon gar keine Gesetzmäßigkeit, sondern zeigt ein unmoralisches Geschäftsverhältnis auf. Seit Jahrzehnten ist ein gefährliches Pingpong-Spiel zwischen beiden »Welten« in Gang: Finanzströme aus dem Westen refinanzieren an vielen Stellen des Nahen Ostens Einzelpersonen, Organisationen und sogar Staaten, die dann wiederum als Gönner und Sponsoren fundamentalistischer Verbände und Moscheevereine im Westen – oder gar terroristischer Gruppen –dienen. In einem vertraulichen Bericht von Bundesnachrichtendienst und Bundesamt für Verfassungsschutz heißt es, »Missionierungsorganisationen« aus Katar, Saudi-Arabien und Kuwait verfolgten »eine langfristige Strategie der Einflussnahme«.[3] Die »salafistische Missionierung« durch Finanzierung von Moscheevereinen und Koranschulen gehöre für die genannten Golfstaaten »zum religiösen und politischen Selbstverständnis«. Der Export ihrer rückwärtsgewandten Auslegung des Islam zielt sogar auf die jüngsten deutschen Staatsbürger mit Migrationshintergrund: So besuchen Woche für Woche Tausende Kinder aus dem Ausland finanzierte Koranschulen, die nicht reformorientiert sind, sondern einer mittelalterlichen Auslegung des Koran anhängen. Was dort gelehrt wird, entscheiden Geldgeber, die Tausende Kilometer von Deutschland entfernt residieren.

Die Verwendung des Scharia-Begriffs im Titel des Buches soll zudem auf die Doppelbödigkeit unserer Handelsbeziehungen mit islamistischen Staaten verweisen. Denn einige rechtliche Normen der Scharia könnten sogar einen positiven Effekt entfalten, weil sie viele schädliche Auswüchse der kapitalistischen Marktwirtschaft, wie die Zinsspekulation oder den Handel mit Waffen oder Drogen, verbieten. Das Buch schildert allerdings, dass islamische Kapitalisten auch nicht religionstreuer und frommer handeln, als es zum Beispiel die Vatikanbank tat, die über Jahrzehnte in Korruption, Geldwäsche und Waffenhandel mit brutalen Diktatoren in Süd-

amerika und anderswo verwickelt war und damit die Friedensbot-
schaft der Bergpredigt mit Füßen trat. Während sich die vermögenden Familien in den Golfstaaten einen höchst feudalen
Lebensstil erlauben, werden ihre Arbeitnehmer zuweilen wie Leib-
eigene behandelt.

58 Milliarden – Handel mit harten Scharia-Staaten

Die Beschäftigung mit diesem speziellen Markt ist vor allem wegen
seiner enormen Dynamik angezeigt: Analysiert man allein die Au-
ßenhandelsbilanzen Deutschlands, so stellt man fest, dass Banken,
Konzerne und der Staat mit Staaten, deren Rechtssystem überwiegend auf der Scharia beruht, Handel im Umfang von gut 58 Milliarden Euro (2016) betreiben – das entspricht immerhin weit mehr
als einem Drittel des Handelsvolumens mit unserem wichtigsten
Verbündeten USA. Staaten, in denen zum Teil Frauen und Männer
öffentlich ausgepeitscht werden, in denen auch Vergewaltigungsopfer wegen Unzucht ausgepeitscht werden, in denen der Abfall
von der Religion ebenfalls mit Peitschenhieben bestraft wird, Länder, in denen Dieben Fingerglieder oder Gliedmaßen amputiert
werden, haben es dennoch geschafft, privilegierte Handelspartner
der Exportnation Deutschland zu werden. Andere beschränken die
Anwendung der Scharia auf das Familienrecht, was vor allem für
Frauen in diesen Ländern zu anhaltenden Menschenrechtsverletzungen führt. Zu unseren Handelsbeziehungen kommen wirtschaftliche Verflechtungen: Großkonzerne und Banken in der EU
und der Schweiz, die auch dank islamischer Investoren dem globalen Wettbewerb standhalten, darunter Air Berlin[4] (Vereinigte Arabische Emirate VAE 29,22 Prozent) über die Credit Suisse (Katar
17,74 Prozent),[5] von Daimler (Kuwait 6,8 Prozent),[6] der Deutschen
Bank (Katar 6,1 Prozent)[7] bis Volkswagen (Katar 14,6 Prozent),[8]
sind Investoren aus islamischen Staaten mit nennenswerten Share-
holder-Anteilen vertreten. Die Engagements sind vielfältig und

nicht selten feudal anmutend: In der Schweiz investiert ein katarischer Großinvestor 485 Millionen Franken in den Bau des mondänen Hotelresorts Bürgenstock am Vierwaldstätter See.[9] Gern kaufen sich die Investoren aus dem Nahen Osten auch in Luxusmarken wie Louis Vuitton[10], den Edeljuwelier Tiffany's oder das Londoner Kaufhaus Harrods ein.[11] Allein die Auslandsbeteiligungen des kleinen Emirats Katar schätzt der Internationale Währungsfonds auf 136 Milliarden Dollar.

Wirtschaftliche Abhängigkeiten beherrschen nicht nur Industrie und Handel, sondern auch die Freizeitbranche: Welches Paar denkt bei der Buchung eines Urlaubs auf den Malediven, in Bali oder in Dubai daran, dass der öffentliche Austausch von Zärtlichkeiten bei einem romantischen Strandspaziergang für ein einheimisches Liebespaar drakonische Strafen nach sich ziehen könnte, oder dass sich eine allein reisende Ehefrau in diesen Ländern nach den dortigen Maßstäben sogar strafwürdig verhielte? Wer denkt nach der Aufhebung des Iran-Embargos an die Unterstützung dieses Staates für die blutigen Hizbullah-Milizen und ihr weltweites Geldwäschesystem? Und wer bei der Lieferung von Waffen an und dem Kauf von Öl aus Saudi-Arabien an Dutzende brutale Exekutionen, die dieser Staat im Jahr durchführt? Und die Muslimbrüder sind es, die islamische Zentren in Westeuropa tatkräftig unterstützen. Ebenso Saudi-Arabien und diverse Scheichs aus den Golfstaaten sowie die Islamische Republik Iran, die soeben wieder in den Kreis der bevorzugten Handelspartner aufgestiegen ist.

Nun könnten Kritiker einwenden, dass sich die Politik des Wandels durch Handel durchaus in der Geschichte bewährt habe. Auch dieser These geht dieses Buch nach. Allerdings dürften Zweifel angebracht sein, ob westliche Regierungen in Zeiten der Ost-West-Konfrontation zugelassen hätten, dass Staatskonzerne aus dem sowjetischen Machtbereich Großaktionäre westlicher Banken und Konzerne geworden wären. Denn bei aller Diplomatie: Solche Investments bringen stets – in der Globalisierung ja auch gewollte – volkswirtschaftliche Abhängigkeiten mit sich. Wirtschaftliche

Abhängigkeit aber ist hier gepaart mit dem Einfluss autoritärer islamistischer Regime auf die politische Landschaft in Europa und den USA. Den Kampf gegen unsere Freiheit finanzieren wir selbst.

Die Scharia-AG

Scheichs investieren in Konzerne, politische Macht und Religion

Auf dem Gebiet der Wirtschaft und der Finanzen sei längst eine weitgehend unbeachtete Islamisierung im Gange, die sozusagen hinter dem Rücken der Öffentlichkeit erfolgt, schreibt der Islamwissenschaftler Ralph Ghadban: »Sie betrifft die Finanzwelt, deren Islamisierung vom öffentlichen Diskurs nicht wahrgenommen wird.«[1] Nun sind sowohl die Deutsche Bank als auch die gute alte Sparkasse weit davon entfernt, »islamisiert« zu werden. Ghadban meint damit die Macht des Geldes, das von islamischen Investoren stammt.

Das Alphabet europäischer Konzerne von Scharia-Investoren

Dass die Wahrnehmung der Öffentlichkeit bei solcherlei Investitionen islamischer Großunternehmer etwas getrübt war, hat verständliche Gründe. Denn nicht selten eilen den Megainvestitionen aus den Scharia-Staaten schlechte Nachrichten auf den heimischen Märkten Europas voraus: fusionsbedingte Kürzungen, Umstrukturierungen, Massenentlassungen. Dass die Retter am liebsten in der Not kommen, liegt in der Natur des modernen Kapitalismus. Gerät ein Konzern in Schieflage, braucht er frisches Geld. Das Alphabet europäischer Konzerne, an denen namhafte Investoren aus Scharia-Staaten oder sogar diese Staaten selbst direkt oder indirekt beteiligt sind oder über längere Zeit waren, ist beeindruckend und bietet zugleich einen Hinweis auf den wachsenden wirtschaftlichen und politischen Einfluss dieser Investoren auf unsere Volkswirtschaften und Gesellschaften: Alitalia (Vereinigte Arabische Emirate 49 Prozent),[2] Air Berlin (Vereinigte Arabische Emirate VAE 29,22 Prozent),[3] Banc Internationale à Luxembourg (Katar 89,9 Prozent),[4] Barclays (Katar 6 Prozent)[5], British Airways (Katar 20 Prozent),[6] Credit Suisse (Katar 17,74 Prozent),[7] Daimler (Kuwait 6,8 Prozent),[8] Deutsche Bank (Katar 6,1 Prozent),[9] Glencore (Katar 9 Prozent),[10] Hapag Lloyd (Katar 14,4 Prozent, Saudi-Arabien 10,1 Prozent),[11] Harrods (Katar 75 Prozent),[12] Heathrow Airport Holdings (Katar 20 Prozent),[13] Iberdrola (Katar 8,5 Prozent),[14] Lagardère (Katar 12,8 Prozent),[15] Londoner Börse (Katar 10,3 Prozent),[16] Merck Finck (Katar),[17] Mövenpick Hotels & Resorts (Saudi-Arabien)[18], Tiffany (Katar),[19] Thyssen-Krupp Marine Systems (Iran 4,5 Prozent),[20] Total (Katar 2 Prozent)[21], Volkswagen (Katar 14,6 Prozent)[22], Louis Vuitton (Katar),[23] Vinci (Katar 4 Prozent).[24]

Und wer sich in der deutschen Hauptstadt umblickt, wird zahlreiche Immobilieninvestitionen der Großklasse von nahöstlichen Geldgebern entdecken – immer nach der Devise: schneller, höher und teurer. Das nagelneue Luxushotel Waldorf-Astoria neben dem Bahnhof Zoo konnte nur dank einem Investor aus Abu Dhabi errichtet werden.[25]

Weitere Luxusimmobilien sind in arabischen Händen: die Immobilien der Berliner Hotels Grand Hyatt und Maritim an der Stauffenbergstraße (beide im Besitz der zur Al Faisal Holding gehörenden Al Rayyan Tourism Investment Co., kurz Artic),[26] sowie zahlreiche bekannte Shopping-Center, Wohn- und Büroquartiere der Hauptstadt. Zuweilen treibt die Investitionsfreude aus dem Nahen Osten auch seltsame Blüten. So erwarb 2009 ein Immobilieninvestor namens Faysal al-Zarooni aus Dubai die Firma Mediatex im Land Brandenburg, die seit Jahrzehnten mit der bei

Rechtsextremisten beliebten Modemarke Thor Steinar viel Geld und schlecht von sich reden macht.[27]

Saudis könnten Google, Apple und Microsoft gleichzeitig kaufen

Staatsfonds aus Scharia-Staaten sind ganz weit vorn, wenn es darum geht, ihre ökonomische und politische Macht im Westen zu festigen. Im Unterschied zu privaten Investoren sind sie politisch hoch angesiedelt, denn sie verwalten und investieren direkt staatliche Gelder. An erster Stelle steht der saudische Staatskonzern Aramco, der auch nach dem für 2017 oder 2018 avisierten Börsengang zu 95 Prozent vom Königreich Saudi-Arabien kontrolliert werden wird.[28] Nach Angaben von Kronprinz Mohammed bin Salman beträgt der Wert von Aramco über zwei Billionen Dollar. Gabriel Knupfer von der Schweizer *Handelszeitung* schreibt: »Damit könnten die Saudis problemlos die Aktienmehrheit bei Apple, Google und Microsoft übernehmen – und hätten immer noch viel Geld übrig.« Aramco löst dadurch den norwegischen Staatsfonds mit 848 Milliarden Dollar von seiner weltweiten Poolposition ab – einen Fonds, der von sich reden machte, weil er bei seinen Anlagen auf die Beachtung von Arbeitsrechten und gerechten Löhnen achtet. Das allerdings lässt sich von den Playern aus den Scharia-Staaten nicht behaupten. Nach dem Fonds des saudischen Ölkonzerns Aramco finden sich weitere vier Staatsfonds unter den ersten zehn der Welt: Bereits an dritter Stelle weltweit tätiger Fonds steht die Abu Dhabi Investment Authority mit 773 Milliarden Dollar, auf Platz 5 steht die ebenfalls saudische SAMA Foreign Holding mit 632 Milliarden Dollar, gefolgt von der Kuwait Investment Authority mit 592 Milliarden Dollar. Auf Platz zehn findet sich die Quatar Investment Authority mit 256 Milliarden Dollar.[29]

Was den Wert Aramcos angeht, hatte es sich das saudische Königshaus relativ einfach gemacht und den Wert der vorhandenen unterirdischen Rohölreserven hochgerechnet. Nach den Erfahrungen, die man etwa beim Börsengang der russischen Rosneft gemacht hatte, sind Analysten deutlich skeptischer. Denn zurzeit zahlt Aramco noch Steuern von 85 Prozent auf die Öleinnahmen an das Königshaus. Deshalb rechnet der Ölexperte Robin Mills von der Omar Energy mit maximal 400 Milliarden Dollar Unternehmenswert für Aramco. Allerdings wird das Königshaus bei einem Börsengang die Steuerlast zurückfahren, um nicht den Wert seines Mammutkonzerns zu gefährden. In jedem Fall wird Aramco im kommenden Jahrzehnt viel von sich reden machen. Dazu zwingt schon die Diversifizierung der Volkswirtschaft, die Saudi-Arabien vornimmt. Von der Düngerproduktion über die Herstellung von Sturmgewehren, von der Plastikherstellung bis zum Tourismus versucht das Königreich, sich wirtschaftlich breiter aufzustellen. Damit verbunden sind Investitionen im In- und Ausland. Ginge mit dieser Öffnung auch eine politisch-religiöse Liberalisierung einher, stellten sich für viele gut ausgebildete junge Menschen in Saudi-Arabien die von ihnen ersehnten Chancen ein, endlich den Anschluss an den Rest der Welt zu finden.

Wegen des 9/11-Report drohte Saudi-Arabien, US-Anleihen zu verkaufen

Die staatlichen Investoren aus Scharia-Staaten gehören zu den finanzstärksten weltweit. Und wenn es darauf ankommt, lassen sie mit diesem Geld ihre weltpolitischen Muskeln spielen. Nach den Attentaten vom 11. September 2001, an denen bekanntermaßen 15 der 19 Massenmörder saudische Staatsbürger waren, war es zunächst still um die saudischen Hintermänner in den USA und in Saudi-Arabien selbst geworden. Weil das Land als strategischer Verbündeter galt, verfuhr sogar das FBI zurückhaltend, wie mittlerweile öffentlich wurde.[30] Die Hinterbliebenen der rund 3000 Toten sahen das allerdings verständlicherweise anders. Ihnen und ihren Anwälten ist es über die Zeit gelungen, die diplomatische Friedhofsruhe zwischen den USA und ihrem Verbündeten am Golf zu stören. Trotz des heftigen Widerstands der Obama-Administration, stimmte der US-Senat einem Gesetz zu, das endlich den Hinterbliebenen erlauben würde, gegen Helfershelfer und Unterstützer zu klagen. Ihre große Hoffnung ruhte auf den berühmten »28 Seiten« aus dem offiziellen 9/11-Untersuchungsbericht, der seit fünfzehn Jahren von den US-Regierungen unter Verschluss gehalten wurde und erst seit 2016 öffentlich zugänglich ist. Durch Senatoren, wie den Demokraten Bob Graham, die bereits zuvor Einblick hatten, wussten Hinterbliebene, aber auch die saudische Regierung, dass der Inhalt dieser Seiten eine hohe Sprengkraft haben würde, denn darin wurden zum Teil hochrangige saudische Unterstützer von 9/11 namentlich benannt. Der Inhalt dieser 28-Seiten sagt überdies derartig viel über saudische Hintermänner und ihre finanziellen Hilfen für al-Qaida, dass wir uns ihm sehr intensiv im Kapitel »Die Saudi-Connection« widmen werden.

Hinterbliebene und Opfer fanden es empörend, dass die Obama-Administration bereit war, eher die Saudis zu schützen, als ihren eigenen Staatsbürgern zur Seite zu stehen. Die Episode zeigt, welche enorme politische Macht Investoren aus Nahost nur aufgrund ihrer Finanzmittel auch innenpolitisch in westlichen Demokratien entfalten können. Als der US-Senat 2016 beschloss, die geheimen 28 Seiten aus dem 9/11-Bericht endlich veröffentlichen zu lassen, drohte prompt Saudi-Arabiens Außenminister Adel al-Jubeir, dass in diesem Fall Saudi-Arabien sämtliche US-Staatsanleihen im Wert von angeblich 750 Milliarden Dollar verkaufen könnte.[31] Das US-Finanzministerium ging allerdings von nur 116,8 Milliarden Dollar aus. Diese nach Ansicht ernst zu nehmender Ökonomen irrationale Drohung zeigt aber, wie die Investoren aus Scharia-Staaten denken: Mit ihren Billionen an Petrodollars kaufen sie sich nicht nur in ganze Volkswirtschaften ein, sie erkaufen sich auch politische Macht.

Saudi-Arabien soll Großbritannien mit Terror gedroht haben

Es war übrigens nicht der erste Versuch Saudi-Arabiens, Druck auf unabhängig agierende staatliche Institutionen im Westen auszuüben. 2008 berichtete der *Guardian* über einen Korruptionsfall, der in mehrfacher Hinsicht brisant ist.[32] Eben jener Prinz Bandar, der jahrelang US-Botschafter gewesen war und im Rahmen der 9/11-Ermittlungen erwähnt wurde, war in Saudi-Arabien mittlerweile zum Vorsitzenden des nationalen Sicherheitsrates aufgestiegen. 2004 begann die britische Anti-Korruptionsbehörde Serious Fraud Office (SFO) Ermittlungen wegen hoher Geldzahlungen des damaligen britischen Rüstungskonzerns BAE Systems an saudische Staatsbürger – darunter auch Prinz Bandar, der etwa eine Million Pfund erhalten habe – so der im *Guardian* geäußerte Verdacht. Prinz Bandar hat diesem Verdacht sofort widersprochen und strikt dementiert, persönlich Geld erhalten zu haben. Der Fall wurde allerdings nie aufgeklärt. 2008 stellte sich bei einer Anhörung vor dem Höchsten Gerichtshof Großbritanniens ein möglicher Grund heraus. So soll Bandar 2006 zu Premierminister Tony Blair persönlich geflogen sein, um eine Einstellung der Ermittlungen gegen ihn und Angehörige seiner Familie zu fordern. Dabei habe er gedroht, dass das Leben von Bürgern »auf britischen Straßen« gefährdet sei, wenn der saudische Geheimdienst die Weitergabe von Anschlagsplanungen an britische Dienste einstelle. Der *Guardian* schrieb dazu: »Saudi-Arabiens Führer drohten damit, es für Terroristen einfacher zu machen, London anzugreifen, sofern die Korruptionsermittlungen nicht eingestellt würden.«

Der Fall belegt auf drastische Weise, mit welcher gefährlichen Machtfülle sich die Diktaturen am Golf vollsaugen und wie schnell diese sich plötzlich gegen vitale Interessen des Westens und seiner Bürger selbst richten können. Und mit jedem neuen Waffen- oder Energiedeal, mit jedem Zukauf westlicher Konzernanteile steigt diese Machtfülle.

Das Kreuz im Logo opferte Real Madrid den neuen Sponsoren

Die Vorliebe der Investoren aus islamischen Staaten für Unternehmensbeteiligungen liegt in den Vorschriften der Scharia für das Wirtschaftsleben selbst begründet. So sind Zinseinnahmen grundsätzlich verboten, was Investments in verzinsliche Staatsanleihen im Grunde ausschließt.[33] Renditen aus aktiennotierten Unternehmen hingegen werden im religiösen Sinne nicht als Zins gewertet, sondern als Gewinnbeteiligung. Und bei den Investments selbst macht sich nur selten das islamische Selbstverständnis der Geldgeber bemerkbar. Man legt Wert auf Diskretion. Aufsehen hat diesbezüglich vor allem der Sponsoringvertrag der National Bank of Abu Dhabi mit dem spanischen Fußballclub Real Madrid erregt. Bei Abschluss des Drei-Jahres-Sponsoring-Vertrags lobte der Clubvorsitzende Florentino Perez die »strategische Allianz mit einer der prestigeträchtigsten Institutionen der Welt«.[34] Als Aufgebot für die neue Verbindung mit dem Großsponsor aus Nahost waren Stars wie Gareth Bale, Karim Benzema und Toni Kroos erschienen. Die National Bank of Abu Dhabi stellte eine Real-Madrid-Kreditkarte vor. Auf ihr fehlte allerdings ein graphisches Detail, das es in sich hat. Über dem Vereinslogo von Real Madrid thront seit Jahrzehnten eine Königskrone, an deren Spitze ein Kreuz steht. Dieses Kreuz entfiel bei der nahöstlichen Werbeaktion der neuen Geldgeber. War es ein kulturell-religiös motiviertes Einknicken vor den islamistischen Mäzenen oder hat sich vielmehr die National Bank of Abu Dhabi vor ihrem eigenen Engagement gefürchtet und hat darum das Logo von Real Madrid daran glauben müssen? An diesem profanen Beispiel aus dem Firmenmarketing zeigt sich einmal mehr, dass Scharia-Kapitalismus weniger mit strengen Glaubensinhalten als vielmehr mit ganz herkömmlichem Profitstreben zu tun hat.

Die neue Macht der Staatsfonds

Aber sind diese Investitionen überhaupt problematisch? Geldgeber und Firmenaufkäufer aus ferneren Gefilden werden hierzulande traditionell ängstlich bis ablehnend aufgenommen: Seit der Verschärfung des globalisierten Wettbewerbs vor dreißig Jahren diskutieren Menschen und Medien über die »Gelbe Gefahr«, die vom Giganten China ausgehe, der sich daranmachte, ganze Produktionszweige aus Europa und die Arbeitsplätze gleich mit zu übernehmen und der sich obendrein noch kräftig in unsere Volkswirtschaften und Staatsfinanzierungen einkaufte.

China ist traditionell der größte Gläubiger der USA und setzte den US-Dollar enorm unter Druck, indem es US-Staatsanleihen massenhaft verkaufte. Im Dezember 2016 löste erstmals Japan China als größten US-Geldgeber ab.[35] Mit der Legalisierung von Hedgefonds durch die rot-grüne Bundesregierung begann auch der Einfluss ausländischer Investoren in Deutschland zu steigen. Auf dem Höhepunkt der nicht immer sachlich geführten Debatte, benutzte ausgerechnet der damalige SPD-Vorsitzende Franz Müntefering die Metapher von den »Heuschrecken«.

Ausländische Staatsfonds sind häufig sogenannte Blackboxes für die Öffentlichkeit. Da sie erst um die Jahrtausendwende größeres Gewicht in der Finanzwelt erhielten, gibt es bis heute nicht viele wissenschaftliche Untersuchungen zu diesem Thema. Und je weniger eine Gesellschaft weiß, desto verbreiteter sind ihre Ängste und irrationalen Befürchtungen. So stehen Staatsfonds grundsätzlich im Verdacht, nicht nur klassische Investoreninteressen, sondern auch politisch-strategische Absichten zu verfolgen, wie der Finanzwissenschaftler Henry Schäfer in einer Studie für die gewerkschaftsnahe Hans-Böckler-Stiftung auflistet.[36] Russland wird gern unterstellt, seine Machtstellung und die von Gazprom auszubauen. China wird traditionell verdächtigt, das technische Know-how aus westlichen Konzernen abschöpfen zu wollen. Und im Fall des Nahen Ostens werden immer wieder Sicherheitsbedenken vorgebracht.

Auch China verletzt Menschenrechte, finanziert aber keine Extremisten

Die Finanzmarktkrise 2008 brachte einen Wendepunkt in der politischen Akzeptanz ausländischer Staatsfonds mit sich. Angesichts vom Absturz bedrohter Großbanken samt ihren hochbezahlten Managern sowie dem drohenden Verlust von Hunderttausenden Industriearbeitsplätzen war es nicht mehr ganz so wichtig, welche Absichten die Retter sonst noch antrieben und ob diese Retter womöglich jederzeit für die Einhaltung der universellen Menschenrechte einstanden. Im Falle Chinas ist das sicherlich in Zweifel zu ziehen. Aber ebenso für die Investoren aus Scharia-Staaten. China finanziert keine extremistischen oder gar terroristischen Bestrebungen, die sich gegen unsere Gesellschaftsordnung richten. Das lässt sich von einigen islamistisch verfassten Staaten nicht sagen. Die Gefahr, dass ein Teil der Finanzströme aus diesen Investments irgendwann wieder kehrtum macht und via Sponsoring bei Extremisten oder gar Terroristen landet, ist virulent. Aber wie kam es überhaupt zu den Investitionen aus arabischen Staaten?

Schon seit Jahrzehnten streben die Golfstaaten nach Diversifizierung ihrer vom Öl und Gas abhängigen Volkswirtschaften. Die vielen Sonderwirtschaftszonen zum Beispiel in Abu Dhabi, aber auch die vielfältigen Investitionen im Ausland zeugen von diesem Wunsch. Der sprichwörtliche »Ruck« ging allerdings erst mit der Verkündung der »Vision 2030« durch die saudische Gesellschaft und die übrigen Golfstaaten. Der Sohn des saudischen Königs, Kronprinz Muhammad bin Salman, verkündete im April 2016 ein extrem ehrgeiziges Ziel: »Binnen zwanzig Jahren werden wir eine Volkswirtschaft oder ein Staat sein, der nicht mehr vom Öl abhängig ist.«[37] Um dieses Ziel zu erreichen, wird allein Saudi-Arabien sehr viel Geld in die Hand nehmen müssen, um mit Investments weltweit diese Diversifizierung zu erkaufen.

Aber was ist der Preis, den westliche Demokratien und ihre kapitalistischen Marktwirtschaften für die Einkaufspolitik islamistischer Diktaturen zahlen müssen? Blicken wir auf die Genese vieler Investments, so wird die Gefahr von politischen Abhängigkeiten schnell offenbar. Der Finanzwissenschaftler Henry Schäfer hat untersucht, welche Auswirkungen die Investitionen ausländischer Staatsfonds haben. Im Zentrum stand die Frage des Bedrohungspotentials für das wirtschaftliche Gefüge in Deutschland. Dabei wurde eine Skala für die Transparenz der Staatsfonds von »niedrig bis hoch« und eine Kategorisierung des Investitionsverhaltens von »konventionell bis strategisch« verwendet. Als besonders bedrohlich wurden Staatsfonds mit geringer Transparenz und »eher politisch-strategischem Investitionsverhalten« eingestuft.[38] Eine Auswertung des US-amerikanischen Sovereign Wealth Institutes nennt hier vor allem die Staatsfonds Saudi-Arabiens, Abu Dhabis, Katars und Chinas. Als politisch unbedenklich gelten die Fonds von Norwegen, Alaska und Australien.[39]

Der Begriff des Islamic Financing ist dehnbar

Längst bieten nicht nur Banken aus der islamischen Welt sogenannte schariakonforme Finanzprodukte an. Auch fast sämtliche westlichen Großbanken wie die HSBC, die UBS oder die Deutsche Bank haben eigene Abteilungen für die Abwicklung des »Islamic Banking«. Auf den ersten Blick könnte ein Finanzsystem nach den Regeln der Scharia durchaus eine Lösung vieler globaler Probleme im Finanzsystem versprechen. Die Scharia hält neben einigen strafrechtlichen Abscheulichkeiten wie Amputationsstrafen oder Steinigungen für den Wirtschaftsverkehr zunächst durchaus nützlich klingende Verbote bereit. Das deutsche Bundeswirtschaftsministerium hat sie in aller Kürze für interessierte Investoren zusammengefasst: »Deren zentrale Elemente sind das Zinsverbot, das Verbot, auf Geschäftsrisiken zu spekulieren, und das Verbot, mit ›unethischen‹ Gütern Handel zu treiben.«[40] Man könnte auch sagen, dass die Scharia sämtliche Exzesse des Kapitalismus untersagt: die Verzinsung von Investitionen, das endlose weltweite Verbriefen von Risiken und vor allem das Wetten an und außerhalb der Börsen auf solche Risiken. Und selbstverständlich auch den Handel mit Menschen, Drogen, Waffen.

Als erstes rein islamisches Geldinstitut Deutschlands wurde 2015 in Frankfurt am Main die KT-Bank gegründet – eine Tochter der türkisch-kuwaitischen Bank Kuveyt Türk Katılım Bankası. Ein Mitarbeiter der Bank betreibt in Deutschland die werbewirksame Webseite http://scharia-konform.de. Auf dieser Webseite erfahren interessierte Geldanleger, was im schariakonformen Investitionswesen alles nicht erlaubt ist:»Grundlegend wird jedoch niemand Geldanlagen finden, die als konform bezeichnet werden und dann in die Alkohol-, Waffen-, Schweinefleisch-, Glücksspiel- oder Pornoindustrie investiert werden oder darauf basieren. Teilweise werden sogar Investitionen in die Tabakindustrie sowie in Restaurants oder Hotels abgelehnt, in denen Alkohol angeboten wird.«[41]

Jetzt könnten wir uns verwundert die Augen reiben, denn hat irgendjemand auf dem westlichen Planeten je davon gehört, dass Katar, Saudi-Arabien oder die Vereinigten Arabischen Emirate auf Renditen aus ihren Milliardeninvestments verzichtet hätten? Hat Kuwait darauf bestanden, dass Daimler sich von seiner Rüstungssparte trennt, bevor es sich als Aktionär beteiligte? Haben die katarischen Scheichs Hamad bin Jassim bin Jaber al-Thani und sein Cousin Hamad bin Khalifa al-Thani darauf verzichtet, Katar zum größten Einzelaktionär der Deutschen Bank zu machen,[42] nur weil die Deutsche Bank ganz vorn im weltweiten Verbriefungsgeschäft ist und sich an der Finanzierung diverser Unternehmen der Rüstungsindustrie beteiligt? Ist die Deutsche Bank heute ein ethischer Konzern? Und verzichten Staaten wie Saudi-Arabien auf Waffenhandel? Im Gegenteil: Auch bei den »unethischen Gütern« wie Kriegswaffen gehört zum Beispiel Saudi-Arabien zu den weltweiten Spitzenreitern – meist als Einkäufer und zunehmend auch als Produzent, man denke an die Lizenz für deutsche G36 Sturmgewehre, die in einer eigenen Fabrik nahe Riad produziert werden dürfen.

Aber was hat der Scharia-Kapitalismus überhaupt mit der Scharia als System islamischer Rechtsnormen gemein? Am ehrlichsten äußert sich dazu bislang das deutsche Bundeswirtschaftsministerium in einem Hintergrundpapier:»Vor dem Hintergrund der ausdrücklichen Verbote nehmen islamische Finanzgeschäfte im europäischen Rechtsrahmen oftmals den Charakter pragmatischer Umgehungsgeschäfte an.« Der Bericht des Bundeswirtschaftsministeriums lässt uns entsprechend ernüchtert zurück: So betrug der Anteil der schariakonformen Vermögenswerte 2014 weltweit mit 352 Milliarden gerade einmal einem Marktanteil von 0,4 Prozent. Selbst in der islamischen Türkei beträgt ihr Marktanteil gerade einmal 4,9 Prozent. Das hat womöglich auch mit den strikten Grenzen zu tun, die die sogenannten Sharia-Boards, also die islamischen Aufsichtsräte, ihren Konzernen bei Investments auferlegen. Dazu zählen sämtliche Branchen, die zum Teil in diesem Buch eine gewichtige Rolle spielen:»Verteidigung, Alkoholherstellung & Wein, Lebensmittelproduktion, Recreation Products, Lebensmitteleinzel-/Großhandel, Fernsehen/Radio/Entertainment, Medien, Hotels, Restaurants und Bars, Banken, Versicherungsunternehmen, Immobilien-Holding …« und viele andere.[43]

Der Scharia-Kapitalismus ist in seinen Geschäftspraktiken also nur selten selbst schariakonform, ebenso wenig wie Kapitalismus häufig alles andere als wettbewerbskonform ist. Religion ist in diesem globalen Spiel der Mächtigen häufig nur ein aufgesetztes Motiv. Das zeigt sich vor allem an der extremen Ungleichheit bei den Einkommen und Vermögenswerten innerhalb der Golfmonarchien, die das im Islam verkündete Leitbild der Barmherzigkeit seit langem Lügen straft. Das Teilen des gemeinsam erwirtschafteten Wohlstands bleibt häufig nur den einheimischen muslimischen Staatsbürgern vorbehalten, während ausländische Arbeiter ausgebeutet werden.

Zum Geldverdienen sind Schweinefleisch, Alkohol und Prostitution erlaubt

Sieht man sich die Liste der weltweiten Konzerne mit Investoren aus Scharia-Staaten an, so stellt man fest, dass der Begriff der Scharia-Konformität offenbar sehr dehnbar ist. Denn wie sonst sollten Tourismus- und Hotelkonzerne, die vom Alkoholkonsum, über den Genuss von Schweinefleisch bis zu dem Glücksspiel und der Prostitution diverse Nebenerwerbe mit sich bringen, von mächtigen Staatsfonds und Investoren aus den strengsten Scharia-Staaten aufgekauft werden dürfen? Deren Finanzmärkte weisen hohe Wachstumsraten von bis zu 20 Prozent auf. Um diesen Scharia-Kapitalismus auf Hochtouren weiter expandieren zu lassen, waren die Golfmonarchien und die von ihnen finanzierten islamischen Gelehrten kreativ. Denn sie hatten noch die spektakulären Konkurse islamischer Banken zwischen 1988 und 1991 vor Augen. Die waren damals an allzu strenger Auslegung des Investitionsverhaltens zugrunde gegangen. Denn eigentlich sind nach der Scharia Investitionen in Unternehmen, die verbotene Güter wie Alkohol, Schweinefleisch, Waffen oder Drogen verkaufen oder Dienstleistungen wie Prostitution anbieten, verboten. Seit diesen Erfahrungen haben führende muslimische Gelehrte wie Tariq Ramadan und Yusuf al-Qaradawi eine neue Flexibilität bei der Auslegung der Scharia im Wirtschaftsleben entwickelt. Während die Salafisten vertreten, dass nur erlaubt ist, was der Koran und die Hadithen – die Tradition des Propheten (*sunna*) als kanonische Quellen – erlauben und alles verboten sei, was dort verboten werde, lautet das theologische Credo des Scharia-Kapitalismus, dass alles, was nicht ausdrücklich gegen Verbote verstößt, erlaubt ist – und nicht nur das. Ralph Ghadban formuliert es so: »Die Mondlandung wie die Gentechnik, die Atombombe wie Penicillin sind in der Welt der islamischen Referenzen integrierbar. In der Fiqh-Sprache heißt es: Alles, was nicht ausdrücklich verboten ist, ist erlaubt.«[44] Während Salafisten viele Dinge ihrer Umgebung ausschlössen, plädierten die

Muslimbrüder für eine »vereinnahmende Haltung«. Und er fährt fort: »Die Integration bedeutet dann nicht die Integration der Muslime in den Westen, sondern die Integration des Westens in die Weltanschauung der Muslime, d. h. in das Scharia-System. […] Die Menschenrechte, die die Grundlage der westlichen Kultur bilden, werden nur im Rahmen der Scharia akzeptiert.« Selbst wenn diese Verbote in der Praxis nur halbherzig umgesetzt werden, haben sie mittlerweile Eingang in das Denken und Handeln westlicher Banken gefunden. Am Ende geht es um symbolische »Geländegewinne« und natürlich ums Geschäft.

Im Wirtschaftsleben ist die Flexibiliät weit größer als in gesellschaftlichen Belangen. So resultiert Ralph Ghadban zufolge die Flexibilität der Scharia aus einigen islamischen Prinzipien wie dem Gemeinwohl (*maslaha*) und der Notwendigkeit (*darura*). Nach der Definition des Altgelehrten al-Ghazali (1058–1111) handle es sich bei *maslaha* um die Bewahrung der fünf Prinzipien der Scharia: »der Bewahrung der Religion, ihres Lebens, ihres Verstandes, ihrer Nachkommenschaft und ihres Eigentums«.[45] Die Notwendigkeit, die *darura,* wiederum erlaube es den Muslimen, »im Notfall klare Scharia-Vorschriften außer Kraft zu setzen, um die *maslaha*, das Allgemeinwohl der muslimischen Gemeinde, zu bewahren. Das Scharia-Prinzip besagt: Die Notwendigkeiten setzen die Verbote außer Kraft. Wenn z. B. ein Schächten ohne Betäubung unmöglich ist, dann ist es rechtens, betäubte Tiere zu schächten.«

Muslimische Nachbarschaft ist wichtiger als Scharia-Finanzierung

Andererseits geht es den deutschen Akteuren der Muslimbruderschaft darum, die gläubigen Muslime in Deutschland auf den rechten Weg der Scharia-Vorschriften zu verweisen. Bei der Frage einer Eigenheimfinanzierung ist zum Beispiel der 2016 neugegründete Fatwa-Ausschuss Deutschland eindeutig. Er macht sich die entsprechende Fatwa des Europäischen Fatwa-Rates zu eigen. Der Rat greift auch sehr konsequent in das Privatleben von Muslimen ein. Nicht nur nebenbei fordert der Rat sehr deutlich eine Anpassung der europäischen Bankenpraxis an islamische Gesetze: »Ebenso ruft er dazu auf, dass die islamischen Gesellschaften in Europa mit den konventionellen europäischen Banken verhandeln, damit diese Geschäftsform in eine islamrechtlich akzeptierte Form umwandeln, wie den ›Bay' at-Taqṣīṭ‹ [Ratenkauf], bei dem der Preis im Gegenzug zur Fristverlängerung erhöht wird. Dies würde dazu führen, dass sie eine große Zahl von Muslimen gewinnen würden, die mit ihnen auf Basis dieser Methode geschäftlich verkehren würden.«[46]

Wenn aber alle Stricke reißen und die Wahl einer schariakonformen Finanzierung den Erwerb eines familiären Eigenheimes verhindern würde, gilt laut dieser Fatwa das milde Gebot Allahs: »Und Er hat euch in der Religion keine Bedrängnis auferlegt.«[47] Die Autoren der Fatwa schreiben: »Die Notwendigkeit erlaubt das Verbotene«, so dass der muslimische Familienvorstand sich wieder entspannt zurücklehnen kann, wenn er am Ende doch auf eine übliche Immobilienfinanzierung zurückgreift. Denn der Fatwa-Ausschuss sieht in den religiösen Vorschriften auch einen übergeordneten Sinn: »Der Besitz des Eigenheims nimmt dem Muslim diese Sorge, so wie ihm dies die Wahl seines Eigenheims in der Nähe der Moschee, des islamischen Zentrums und der islamischen Schule ermöglicht. Dies verschafft der muslimischen Gemeinschaft ebenso die Möglichkeit, sich näherzukommen und Nachbarn voneinander zu werden. So lernen sich ihre Kinder kennen, ihre Bande wird gestärkt, und sie unterstützen sich in ihrem Alltag im Rahmen der islamischen Vorstellungen.«[48] Muslimische Kinder sollen also mit muslimischen Kindern aufwachsen, um ihre religiösen Bande zu stärken. Die Multikultur hat in diesem Denken leider keinen Platz.

Kapitalismus und Scharia Hand in Hand

Die Angelegenheit mit der Scharia ist also sowohl für die Konsumenten- als auch die Angebotsseite der Ökonomie recht einfach geregelt: Lässt sich ein Touristenresort nicht ohne Alkoholausschank profitabel führen, wird also Alkohol ausgeschenkt. Ist Schweinefleisch für den Erfolg eines Restaurants in bestimmten Kulturräumen der Welt unabdingbar, gibt es auch Schweinefleisch. Westliche Rüstungskonzerne und Banken behaupten schon immer die Notwendigkeit des internationalen Waffenhandels. Andere verteidigen die Unausweichlichkeit der Prostitution. Wenn es um die »Eigentumssicherung« – sprich Profitmaximierung – geht, können auch muslimische Finanzakteure ganz oben mitmischen. Letztlich können wir folgern, dient jede Form des Kapitalismus der Sicherung, eigentlich der Vermehrung des »Eigentums« und somit auch der Nachkommenschaft. Scharia und Kapitalismus gehen Hand in Hand. Diese Praxis, so folgert der Islamwissenschaftler Ralph Ghadban, entpuppe sich auf diese Weise schnell als ein opportunistisches System, weil sie kein ethisches System im Hintergrund erkennen lasse: »Es gibt kein ethisches System.« Aber wie halten es die Gelehrten mit dem Teufelszeug der Zinsen? Denn wer sie nimmt, sollte nach dem Koran »nicht anders auferstehen als jemand, den Satan durch Berührung zum Wahnsinn getrieben hat«.[49]

Auch für die Frage nach Zinsen und Renditen haben die Gelehrten eine pragmatische Regelung ersonnen. So gelten beispielsweise Mieten und Gewinnrenditen aus Investitionen nicht als Zinsen im verbotenen Sinne. Aber bedeutet das, dass Konzerne, an denen Investoren aus Scharia-Staaten beteiligt sind, sich sämtlicher Mittel klassischer Kreditfinanzierungen enthalten? Natürlich nicht! Auch hier gilt, was muss, das muss, und was immer schon so war, fällt unter den Scharia-Begriff des Gewohnheitsrechts *urf*. Zinserträge wurden einfach als nachrangig bezeichnet und zu sogenannten Gebühren umbenannt, um nicht gegen die Scharia zu verstoßen, beschreibt Ralph Ghadban: »So gelang es den islamischen Bankern, die Kontroverse um *riba*, den Zins, zu unterlaufen.«

Deutsche Bank-Chairman arbeitete früher mit al-Qaradawi

Als erste Großbank des Westens begann 1996 die New Yorker Citibank eine Abteilung für Schariabanking aufzubauen. Eine Filiale in Bahrein wurde eröffnet. In Deutschland war die Commerzbank 2000 die Erste, die einen sogenannten Islamfonds anbot. Immerhin war in diesem Fonds ein Portfolio gewählt worden, das Rücksicht auf die Alltagsvorschriften der Scharia nimmt: So hatte Presseberichten zufolge die Lufthansa-Aktie keine Chance, in das Paket zu kommen, weil an Bord ihrer Maschinen bekanntlich Alkohol ausgeschenkt wird.[50] Das Unternehmen Etihad aus Abu Dhabi wiederum legt die Vorschriften nicht so streng aus, denn bei ihren Tochterfirmen Air Berlin und Alitalia darf der Fluggast entspannt seinen Rotwein trinken.

Auch die Deutsche Bank legt schariakonforme Fonds auf. Am 1. März 2014 erhielt das Institut sogar die Auszeichnung Islamic Finance Deal of the Year der Euromoney Islamic Finance Awards 2013. Die Mitteilung der Deutschen Bank hierzu liest sich indes wie die Vision der Überwindung des schrecklichen Finanzmarktkapitalismus: »Das islamische Finanzwesen unterscheidet sich insofern grundlegend vom konventionellen Finanzwesen, als es im Islam streng verboten ist, Zinsen zu zahlen oder zu vereinnahmen. Außerdem basiert das islamische Finanzwesen auf Konzepten wie ›ethischem Investieren‹ und ›moralisch einwandfreiem Käufen‹. Es gelten bestimmte Vorschriften dafür, wie innerhalb einer Volkswirtschaft Geschäfte gemacht und Handel getrieben werden können. Ziel ist es, Gerechtigkeit für alle Beteiligten zu erzielen.«[51]

Den Preis erhielt die Deutsche Bank dafür, dass sie einen Kredit nach Scharia-Regeln über zwei Milliarden Dollar für den Staats-

konzern Saudi Electricity organisiert hatte. Das Geld für dieses
»moralisch einwandfreie« Geschäft kommt vor allem den beiden
Mammutaktionären[52] der Gesellschaft zugute: der Regierung
Saudi-Arabiens mit 74,3 Prozent der Anteile und dem staatlichen
Erdölgigant Aramco mit 6,9 Prozent. Aber wie ethisch ist das Geld
investiert, wenn es einem Staat zugutekommt, der in Sachen Menschenrechte vor allem eine blutige Bilanz vorzuweisen hat? So
wurde im Jahr 2012 an 76, 2013 an 79, 2014 an 87, 2015 an 158 Menschen die Todesstrafe vollstreckt, und 2016 ließ der Hauptaktionär
von Saudi Electricity 154 Menschen hinrichten.[53] Auf militärischem
Gebiet ist die Bilanz des »moralisch einwandfreien« Aktionärs
ebenfalls erschreckend: Seit Beginn seiner Luftangriffe auf den Jemen haben Saudi-Arabien und seine Koalition mindestens 800 zivile Tote[54] auf ihr Konto zu verbuchen. So viel zum Thema »ethisches Investieren«.

Salah Jaidah, der Mann, den die Deutsche Bank als Chairman
of Islamic Finance beschäftigt, war vor zehn Jahren übrigens Vor-
standsvorsitzender der Qatar Islamic Bank. Zur gleichen Zeit saß
Scheich Yusuf al-Qaradawi im Vorsitz des Scharia-Beirats der
Bank. Al-Qaradawi, der führende Gelehrte der Muslimbruderschaft und Verherrlicher von Selbstmordattentaten gegen israelische Zivilisten.[55] Der heutige Chairman der Deutschen Bank arbeitete also jahrelang unter Aufsicht eines Mannes, der mehrfach
öffentlich Selbstmordattentate in Israel legitimiert hat,[56] wobei
al-Qaradawi kontrollieren sollte, dass Salah Jaidah nur schariakonforme Finanzprodukte mit verantwortete. Und nicht nur das,
der heutige Deutsche-Bank-Mann und damalige CEO der katarischen Bank lobte den islamistischen Scheich damals über alles:
»Mit seinen hervorragenden Gelehrten, die unter dem Vorsitz seiner Eminenz Dr. Yusuf al-Qaradawi arbeiten, ist der Scharia-Kon-
trollrat zu einem Bezugspunkt auch für andere Banken bei islamischen Finanztransaktionen geworden. Er erweist uns ohne Zweifel
einen großen Dienst bei der Verwirklichung unserer Mission.«[57]
Den Protagonisten des Islamic Banking gelang über die Jahre,

ihre Macht in vielen Bankinstituten der Welt auszubauen. Einmal mehr übt der Islamexperte Ralph Ghadban Kritik an diesem leisen, aber gewaltigen Vormarsch. Seine Worte lesen sich wie eine eindringliche Warnung vor dem Scharia-Kapitalismus:»Während im Westen eine manchmal harte politische Auseinandersetzung mit den Islamisten stattfindet, um zu verhindern, dass sie die sozialen Verhältnisse islamisieren, findet ein massives Eindringen der Scharia in einen lebenswichtigen Bereich unserer Gesellschaft, die Finanzen, ohne jeden Widerstand statt. Was in der weiten globalisierten Welt begonnen hat, trifft der Bürger nun vor seiner Tür, und er kann sich dagegen nicht wehren. Wenn von Islam und Säkularismus die Rede ist, dann stellt die Welt der Finanzen meines Erachtens die wichtigste Dimension dieser Problematik dar.« Ghadban beschreibt hier auf sehr zugespitzte Weise Wirkmechanismen, die nicht nur für den Scharia-Kapitalismus typisch sind. Dienstleister und Konsumgüterindustrie können zuweilen großen Einfluss auf kulturelle Entwicklungen ausüben, solange sie die Herzen der Konsumenten erobern.

Scharia-Staaten investieren strategisch

Setzen die milliardenschweren Investoren aus den Scharia-Staaten tatsächlich auf eine »Islamisierung unserer Wirtschaft«? Oder geht es vielmehr um die strategische Absicherung ihrer Kapitalzuflüsse aus dem Westen? Auf welche Art von Investments setzen zum Beispiel die Staatsfonds von der arabischen Halbinsel? Der Stuttgarter Finanzwissenschaftler Henry Schäfer analysierte bei den Staatsfonds die sogenannten Commodity funds, die auf Erträgen zum Beispiel direkt aus dem Erdöl- oder Erdgasgeschäft und den begleitend abgeschöpften Steuern gründen.[58] Im Unterschied zu den gefährlichen Verbriefungsgeschäften der Finanzindustrie steht hier echte Materie als Wert zum Verkauf. Es verwundert also nicht, dass dieser Geschäftszweig im Nahen Osten verbreitet ist. Hier liegt der

Löwenanteil der weltweiten Erdölreserven begraben. Und so sind die wichtigsten Staatsfonds mit diesem Wertschöpfungsmodell in den Vereinigten Arabischen Emiraten, Saudi-Arabien, Katar oder Kuwait zu finden – Staaten, deren gesellschaftliche und wirtschaftliche Elite immer wieder mit der Finanzierung von Extremisten oder Terroristen in Verbindung gebracht wird.

Kuwait investiert in Daimler und in radikale Moscheen

Der Staatsfonds des Emirats Kuwait, die Kuwait Investment Authority (KIA), ist einer der ältesten der Welt. Bei seiner Gründung übernahm er einen bereits 1974 von Kuwait gekauften Anteil über 14 Prozent an der damaligen Daimler-Benz AG. Gegenwärtig ist die KIA noch immer der größte Einzelaktionär mit 6,8 Prozent.[59] Damit entsendet Kuwait auch einen Vertreter in den Aufsichtsrat des Weltkonzerns, und zwar Bader Mohammad al-Saad, den Direktor des kuwaitischen Staatsfonds. Im Aufsichtsrat des Staatsfonds sitzen gleich zwei kuwaitische Minister – für Finanzen und für Energie. Nur ein paar Stühle weiter im Kabinett des Emirats sitzt der Minister für religiöse Stiftungen und islamische Angelegenheiten. Er ist für die Förderung von islamischen Wohltätigkeitsorganisationen zuständig, und aus seinem Haus soll nach Erkenntnissen deutscher Sicherheitsbehörden noch immer Geld in die Unterstützung extremistischer Moscheevereine in Deutschland fließen.[60] Eine diesbezügliche Anfrage ließ die kuwaitische Botschaft unbeantwortet.

Die Investitionen der großen Staatsfonds werfen ganz praktische Fragen auf: Verändern sie die Unternehmenskultur? Üben sie Druck aus? Resultieren aus ihren Investments politische Einflussmöglichkeiten? Diesen Fragen ist der Finanzwissenschaftler Henry Schäfer im Auftrag der Hans-Böckler-Stiftung nachgegangen. Der Befund der Forscher: Die neuen Anteileigner mischen sich nicht ein. »Die Beschäftigten der Beteiligungsunternehmen und ihre Interessenvertretungen dürften für die Staatsfonds schlichtweg kein Thema gewesen sein, da sie in keiner ursächlichen Verbindung mit der Beteiligungsmotivation standen.« Als durchaus repräsentativen Beleg führt Schäfer die jahrelange und unspektakuläre Beteiligung von KIA an Daimler an. Durchaus spektakulär ist hingegen das Engagement Kuwaits bei Daimler. Denn hier haben sich gleich zwei problematische Partner zusammengetan: Das Scheichtum ist nach Aussagen des ehemaligen US-Unterstaatssekretärs für Terrorabwehr und Finanzaufklärung, David Cohen, das »Epizentrum für die Finanzierung von Terrorgruppen in Syrien«.[61] Kuwait wiederum hat solche Vorwürfe bislang stets strikt zurückgewiesen.[62] Finanziell profitiert das Emirat von seinem Engagement beim deutschen Daimler-Konzern. Gleichzeitig profitiert *Daimler* als Konzern von dem erheblichen finanziellen Engagement und als Lieferant zugleich von Exporten zum Beispiel von Militärfahrzeugen auch nach Kuwait.[63]

Unethische Investments darf der Staat nicht fördern

Lassen sich unethische Investments von Scharia-Staaten auf einem freien Kapitalmarkt überhaupt verhindern? Und wie sieht es mit Investitionen in Scharia-Staaten aus? Diese unterliegen ausschließlich der Kontrolle diktatorischer Regime. Thomas Küchenmeister, Vorsitzender der Organisation Facing Finance, die sich gegen Investitionen in Firmen mit unethischem Verhalten einsetzt, fordert, diese Investitionen genau zu analysieren.[64] So sei problematisch, wenn deutsche Steuermittel in Investments von Baukonzernen landen, die an der Ausbeutung auf katarischen WM-Baustellen beteiligt seien. Abzulehnen seien Investitionen in Waffenfabriken von Staaten, die brutale Strafrechtsnormen praktizieren wie Saudi-Arabien. »Ich würde die Scharia als archaisches Instrument, welches nach westlichen Maßstäben ohne jeden Zweifel Menschenrechte verletzt, bezeichnen.« In diesem Zusammenhang seien Menschenrechtsverletzungen dieser Staaten ein entscheidendes Kriterium, nicht in gemeinsame Investments einzusteigen. Für den Staat bleibt allerdings nur die Möglichkeit, auf flankierende Fördermaßnahmen wie Hermes-Kredite oder direkte Subventionen zu verzichten. Was Konzernmanager am Ende des Tages entscheiden, unterliegt ebenso wenig demokratischer Kontrolle wie die Entscheidungen der Investoren aus Scharia-Staaten. Thomas Küchenmeister fordert dringend verbindliche Regeln für wirtschaftliche Beziehungen, die auch die Verpflichtung zur Einhaltung von Menschenrechten beinhalten müssten.

Nur selten regt sich Widerstand im Scharia-Kapitalismus

Zu Beginn einer Lösung muss die öffentliche Ächtung von Wirtschaftsbeziehungen mit Staaten stehen, die Menschenrechte verletzen und Extremismus exportieren. Aber diesbezüglich ist es angesichts der Rettung vieler Konzerne mit Hilfe von Investoren aus dem Nahen Osten häufig still. Von öffentlichen Protesten deutscher Gewerkschafter gegen die Behandlung von Fremdarbeitern auf den WM-Baustellen Katars oder von Protesten der Daimler-Betriebsräte gegen den Einsatz von Truppen des Emirats Kuwait bei dem Überfall Saudi-Arabiens auf den Jemen hat man noch nie etwas gehört. Zwar geben auch Gewerkschafter etwa der IG-Metall hinter vorgehaltener Hand zu, dass mancher Deal einer deutschen Rüstungsschmiede mit einer Golfdiktatur gefährlich werden könnte. In der Öffentlichkeit scheint es noch immer einfacher, Zehntausende Demonstranten gegen die Supermacht USA, die Banken oder die Konzerne auf die Straße zu bekommen als gegen eine massenmordende Regionalmacht wie Saudi-Arabien oder einen Konzern, der sie mit den Tatwaffen ausrüstet.

Zum Glück gibt es Ausnahmen, die hoffen lassen. Zum Beispiel das altehrwürdige Beverly Hills Hotel in Hollywood. Eigentümer des Hotels ist der Staatsfonds des Sultanats Brunei. Der Sultan Hassanal Bolkiah persönlich wird auf ein Vermögen von 20 Milliarden Dollar geschätzt. Im Frühjahr 2014 verkündete das Sultanat, die Scharia auch im strafrechtlichen Sinne schrittweise wieder einzuführen.[65] Zunächst sollten »nur« Vergehen wie die Nichteinhaltung des Freitagsgebets oder des Ramadan unter Strafe gestellt werden. Später sollten Amputationsstrafen wieder eingeführt werden. Am Ende könnte auf Ehebruch und Homosexualität die Todesstrafe durch Steinigung stehen. Der Sultan lobte den Schritt öffentlich: »Einige Theorien behaupten, dass Allahs Gesetz grausam und ungerecht sei, aber es ist Allah selbst, der verkündet, dass sein Gesetz gerecht ist.« Auf dem Sunset Boulevard vor dem Hotel mit seiner hundertjährigen Geschichte regte sich nun Protest: Hier waren einst Liz Taylor und Richard Burton abgestiegen, Marlene Dietrich hatte im Restaurant das Hosenverbot für Frauen ignoriert und Fay Dunaway ihren Oscar nachts im Bademantel am Pool bewundert. Jetzt gelangte dieser Hort von Liberalität und Weltoffenheit in den Fokus des Protestes.

Virgin-Chef Richard Branson verkündete sofort einen Boykott durch seine Firma. Der Stadtrat von Beverly Hills forderte Brunei auf, das Hotel zu verkaufen. Weltweit verbreitete sich die Nachricht. Den 420 000 Einwohnern des Landes nutzte der Protest am Ende nichts. Der Sultan hielt an seinem Vorgehen fest. Im Länderbericht über Brunei ist auf der Seite von Amnesty International nachzulesen, wie es im vermeintlichen Touristenparadies zugeht: »So weitet es die Anzahl der Straftatbestände aus, die mit der Todesstrafe geahndet werden können, sowie die Anwendung von Folter und grausamen, unmenschlichen oder erniedrigenden Strafen. Außerdem schränkt es die Rechte auf Meinungs- und Religions- bzw. Glaubensfreiheit ein und diskriminiert Frauen.«[66]

Ärger hatte auch das Scheichtum Katar mit seinem Londoner Nobelkaufhaus Harrods. Das gehört seit 2010 der Qatar Holding, einer Tochtergesellschaft der staatlichen Investitionsbehörde Qatar

Investment Authority. Katar hatte übrigens nicht etwa Ärger, weil irgendein Gelehrter wegen des im Harrods üblichen Verkaufs von hochwertigen alkoholischen Getränken und Schweinefleisch Krach geschlagen hätte. Katar hatte Ärger, weil gerade die Bilder enthaupteter westlicher Geiseln über britische Fernsehschirme flimmerten und gleichzeitig einige Medien unter anderem das Emirat Katar mit der Unterstützung solcher Terroristen in Verbindung brachten. Anfang Oktober 2014 meldeten Nachrichtenagenturen, dass die vierte westliche Geisel vor laufenden Kameras vom sogenannten Islamischen Staat hingerichtet worden war.[67] Es handelte sich um den Briten Alan Henning. Zuvor waren die US-Amerikaner Jim Foley, Steven Sotloff und der britische Entwicklungshelfer David Haines mit derselben Brutalität umgebracht worden. Den Protest schilderte der *Telegraph* unter der Überschrift: »Harrods' Kunden kaufen sich in den Terror ein.«[68] Wenigstens wollten nun ein paar konservative Abgeordnete genauer wissen, warum zum Beispiel ein Beamter des katarischen Innenministeriums lange Zeit Gelder für al-Qaida umleiten konnte.[69] Die Kunden der altehrwürdigen Shopping-Mall haben sich mit dem Thema Boykott nicht lange aufgehalten. Im Jahr 2016 erwartete das Harrods im siebten Jahr in Folge ein neuer Rekordumsatz – dieses Mal satte 1,4 Milliarden Pfund.[70] Auch der Scharia-Kapitalismus unterliegt am Ende des Tages vor allem den ganz vulgären Regeln von Angebot und Nachfrage.

Katar – Kernland des Scharia-Kapitalismus

Investoren, Fußball und Terrorfinanziers

Es ist kurz vor der größten Krise, die das kleine Katar je durchmachte, und ich möchte persönlich erleben, wie es in dem wirtschaftlichen Boom-Land zugeht, dem unterstellt wird, Extremismus und Terrorismus zu exportieren. Der Staat, der halb so groß wie Hessen ist, lebt zu 66 Prozent von den Einnahmen aus der Erdgasförderung. Wie der saudische Nachbar will auch Katar sich von der Abhängigkeit der Rohstoffe lösen. Das Land investiert Milliardenbeträge in die Verkehrsinfrastruktur, in die Stadtentwicklung und den Dienstleistungssektor – vor allem für die geplante WM 2022. Gleichzeitig haben wir es mit einer islamistischen Oligarchie zu tun: Der Großteil der Unternehmen gehört dem monarchischen Staat und somit gleichzeitig Mitgliedern der weitverzweigten Königsfamilie al-Thani. Politisch haben die ehrgeizigen Emire Katars stets versucht, eine unabhängige Außenpolitik zu betreiben. Insbesondere, die Gastfreundschaft für die Muslimbruderschaft und ihren palästinensischen Ableger, die Terrororganisation Hamas, sorgt seit Jahren für Ärger mit den Nachbarn. Dass jetzt in der Zeit der größten Eskalation nur noch die Türkei als sunnitischer Verbündeter bleibt, hat ökonomische wie politische Gründe. Jährlich kauft Katar der Türkei Waren im Wert von 400 Millionen Dollar im Jahr ab.[1] Die staatliche katarische Investmentbehörde ist am türkischen Rüstungsunternehmen BMC beteiligt, türkische Baufirmen wiederum sind an den WM-Baustellen engagiert. Insgesamt, so sagt es die katarische Handelskammer, flossen 20 Milliarden Dollar in den letzten Jahren aus Katar in die Türkei. Neben diesen ökonomischen Gründen verbindet die al-Thanis vor allem ihr treues Eintreten für die Muslimbruderschaft mit Präsident Erdoğan. Beide Regierungen haben ihre Länder wirtschaftlich kräftig boomen lassen und sich zugleich nie von der Muslimbruderschaft abgewandt.

Mein erstes Besuchsziel in Doha ist das Islamische Kulturzentrum, ein prächtiger Bau mit einem unverwechselbaren, spiralförmigen Minarett direkt gegenüber der Touristenattraktion Souq Waqif. Die Moschee hier war lange Zeit die größte des Emirats. Das Islamische Zentrum wurde vom katarischen Staat gegründet. Auf der Suche nach einer Islam-Ausstellung folge ich zunächst einem Schild, das den Weg für männliche Besucher weist, und stoße auf einen kleinen Buchladen im ersten Stock. Der freundliche Verkäufer erklärt, dass die Ausstellung nicht hier sei. Als ich gerade gehen will, erkundigt er sich nach meiner Herkunft. Er geht nun zum Regal und holt drei Bücher hervor. »That's a gift. Books in German language.« Es handelt sich um Hochglanzbücher über den Islam. Eines trägt den Titel *Jesus und Maria im Qur'an* und richtet sich offenkundig an christliche Besucher. Wer jedoch erwartet, im Text eine zu einer anderen abrahamitischen Religion versöhnlich ausgestreckte Hand vorzufinden, der irrt. Die Botschaft ist eine andere: »Jesus wird richtigstellen, dass er ein Prophet Gottes ist und nicht Gott oder der Sohn Gottes und er wird alle Menschen auffordern, Gott allein anzubeten und sich ihm allein im Islam zu unterwerfen.«[2] Wer das nicht tut, dem droht dem anonymen Autor zufolge eine göttliche Bestrafung. Zum Beispiel den Juden, die sich der (christlichen) Idee vom Gottessohn nicht ausreichend entgegenstellten: »Obwohl nicht alle Juden es glauben, Esra sei der Sohn Gottes, haben sie jedoch versäumt, es zu verurteilen. Wenn einer Sünde gestattet wird, zu überdauern und sich zu verbreiten, wird die gesamte Gemeinschaft verantwortlich.« Deutsche Staatsschützer würden solche Sätze mit Sicherheit als salafistisch-ultrakonservativ einstufen.[3] Aber wer steckt hinter dem Hochglanzprodukt? Ein Impressum sucht man in der Broschüre vergeblich. Als Verlag wird nur IslamHouse.com genannt mit der koranischen Jahresangabe 1432/2011. Als Übersetzer des Textes ins Deutsche wird immerhin Dr. Moulay Mohamed Ghembaza genannt. Dieser erweist sich als deutschen Sicherheitsbehörden bereits bekannter Name, denn er übersetzte diverse salafistische Schriften zum Zweck ihrer Verbreitung in Deutschland.[4] Der von Katar honorierte Übersetzer übertrug auch das Buch *Frauen im Schutz des Islam* von Abdurrahman al-Sheha ins Deutsche, in dem als »Heilmittel, um eine ungehorsame Frau zu behandeln«, am Ende sogar vorgeschlagen wird: »Schlagen ohne zu verletzen, Knochen zu brechen, blaue oder schwarze Flecken auf dem Körper zu hinterlassen und unter allen Umständen vermeiden, ins Gesicht zu treffen.«[5] Ein gläubiger Muslim, der aus welchen Gründen auch immer zum Ungläubigen wird, erwartet zum Beispiel in den Übersetzungen dieses Mannes nur noch ein grausames Ende: »Einer Person, die den islamischen Glauben ablehnt, sollte eine Gelegenheit von drei aufeinanderfolgenden Tagen gegeben werden, um zur Gemeinschaft des Islam zurückzukehren. ...] Wenn diese Person zur Gemeinschaft des Islam zurückkehrt, wird sie freigelassen; wenn nicht, wird die Strafe vollzogen. Die Tötung eines Abtrünnigen ist in Wirklichkeit eine Erlösung für die restlichen Mitglieder der Gesellschaft.«[6] Ich habe die Passage dem Islamwissenschaftler Abdel-Hakim Ourghi vorgelegt. Er widerspricht diesen radikalen Ausführungen, denn im Koran gebe es keine Hinweise für die Tötung der Muslime, die den Islam verlassen: »Die Tötung als Rechtsbestimmung ist eine Erfindung des konservativen Islam.«[7]

Weshalb finanziert einer der modernsten Staaten des Nahen Ostens fundamentalistische Übersetzer extremistischer Texte, die zum religiösen Mord aufrufen und für Deutschland bestimmt sind? Einer der reichsten Staaten der Erde mit den reichsten Staatsbürgern obendrein? Ein Land, das 2022 eine Fußballweltmeisterschaft abhalten will? Der Zufallsfund aus der Buchhandlung der Moschee macht mich neugierig. Wie tief verstrickt ist das Emirat in den Export eines menschenverachtenden Islamverständnisses? Und wie tickt dieses Land überhaupt?

Eine Autofahrt quer durch Doha gleicht im Frühjahr 2017 einer lärmenden Baustellenbesichtigung. Immer wieder schlängeln sich Umleitungen um gigantische Bauflächen, auf denen eilends vielstöckige Betonbauten hochgezogen werden. Unter Hochdruck bereitet sich Katars Hauptstadt auf die 2022 geplante Fußballweltmeisterschaft vor. Auch die letzte Brachfläche inmitten der bis zu 300 Meter hohen Skyline von Westbay wird bebaut – gleich gegenüber dem Ministerium für Arbeit und Soziales entsteht das neue Waldorf-Astoria-Hotel. Wer bei 45 Grad Außentemperatur in die City Center Mall Doha flüchtet, darf sich im Erdgeschoss über eine riesige Eislauffläche die Augen reiben. Es scheint, als wolle der gerade einmal 46 Jahre junge Staat aller Welt beweisen, was in ihm steckt – schließlich soll 2022 in klimatisierten Stadien Fußball gespielt werden. Tief unter der Stadt haben unterdessen die Tunnelbauer des deutschen Unternehmens Herrenknecht ganze Arbeit geleistet. Mit 111 Tunnel-Kilometern in nur 26 Monaten Bauzeit haben sie sich in das *Guinness-Buch der Rekorde* gebohrt.[8] Katar entwickelt sich zurzeit rasanter, als es vielen im konservativen Scharia-Staat lieb ist.

Katar

Das Emirat mit seinen 313 000 Staatsbürgern und 2,3 Millionen Gastarbeitern ist auf das Einkommen bezogen das reichste der Erde – allerdings gilt das nicht für die Gastarbeiter. Deutschland exportiert Waren im Wert von 2,52 Milliarden Euro in den kleinen Wüstenstaat. Katar hält Anteile an namhaften deutschen Konzernen. Folgende deutsche Firmen wiederum engagieren sich in Katar: Allianz, BASF, DB Schenker, HOCHTIEF, KPMG, Lufthansa, SAP, Siemens und Thyssenkrupp.

Die Menschen, die man auf den Baustellen arbeiten sieht, sind keine katarischen Staatsbürger, sie stammen aus Indien, Nepal, Bangladesch oder aus afrikanischen Staaten. Ebenso die Menschen, die in Hotels, am Flughafen, als Taxifahrer oder an Bankschaltern arbeiten. Selbst Polizisten und Soldaten besitzen in Katar mehrheitlich keine Staatsbürgerschaft, viele stammen aus Indien. Damit dürfte Katar das einzige Land der Erde sein, das seine Waffen überwiegend in die Hände von Ausländern legt. Etwa 2,3 Millionen Gastarbeiter leben hier, dagegen sind von 313 000 katarischen Staatsbürgern nur 95 000 selber erwerbstätig.[10] Die Fremdarbeiter verrichten »Dienstleistungen im Bau- und produzierenden Gewerbe, bei sehr niedrigem Lohnniveau und z. T. unter prekären Bedingungen«, wie das Auswärtige Amt in seinem Länderbericht festhält.[11] Auch was seine Wirtschaftskraft angeht, ist Katar ein Land der Superlative: Auf einer Fläche, die halb so groß wie die von Hessen ist, wird ein Bruttoinlandsprodukt von 185 Milliarden Dollar (2015) erwirtschaftet. Gleichzeitig regiert bis in die Wirtschaftsgesetze hinein das Recht der Scharia. Gäbe es einen Staat, der die Ausrufung des Scharia-Kapitalismus für sich beanspruchen wollte, so lautete sein Name zweifelsohne Katar.

Das Emirat ragt am östlichen Zipfel Saudi-Arabiens in den Persischen Golf. Nach dem Pro-Kopf-Einkommen seiner Staatsbürger gilt es als reichster Staat der Welt. Aber die machen nur 12,1 Prozent der Einwohnerschaft aus.[12] 25 Prozent sind Inder, 13,5 Prozent Nepalesen, 10,8 Prozent Bangladescher, 10 Prozent Philippiner, größere Gruppen machen auch die Ägypter, Sri Lanker, Pakistaner und 79 weitere Nationalitäten aus. Katar lebt vor allem von den weltweit größten Gasvorkommen. Jenseits des Rohstoffgeschäfts ist es einigen katarischen Unternehmern über Jahre gelungen, mit Immobilien- und Aktieninvestments zu einflussreichen Milliardären zu werden. Sie sind damit Vorreiter der politischen Vision aller Golfstaaten, ihre Volkswirtschaften unabhängig von Öl und Gas zu machen. Katar hat sich auch an deutschen Konzernen und Banken beteiligt – von der Deutschen Bank über Hapag Lloyd bis zu Volkswagen. Den eigenen Staatsfonds schätzt Katar auf einen Wert von 335 Milliarden Dollar, wobei das aus Sicht von westlichen Analysten vor Ort überhöht sein dürfte. Man habe einfach die Investitionssummen des Fonds der vergangenen Jahre zusammengerechnet, erklärt der Wirtschaftsfachmann einer europäischen Botschaft, aber nicht bedacht, dass sich manches Investment auch negativ entwickelt habe.[13] Sollte die Krise mit Saudi-Arabien und seinen Verbündeten sich weiter zuspitzen, wäre es unumgänglich für das kleine Land, Teile seiner weltweiten Investments wieder abzustoßen, um flüssig zu bleiben.

Diplomatische Drehscheibe und Terrorfinanzier

Gesellschaftlich gesehen, ist Katar ein Land zwischen Vergangenheit und Zukunft, und wer Kritik an den Zuständen im Land übt, sollte dennoch immer bedenken, dass einige Auswüchse einer extrem rasanten wirtschaftlichen Entwicklung geschuldet sind. Noch 1950 lebten auf der Halbinsel nur 47 000 Menschen. Aus einer von einigen Tausend Beduinen bewohnten Randlage der arabischen Halbinsel ist in nur einem halben Jahrhundert ein modernes Boom-Land mit einem der reichsten Staaten der Erde geworden. Und je mehr sich das Land wirtschaftlich modernisiert, desto widersprüchlicher wird es gesellschaftlich: Das katarische Rechtssystem beruht auf der Scharia, was sich im Alltag darin zeigt, dass zum Beispiel der Konsum von Alkohol und Schweinefleisch verboten sind. Das Auswärtige Amt weist deutsche Reisende darauf hin, dass in Katar Homosexualität und der »Austausch von Zärtlichkeiten in der Öffentlichkeit« unter Strafe stehen.[14] Zuweilen kommt es auch zu schweren Menschenrechtsverstößen aufgrund des katarischen Scharia-Rechts. Als eine 22-jährige Niederländerin bei der Polizei anzeigte, vergewaltigt worden zu sein, steckten die Behörden sie für drei Monate ins Gefängnis. Man warf dem Vergewaltigungsopfer »außerehelichen Geschlechtsverkehr« vor.[15] Am Ende zahlte sie eine Strafe von 750 Euro. Der Vergewaltiger wurde mit 140 Peitschenhieben bestraft.

In der Wirtschaft des Emirats wiederum herrschen längst die Sitten der kapitalistischen Globalisierung. Auch wenn die Firmen des Emirats in aller Regel Angehörigen der Herrscherfamilie gehören und wir es mit einer traditionellen Oligarchie zu tun haben, gibt es die Möglichkeit für westliche Investoren, zumindest Minderheitsbeteiligungen zu erwerben. Lieber ist es den Kataris allerdings, wenn sich westliche Geldgeber ganz auf ihre katarischen Geschäftspartner verlassen und einfach nur investieren. In dieser Hinsicht ist Katar flexibel, denn das Letzte, was man will, ist, es sich mit westlichen Partnern zu verscherzen. Die mit Ehrgeiz und Geschick von der Königsfamilie al-Thani vorangetriebene wirtschaftliche Entwicklung brachte zugleich nahezu alle negativen Erscheinungsformen einer ungezügelten Marktwirtschaft mit sich. Doch damit möchte die ehrgeizige Führung des Landes nicht gern in Verbindung gebracht werden: nicht mit Menschenrechtsverletzungen auf den Mammut-Baustellen für die Fußballweltmeisterschaft. Und nicht mit Korruptionsvorwürfen in der verschlungenen Welt des Fußball-Kommerzes.

Besonders schweigsam werden die Verantwortlichen in Katar jedoch, wenn sie nach der Unterstützung von islamistischen Organisationen, geschweige denn von islamistischen Terroristen gefragt werden. Katar macht zu Recht für sich geltend, im komplizierten Geflecht nahöstlicher Konflikte stets für alle Seiten Gesprächskanäle offen gehalten zu haben. Während zwischen Saudi-Arabien und Iran längst ein kalter Krieg herrscht, pflegt Katar, das ebenso der sunnitischen-wahhabitischen Glaubensrichtung als offizieller Staatsreligion folgt, gute Beziehungen zum schiitischen Iran. Das ist übrigens einer der Gründe für die Krise 2017 zwischen Katar und anderen sunnitischen Ländern wie Saudi-Arabien, Ägypten, Bahrain und den Vereinigten Arabischen Emiraten. Vor allem die Emirate und Ägypten hatten Katar in den vergangenen Jahren zudem bereits häufig wegen der Unterstützung der Muslimbruderschaft verwarnt, die in diesen Ländern als Terrororganisation eingestuft ist. Denn der Export der islamistischen Ideologie zum Beispiel über den katarischen Sender Al Jazeera war in ihren Augen eine Bedrohung der Stabilität ihrer eigenen Länder.

Katar sitzt als Land traditionell diplomatisch zwischen den Stühlen. So dürfen die USA den katarischen Militärflughafen Al Udeid, gute dreißig Kilometer westlich von Doha, nutzen, sind von hier aus viele Angriffe gegen al-Qaida in Afghanistan und im Irak geflogen. Gleichzeitig öffneten die Taliban im Jahr 2013 kurz ein offizielles Verbindungsbüro in Doha. 2014 halfen Katars gute Beziehungen dabei, den US-Soldaten Bowe Bergdahl aus der Geiselhaft der Taliban zu befreien. Er wurde gegen fünf Taliban in Guantánamo ausgetauscht.[16]

Auch die palästinensische Terrororganisation Hamas unterhält ein Büro in Doha und wird überdies politisch von der katarischen Führung unterstützt. Als im Gazastreifen ein israelischer Soldat irrtümlich als entführt galt, baten die USA Katar um Hilfe, auf seine Befreiung hinzuwirken.[17] Katar agiert wie die blockunabhängige Schweiz, und doch ist das Emirat nicht ganz unabhängig. Denn möglich wurden diese humanitären Interventionen nur aufgrund der massiven finanziellen und politischen Unterstützung Katars für diverse islamistische Gruppen in der Welt. Im Juni 2014 schrieb Steve Clemons vom US-Magazin *Atlantic Monthly*, ihm habe ein hoher katarischer Beamter gesagt, er könne jeden Kommandanten von der Jabat al-Nusra – des Ablegers von al-Qaida in Syrien – persönlich identifizieren.[18] Clemons schrieb damals auch, ein anderer Offizieller habe geleugnet, dass Katar auch den sogenannten Islamischen Staat stütze, denn »das sei ein saudisches Projekt«.

Was eine Terrororganisation und was eine legitime Befreiungsorganisation darstellt, bestimmt in Katar allein das Königshaus. Und so kommt es, dass Katar dem exilierten Hamas-Politbüro eine Niederlassung ermöglicht und versucht, die Organisation international hoffähig zu machen. In seinem ersten Interview mit internationalen Medien sagte der damals 34-jährige Emir Tamim bin

Hamad al-Thani am 25. September 2014 bei CNN: »Ich weiß, dass man in Amerika und einigen anderen Ländern einige Bewegungen als terroristische Bewegungen ansieht. Aber es gibt Unterschiede.«[19] Viele Beobachter, so folgert der Politikwissenschaftler David Andrew Weinberg von der Foundation for Defense of Democracy, deuteten diese Äußerung als Hinweis auf die von Katar offen unterstützte Hamas, allerdings irrtümlich: »Hamas ist nur eines der extremistischen Netzwerke, die von katarischen Finanziers und der laxen katarischen Kontrolle profitieren.«[20]

Es bleibt abzuwarten, welchen Effekt das im Juli 2017 vereinbarte Abkommen zwischen Katar und den USA zur Eindämmung der Terrorfinanzierung hat. Denn bislang gehörte das Land zu den Staaten, aus denen immer wieder offiziell und inoffiziell islamistische Rebellengruppen und Terrororganisationen unterschiedlichster Ausrichtung finanziert worden sein sollen – meist durch private Stiftungen, die allerdings in das elitäre Herrschaftssystem des Emirats eingebunden sind. Offiziell steht Katar zwar an der Seite westlicher Staaten im »Kampf gegen den Terror«, jedoch halbherzig. So monierte das US-Außenministerium 2009, dass Katar nur sehr lax gegen Terrorfinanziers im eigenen Land vorgehe. Die Kritik in dem internen Vermerk war schonungslos: »In ihrer Zusammenarbeit mit den USA in der Terrorbekämpfung schneidet Katar im Vergleich zu allen anderen Golfstaaten am schlechtesten ab.«[21] Al-Qaida, die Taliban und andere Terrorgruppen nutzten Katar als Ort der Spendenakquise, so steht es in dem Vermerk des State Department. In seinem jüngsten Länderreport zum Terrorismus lobt das US-Außenministerium die Bemühungen Katars, gegen die Finanzierung ausländischer Terroristen vorzugehen.[22] Insbesondere würden sämtliche Zahlungen von Wohlfahrtsorganisationen ins Ausland von einer regierungsnahen Kontrollbehörde geprüft. Eine Abteilung in der katarischen Zentralbank überwache verdächtige Geldzahlungen. Über die Effizienz dieser Einrichtungen gibt der Bericht allerdings keine Auskunft. Vielmehr heißt es: »Trotz dieser Bemühungen dienen Unternehmen und Einzelpersonen in Katar als Finanzierungsquelle von terroristischen und gewalttätigen extremistischen Organisationen, besonders regional mit al-Qaida verbundene Organisationen wie die Nusrah Front.« An der Situation scheint sich nicht viel geändert zu haben, seit eine weitere große Terrororganisation al-Qaida weltweit Konkurrenz macht – der ebenfalls radikale sunnitische »Islamische Staat«.

Hillary Clinton bezichtigt Katar der Terrorhilfe

Noch Mitte 2014 äußerte sich US-Außenministerin Hillary Clinton ziemlich unmissverständlich zu den Terrorfinanziers aus Katar – wobei ihre Einschätzung nicht für die Öffentlichkeit bestimmt war. Laut einer von Wikileaks veröffentlichten E-Mail ihres Wahlkampfmanagers John Podesta sprach Clinton sich dafür aus, die traditionellen Möglichkeiten geheimdienstlicher Arbeit zu nutzen, »um Druck auf die Regierungen Katars und Saudi-Arabiens auszuüben, die verdeckte finanzielle und logistische Unterstützung für den ›Islamischen Staat‹ und anderen radikalen sunnitischen Organisationen« zu beenden.[23] John Podesta jedenfalls war nach der Veröffentlichung nicht bereit, die Authentizität der geleakten E-Mails zu bestätigen oder zu dementieren.[24] 2014 zitierte der britische *Telegraph* zudem einen westlichen Diplomaten, der behauptete, dass »acht bis zehn« namhafte Persönlichkeiten in Katar Geld für die Dschihadisten bereitstellten.[25] Einer der prominenteren Fälle war ein heute 38-jähriger Beamter aus dem Innenministerium Katars. Salim Hasan Khalifa Rashid al-Kuwari soll Hunderttausende von Dollars an Gruppen der al-Qaida geschleust haben. Darum setzte das US-Finanzministerium ihn 2011 auf die Liste der internationalen Terroristen. Kuwari soll die Gelder aus dem Nahen Osten nach Vorderasien, vor allem an al-Qaida-Gruppen in den Iran transferiert haben. Katar reagierte, indem man Kuwari verhaften ließ. Allerdings scheint sein Vergehen, das zum Beispiel in Deutschland eine mehrjährige Haftstrafe nach sich ziehen würde, im Emirat nicht weiter problematisch gewesen zu sein. Denn nach nur drei Monaten kam er wieder frei und kehrte ins Innenministerium zurück.

Der Minister half dem späteren Topterroristen

Sein Dienstherr war zu jener Zeit der mittlerweile abgelöste Innenminister Abdullah bin-Khalid al-Thani – ein Mitglied der Königsfamilie. Der Mann aus dem Herrscherhaus hat hinsichtlich des internationalen Terrors ebenfalls eine einschlägige Vergangenheit, die mit dem späteren »Mastermind« der Anschläge vom 9. September 2011 Khalid Sheikh Mohammed zu tun hat. Die Geschichte, wie sie der offizielle Bericht des US-Kongresses zu den Ereignissen des 9. September 2001 schildert,[26] begann 1992. Sheikh Mohammed war aus Afghanistan, wo er zuvor gegen die Sowjets gekämpft hatte, nach Bosnien gereist, um hier muslimische Milizen gegen Serben und Kroaten zu unterstützen. Zu dieser Zeit war Abdullah bin-Khalid al-Thani Minister für religiöse Angelegenheiten. Auf Vorschlag des Ministers soll Sheikh Mohammed bald darauf mit seiner Familie nach Katar gezogen sein. Er erhielt sogar eine Anstellung als Ingenieur bei den Strom- und Wasserbetrieben Katars. In dieser Zeit überwies der spätere Topterrorist auch Geld aus Katar auf das Konto eines der Verschwörer rund um den ersten Anschlag auf das World Trade Center am 26. Februar 1993. So jedenfalls berichtet es der 9/11-Report. Als die USA schließlich Sheikh Mohammed 1996 verhaften lassen wollten, floh dieser dem 9/11-Report zufolge rechtzeitig nach Afghanistan.[27] Von da an widmete er sich der Vorbereitung des bis dato größten islamistischen Anschlags aller Zeiten: 9/11.

Wohlfahrt oder Terrorunterstützung?

Vermögende des Emirats mit Vorliebe für den radikalen Islamismus überweisen jedoch nicht direkt von ihren Konten das Geld an Islamisten. In der Regel bedienen sie sich einer ganzen Reihe von sogenannten islamischen Wohltätigkeitsorganisationen, die in muslimischen Ländern eine traditionell einflussreiche Rolle spielen. Denn der Islam sieht – mehr denn jede andere Religion – das Spendenwesen als theologisch fundamental an. Die sogenannte *Zakat* gilt als »fünfte Säule des Islam« und fordert von den Gläubigen, mindestens 2,5 Prozent ihrer Überschüsse im Jahr zu spenden. Einige große Wohlfahrtsorganisationen bieten sogar im Internet »Zakat-Rechner« an, mit deren Hilfe Gläubige die Höhe ihrer Spenden errechnen und gleich an die jeweilige Organisation abführen können. Hunderte von Millionen Euro fließen auf diese Weise humanitären und religiösen Stiftungen zu, die damit ärmeren Menschen im In- und Ausland helfen, die aber auch religiöse Zwecke, etwa den Bau von Moscheen, damit verfolgen. Einige dieser Wohlfahrtsorganisationen sind allerdings immer wieder in den Ruf geraten, Extremisten oder gar Terroristen zu finanzieren. Unter den größten Stiftungen Katars ist die halb offizielle Wohlfahrtsorganisation Qatar Charity. Diese vergibt seit mehr als einem Jahrzehnt Millionen an UN-Organisationen und spendet auch direkt viel Geld zur Unterstützung humanitärer und medizinischer Projekte in Gaza. Laut einer Depesche der US-Botschaft in Doha vom 12. Mai 2009 biete die Organisation aber auch Grund zur Besorgnis, wegen ihrer »Verbindungen zu Extremisten«.[28] Im März 2008 habe das Interagency Intelligence Committee on Terrorism IICT, Qatar Charity aber auf ihre Liste von Terrorunterstützern gesetzt, weil sie nachweislich »absichtsvoll terroristische Organisationen finanzielle Unterstützung gewährt habe, die US-Bürger oder US-Interessen angreifen«. Bei einem Besuch in der katarischen Hauptstadt Doha warnte der Vizesekretär des US-Finanzministeriums David Cohen, Katar und Kuwait müssten mehr Anstrengungen zeigen, wenn sie nicht länger einer wohlwollenden Praxis zugunsten von Terrorfinanziers in Verbindung gebracht werden wollten.[29] Der neue Herrscher Tamim bin Hamad al-Thani behauptete nach einem Besuch von Angela Merkel 2014, dass Katar »extremistische Gruppen nie unterstützt« habe: »Was in Irak und Syrien passiert, das ist Extremismus und solche Gruppierungen werden zum Teil aus dem Ausland unterstützt, aber Katar wird niemals und hat niemals terroristische Organisationen unterstützt.«[30] Das mag zwar nach Einschätzung von Diplomaten für den Staat Katar und seine Regierung zutreffen, sieht man von der Unterstützung der Hamas ab. So war 2012 der damalige Emir Hamad Khalifa al-Thani der erste arabische Führer, der den von der international völlig isolierten Hamas regierten Gazastreifen besuchte und sogleich 90 Tonnen Hilfsgüter sowie 400 Millionen US-Dollar für den Wiederaufbau im Gepäck hatte.[31] Die Terrororganisation hat in Doha seit 2012 ihr Exil-Politbüro stationiert – trotz der US-Sanktionen gegen die Hamas. Im Sommer 2016 verkündete der neue Emir Tamim bin Hamad al-Thani über die staatliche Nachrichtenagentur QNA, 30 Millionen Dollar für die Bezahlung von Beamten durch die Hamas zur Verfügung zu stellen.[32] Noch unter dem Druck der Blockade durch seine Nachbarländer erneuerte der katarische Außenminister Mohammed bin Abdulrahman al-Thani seine Aussage, die Hamas sei »eine legitime Widerstandsbewegung«.[33] Von der Hamas abgesehen, bleiben jedoch besonders in Bezug auf Syrien viele Hinweise bestehen, die auf eine Finanzierung islamistischer Terrorgruppen in Syrien hindeuten, und zwar durch viele private und staatsnahe Finanzierungskanäle. Nur sind die Empfänger in den Augen Katars keine Terroristen, sondern legitime Kämpfer gegen das Assad-Regime.

Katarische Spenden für al-Qaida-Ableger

Wohl wenige Persönlichkeiten in Katar sind geeignet, das System
der verdeckten Terrorfinanzierung zu illustrieren wie der 63-jäh-
rige Abdulrahman bin Omeir al-Nuaymi. Die USA haben ihn 2013[34]
und die Vereinten Nationen 2014[35] auf die Sanktionsliste für Terroristen gesetzt, weil er über ein Jahrzehnt al-Qaida-Ableger in Irak,
Syrien, Somalia und Jemen mitfinanziert haben soll. Zugleich habe
er als Vermittler zwischen al-Qaida und den in Katar ansässigen
Spendern fungiert. Für eine Weile habe er sogar zwei Millionen
Dollar im Monat an al-Qaida im Irak überwiesen. Mitte 2012 habe
er schließlich geschätzte 250 000 US-Dollar an zwei Mitglieder der
islamistischen Terrorgruppe al-Shabaab überwiesen. Aufgrund
dieser Informationen wurde Abdul Rahman Omeira al-Nuaymi
2013 von der US-Regierung als einer der »Hauptsponsoren« von
al-Qaida bezeichnet.[36] Auch der *Daily Telegraph* schrieb über das
Thema.[37] Am 23. September 2014 wurde Nuaymi auf Betreiben der
USA in die UN-Sanktionsliste aufgenommen. Nuaymi, 1954 geboren und in Doha ansässig, wird vorgeworfen, Finanzier und Unterstützer von al-Qaida im Irak zu sein. 2013 habe er eine Überweisung über 600 000 US-Dollar an al-Qaida über den al-Qaida-
Repräsentanten in Syrien Abu Khalid al-Suri vorgenommen und
vorgehabt, weitere 50 000 Dollar zu überweisen. Überdies habe
Omeir al-Nuaymi eine Gefangenenhilfsorganisation für islamistische Gefangene namens Alkarama gegründet. Al-Nuaymi steht
seit Jahren als schwerer Fall auf der OFAC-Sanktionsliste der USA,
doch das Emirat Katar schert offenbar wenig. Man lässt al-Nuaymi
in Ruhe. 2017 veröffentlichten Saudi-Arabien und seine Verbündeten Listen von Terrorunterstützern auch aus Katar, darunter
Nuayimi, der bereits erwähnte Hasan Khalifa Rashid al-Kuwari,
der ehemalige Innenminister Khalid al-Thani sowie Yusuf al-Qua-
radawi.[38]

»Club Med für Terroristen«

Ron Prosor, der israelische Botschafter bei den UN in New York, wählte 2014 für israelische Verhältnisse überraschend offene Worte für das Verhalten Katars. In einem Meinungsbeitrag für die *New York Times* bezeichnete er das Emirat als »Club Med für Terroristen«,[39] weil das Land nicht nur Terrorfinanziers wie al-Nuaymi beherberge, sondern auch die Hamas und sogar ein Verbindungsbüro der Taliban. Prosor schrieb, der Westen müsse endlich begreifen, dass Katar »nicht Teil einer Lösung des Nahostkonflikts sei, sondern ein signifikanter Teil des Problems«.

In der Folge der US-Ermittlungen fand sich al-Nuaymi schließlich auf den Terrorlisten der UN und der EU, und sogar in Saudi-Arabien hatte er Einreiseverbot. Und Katar? Hier hatte der Islamist bislang eine saubere Weste. 1998 war er wegen Kritik am Königshaus einmal kurz inhaftiert worden, als er die »Vermischung von Geschlechtern« als unislamisch bezeichnet hatte. Seine Kritik, die auch gegen die Frau des Emirs zielte, endete mit der Bemerkung, am Ende würden sich Frauen noch in Männer verwandeln. Während der Terrorfinanzier in diesem Fall bloß wegen einer gegen das Königshaus gerichteten kritischen Meinungsäußerung inhaftiert worden war, reagierte die katarische Justiz im Fall der mutmaßlichen Terrorfinanzierung nicht. Andrew Weinberg schreibt: »Nuaymi besitzt viele Beziehungen zur regierenden Elite.«[40] Es ließe sich auch behaupten, dass der mittlerweile 63-Jährige zur Elite des Emirats gehört – jedenfalls in Anbetracht der Ämter, die er im Laufe seines Lebens angehäuft hat.

Ein Terrorfinanzier

Dass al-Nuaymi unter den politisch aktiven Islamisten seit langem zu den Hardlinern gerechnet werden konnte, hat seinem Ansehen im Emirat Katar nicht geschadet – im Gegenteil. Al-Nuaymi gehörte zum Beispiel auch zu den Gründungs-Beiratsmitgliedern der Sheikh Eid bin Mohammad al-Thani Charitable Foundation – einer gesellschaftlich überaus wichtigen Organisation. Katar ist ein so kleines Land, dass man sich in der politischen und religiösen Elite bestens kennt. Und mehr als anderswo spielen im Establishment des Emirats Wohlfahrtsorganisationen eine große Rolle. Zu ihnen gehören die Qatar Charity und die Sheikh Eid bin Mohammad al-Thani Charitable Foundation. An vielen Orten Dohas unterhalten sie kleine Stände, an denen die Menschen beim Feierabendeinkauf Bargeld spenden. Die Zentrale der Sheikh Eid bin Mohammad al-Thani Charitable Foundation liegt an einer der Ausfallsstraßen von Doha Richtung Westen. Ein imposanter Glaspalast mit angeschlossener Moschee. Die Stiftungen sind sämtlich streng religiös. Die Eid-Foundation veröffentlicht als Partner auf ihrer Homepage große Konzerne wie Qatar Airways, Al Jazeera, Vodafone, Supermarktketten und einige katarische Ministerien.[41]

Auf seiner Homepage distanziert sich die Stiftung von der Terrorfinanzierung. Ruft man die Website Eidcharity.net auf, erscheint sogleich auf der ersten Seite ein wortreicher Text des Direktors der Stiftung, Ali bin Abdullah al-Suwaidi: »Unter keinen Umständen würde die Stiftung wissentlich finanzielle oder andere Mittel für solche Organisationen bereitstellen.«[42] Der Direktor legt Wert auf die Tatsache, dass der auf der internationalen Terrorliste geführte al-Nuaymi seit seiner Zeit als Beirat der Stiftung 1999 keine Verbindung mehr zur Stiftung habe und die Aktivitäten, die man ihm vorwerfe, nach dessen Zeit bei der *Eid*-Stiftung stattgefunden hätten. Im Übrigen unterstütze die Stiftung die Anstrengungen der katarischen Regierung, »Terrorismus und Extremismus in allen Formen einen Riegel vorzuschieben«.[43] In einem Zwischenbericht von BND und Bundesamt für Verfassungsschutz wird die Sheikh-Eid-Foundation namentlich als Finanzier von islamistischen Moscheen in Deutschland benannt.[44] Seit 2007 stand al-Nuaymi unter strenger Beobachtung der US-Geheimdienste, weil er wegen seiner »Hardliner-Tendenzen« längst als »Islamist« eingestuft wurde.[45]

Fest steht jedenfalls auch, dass al-Nuaymi keineswegs ein Außenseiter der katarischen Elite ist. Denn der Islamist und Fußballfunktionär war auch Mitglied im Aufsichtsrat der Qatar Islamic Bank. Bis 2004 war er zudem Präsident des Arab Center for Research and Policy Studies, einem eng mit dem Königshaus verbundenen Institut. Sowohl Nuaymi als auch der spätere Präsident Azmi Bishara haben Hamas-Führer wie Khaled Meshal bei Veranstaltungen des ACRPS sprechen lassen.[46] Der hochangesehene al-Nuaymi gründete auch eine Nichtregierungsorganisation namens Global Anti-Aggression Coalition (GAAC), eine Organisation, die zwar Gewaltlosigkeit auf ihre Fahnen schreibe, aber, so fand Andrew Weinberg heraus, Konferenzen abhalte, um den »Widerstand« in Irak, Somalia, Gaza und Afghanistan zu stützen.[47] 2008 proklamierte al-Nuaymi in einer Botschaft der GAAC den Widerstand gegen Israel in »all seinen Formen«. Damit hatte auch das Ausbomben von israelischen Linienbussen durch palästinensische Selbstmordattentäter al-Nuaymis Segen.

Auf Twitter ist al-Nuaymi sehr agil unterwegs. Und man sieht, wem seine Sympathien gehören: Am 23. März 2017 findet sich zum Beispiel auf der Twitter-Seite ein Eintrag von Turkey News 2023 mit einem Foto, das die G-20-Staatschefs bei Papst Franziskus im Vatikan zeigt. Der Text zitiert Staatschef Erdoğan, der schwadronierte, beim Papst habe sich die »Allianz der europäischen Kreuzritter« versammelt.

Al-Nuaymi bestritt stets, Terrorunterstützer gewesen zu sein. Am 24. Dezember 2013 widersetzte er sich vor Reportern in Doha der Klassifizierung seiner Person als Terrorunterstützer durch die USA.[48] Diese sei politisch motiviert, nachdem er Drohnenangriffe der USA kritisiert habe. Er sagte weiterhin, er sei zuversichtlich, dass die Regierung Katars an seiner Seite stehe. Nuaymi kündigte zugleich an, rechtliche Schritte gegen den Eintrag einzuleiten. Sollte er dies getan haben, wären diese jedenfalls auch vier Jahre danach noch folgenlos geblieben, denn auch 2017 wurde er erneut auf der internationalen Sanktionsliste der UN verzeichnet.[49]

Der IS schleust Geld durch Katar, Dubai und Saudi-Arabien

Wer sich in Doha umhört, stellt fest, dass viele Informationen über die Rolle Katars bei der Finanzierung von Extremisten und Terrorgruppen den Regierungen westlicher Staaten durchaus bekannt sind. Ein europäischer Diplomat, der lieber ungenannt bleiben möchte, sagt: »Katar wird schon immer von wenigen großen Familienclans beherrscht. Klar gibt es in den Familien schwarze Schafe, die Radikale unterstützen, aber die sortieren die Familien selbst aus.«[50] Am Ende sei der Maserati plötzlich doch wichtiger als der Kampf gegen Ungläubige. Im Übrigen könne man aber sicher sein, dass die USA schon zur Sicherung ihrer Luftwaffenbasis »Wege und Mittel kennen, keine Probleme aufkommen zu lassen«. Der Staat Katar jedenfalls fördere direkt keine Terroristen mehr: »Man will zum Club der ordentlichen Länder dazugehören.« Der Diplomat drückt es geschickt aus, wenn er von »dem Staat« und von »direkt« spricht, schließlich ist bekannt, dass Terrororganisationen wie die Hamas und diverse Gruppen in Syrien nach wie vor von katarischen Finanzquellen unterstützt werden.

Auch in Sachen Finanzierung des sogenannten Islamischen Staates liegen der Bundesregierung offenbar interne Erkenntnisse vor. Danach schleust der IS regelmäßig Geld über die Finanzplätze Katars, Dubais und Saudi-Arabiens zum Einsatz auf der Sinai-Halbinsel.[51] Der IS verstärkt seine Aktivitäten auf dem Sinai mit jeder militärischen Niederlage in Irak und Syrien. Sinai wird zum Rückzugsraum und zugleich ein neuer Herd der Bedrohung.[52] Bereits 2011 war ein Terrorkommando von hier über die Grenze nach Israel aufgebrochen und hatte acht Israelis ermordet. An Palmsonntag 2017 explodierten gleich zwei Bomben in zwei koptischen Kirchen. 44 Menschen starben und viele wurden sehr schwer verletzt. Wenige Wochen später beschossen Terroristen einen vollbesetzten Reisebus mit koptischen Christen, die ein Kloster besuchen wollten – 23 Menschen starben, viele wurden schwer verletzt. Der

Islamische Staat bekannte sich zu sämtlichen Attentaten. Am Ende der Geldströme, die durch die Golfregion fließen, sterben häufig viele Menschen. Nicht nur Christen, sondern vor allem Muslime. Aber das scheint angesichts der wirtschaftlichen Beziehungen weder ein großes Thema für westliche Regierungen noch für die der reichen Golfstaaten zu sein.

Zahlt Katar Terroristen Schutzgeld?

Immerhin gibt es auch positive Signale. Zurzeit, so drückt es der europäische Diplomat in Doha aus, sei einigen in Katars Führung »nicht mehr ganz wohl« bei der Unterstützung von fundamentalistischen Gruppen im Ausland wie zum Beispiel in Bosnien: »Sie sehen, dass die Geister, die sie riefen, für sie selber gefährlich werden können.« Erfahrene Beobachter wie der Chefredakteur des Orientmagazins *Zenith* glauben, dass Katar mit der zeitweisen Unterstützung für ausländische Fundamentalisten eine klare Strategie verfolgt: »Die Katarer hielten sich während des Irakkriegs Terroristen durch ›gute Beziehungen‹ vom Leib, womöglich auch durch Schutzgelder in Form gelegentlicher Spenden an religiöse Stiftungen mit Verbindungen zu al-Qaida.«[53] Kaufen Staaten wie Katar und Saudi-Arabien sich womöglich Sicherheit, indem sie Terrorfinanziers gelegentlich gewähren lassen? Dieser These mögen selbst Diplomaten in Doha nicht widersprechen, denn sie »sei nicht ganz von der Hand zu weisen«, wie ein Vertreter eines EU-Landes sagt.[54] Trotz alledem und vor allem aufgrund der engen wirtschaftlichen Verbindungen zu dem Emirat gilt Katar für den Westen weiterhin als wertvolle Drehscheibe der Interessen. Also hält man die Erkenntnisse unter der Decke.

Das gilt auch für die Unterstützung des Emirats für die weltweit aktive Muslimbruderschaft. Wichtige Einrichtungen der Bruderschaft wie die International Union of Muslim Scholars sind in Doha angesiedelt. Yusuf al-Qaradawi, nach Einschätzung der Bundesregierung »Spiritus Rector« der Muslimbruderschaft, genießt sogar den Schutz der katarischen Staatsbürgerschaft. Viele Jahre leitete er die International Union of Muslim Scholars. Auch war er für die Union of Good tätig, die nach Erkenntnissen des israelischen Meir Amit Intelligence and Terrorism Information Center einen klaren Auftrag zugunsten der Hamas erfüllt: »Sie soll die zivile Infrastruktur der Hamas unterstützen. Al-Qaradawi etablierte die Union of Good, der er heute vorsteht. Es ist eine Dachorganisation, die Geld für die Hamas und andere islamistische Aktivitäten rund um den Globus beschafft. Die Union of Good wurde als Terrorfinanzierungs-Organisation als in Israel gesetzwidrig erklärt. Im Dezember 2002 wurde sie von den USA als terroristische Organisation gelistet.«[55]

Yusuf al-Qaradawi hat 50 Bücher veröffentlicht, propagiert die Scharia und hält seit Jahren regelmäßig Fernsehpredigten, die Katars Sender Al Jazeera in die Wohnzimmer von Millionen arabischsprechender Menschen weltweit versendet. Al-Qaradawi preist Selbstmordattentate der Hamas öffentlich als Märtyreraktionen. In einer Fatwa erklärte er als einzige Ausnahme vom Gebot, ein Kopftuch zu tragen die Situation, dass eine Muslima sich unerkannt unter Israelis mische, um sich in die Luft zu sprengen. Den Holocaust nannte al-Qaradawi eine Strafe Allahs gegen die Juden. Bei einem seiner vielen Auftritte, die per Video in der ganzen Welt abrufbar sind, sagte er wörtlich: »Durch die gesamte Geschichte hat Allah den Juden Menschen gesandt, die sie für ihre Verderbtheit bestrafen: die letzte Strafe hat Hitler vollstreckt.«[56] Sein erklärtes Ziel ist die Zerstörung Israels. Hört man sich heutzutage in diplomatischen Kreisen in Doha um, gilt al-Qaradawi bei Katars Führung als »ein lieb gewordener alter Mann«. Es gebe halt »Rücksichtnahmen« auch unter dem neuen Emir, erklärt ein Diplomat, der lieber ungenannt bleiben möchte.

Seitdem der langjährige Emir Hamad bin Khalifa al-Thani 2013 die Macht plötzlich seinem damals 33-jährigen Sohn Tamim bin Hamad al-Thani übertragen hat, heißt es in Diplomatenkreisen,

Katar sei seither »konservativer geworden«. Auf die sehr konservativen Kreise werde nach dem rasanten wirtschaftlichen Modernisierungskurs des alten Emirs nun wieder verstärkt Rücksicht genommen. So musste auch Yusuf al-Qaradawi nach dem plötzlichen Machtwechsel nicht lange bangen, ob er weiterhin den Schutz des Emirats genießen würde. In der Unterstützung der Bruderschaft bleibt alles beim Alten in Katar: Ein Pressefoto zeigt den neuen Chef der Union of International Muslim Scholars, Ali Moheiddin al-Qaradaghi freundlich lächelnd beim Empfang des Hamas-Führers Khaled Meshaal neben dem Großmufti des Sultanats Oman am 21. September 2014.[57] Am 1. Mai 2017 stellte Khaled Meshaal klar, wo die Wurzeln der Hamas liegen: »Hamas teilt die Ideologie der Muslimbruderschaft, aber sie ist eine vollständig unabhängige palästinensische Organisation.«[58] Folgt man allerdings den Finanzströmen zu den Unterstützern der Organisation nach Katar oder in die Türkei, wird klar: Ohne die Solidarität der wirtschaftlich potenten Muslimbruderschaft wäre die Hamas schnell am Ende. Neben Islamisten in Syrien und Libyen unterstützen Katarer weiterhin die Muslimbruderschaft und ihre politischen Parteien in Tunesien, Algerien und Ägypten – sehr zum Ärger seiner Nachbarn. Besonders die Vereinigten Arabischen Emirate beobachten seit langem, dass Katar sich zu einer Basis der Internationalen Muslimbruderschaft ausbaut, die wiederum im Nachbarland Vereinigte Arabische Emirate als Terrororganisation gelistet ist. Die Unterstützung der Bruderschaft durch Katar hat bereits 2014 zu einer ernsten Krise im Golf-Kooperationsrat (Gulf Cooperation Council, GCC) geführt. Saudi-Arabien, die Vereinigten Arabischen Emirate und Bahrein zogen ihre Botschafter aus Doha für eine Weile ab.[59]

In der wirtschaftlichen Elite der Scharia-Staaten spielt die Muslimbruderschaft immer eine herausragende Rolle. Während ein Teil der arabischen Eliten die Bruderschaft aus religiöser Überzeugung stützt, scheinen andere aus Sorge vor der potentiellen Bedrohung ihrer Macht durch die Bruderschaft zu handeln.

In dieser Hinsicht bietet die Depesche der US-Botschaft in den Vereinigten Arabischen Emiraten vom 29. April 2006 einen tiefen Einblick in diese Befürchtungen und in die Strategie Katars. In der Depesche wird ein Lunch mit dem Kronprinzen der Vereinigten Arabischen Emirate bin Zayed al-Nahyan und dessen Außenminister mit einem Emissär der US-Heimatschutzbehörde geschildert.[60] Der Kronprinz machte sich in dem Gespräch offen Sorgen über die Verletzlichkeit der Ölproduktion durch terroristische Attentate. Auch beklagte er nach der Übernahme der Macht durch die Hamas im Gazastreifen einen Machtzuwachs der Muslimbruderschaft auch im eigenen Land. Der Kronprinz sagte seinen US-Gästen, die Wahl in Gaza müsse eine Lehre für den Westen sein: »Der Westen rät uns, uns zu öffnen und Wahlen abzuhalten, aber wenn wir morgen Wahlen in Dubai abhalten würden, würde die Muslimbruderschaft das Rennen machen.« 2009 kritisierte der Kronprinz dann wieder sehr unmissverständlich das Nachbar-Emirat Katar als »Teil der Muslimbruderschaft«. Er behauptete auch, dass Katars weltweit einflussreicher TV-Sender Al Jazeera zu 90 Prozent von der Muslimbruderschaft unterwandert sei.[61] Der Autor des Berichts in der *Huffington Post* schrieb: »Andere Funktionäre in den Emiraten benennen Katar sogar als Staatsfeind Nr. 3 nach dem Iran und der Muslimbruderschaft.« Der enorme Groll von Katars Nachbarn wegen der Unterstützung der Muslimbruderschaft hat also einen langen Vorlauf. Zugleich reichen die Verquickungen mit der Muslimbruderschaft weit in die politische und zugleich wirtschaftliche Elite Katars hinein.

In Berlin engagierter Immobilieninvestor spendete für Islamisten

Auch einer der reichsten Katarer, Sheikh Faisal bin Qassim al-Thani,[62] gehörte offenbar zum Fanclub des radikalen Scheichs Yusuf al-Qaradawi. *Forbes* schätzte Anfang 2017 sein Vermögen auf 2,2 Milliarden US-Dollar. Der mit dem Emir von Katar entfernt verwandte Geschäftsmann verfügt über seine Al Faisal Holding über die Immobilien von zwanzig Hotels, darunter auch die jeweilige Immobilie der Berliner Luxushotels Grand Hyatt und Maritim, die beide auf der Webseite der Al Faisal Holding als Investments verzeichnet sind.[63] Wer in diesen Hotels ein Zimmer bucht, ahnt nicht, dass ein Teil seines Geldes am Ende bei der Al Faisal Holding landen könnte, deren Gründer Sheikh Faisal bin Qassim al-Thani einen Millionenbetrag an die International Union of Muslim Scholars spendete, als Yusuf al-Qaradawi dort noch Chef war. Einem Artikel von *Gulfnews* zufolge gab Faisal bin Qassim al-Thani bei einer Wohltätigkeitsgala 2012 eine Spende von umgerechnet fast 1,4 Millionen US-Dollar.[64] Die fundamentalistische Vereinigung wählte den Milliardär damals auch zum »Mann des Jahres«. Ich habe die Al Faisal Foundation nach ihrem Engagement gefragt und wollte wissen, ob sie möglicherweise mehr Geld an die IUMS gespendet habe. Eine Antwort blieb leider aus. Der General Manager des Berliner Grand-Hyatt-Hotels wollte die Spende nicht kommentieren. Allerdings bestätigte er Pachtzahlungen von 6,02 Millionen Euro (2015) beziehungsweise 5,5 Millionen Euro im Jahr 2014. Zudem teilte er mit, die Immobilie sei im Besitz der Al Rayyan Tourism Investment Co. Diese Gesellschaft ist eine hundertprozentige Tochter der Al Faisal Holding.[65] Auch das Berliner Maritim-Hotel antwortete.[66] Man sei 2013 informiert worden, dass der Eigentümer der Immobilie gewechselt habe. Als neuer Grundstückseigentümer wird eine Gesellschaft mit Sitz in Luxemburg genannt. Über weitere Informationen zu meinen Fragen bezüglich Faisal bin Quassim al-Thani verfüge man nicht.

Das Spenden gehört, wie bereits gesagt, zu den »Fünf Säulen des Islam« und ist fester Bestandteil im Wirtschaftsleben des wahhabitischen Emirats – ähnlich wie in Saudi-Arabien. Und diese Spenden dürfen sowohl für humanitäre Zwecke als auch zur Verbreitung des Islam ausgegeben werden.[67] Aus einer Mail des geostrategischen Informationsdienstes Stratfor geht hervor, wie umfassend Katar und seine religiösen Stiftungen humanitäre Hilfe leisten.[68] Allerdings zeigen die Zahlen, die aus einer Veröffentlichung der katarischen Zeitung *Peninsula* stammen auch, dass humanitäre Hilfe in diesem islamistischen Land andere Prioritäten setzt als im Westen. So gab das Land diesem Bericht zufolge zwischen 2005 bis 2009 selbst etwa 2 Milliarden US-Dollar für Entwicklungshilfe aus, wobei der überwiegende Teil in arabische – sprich muslimische – Länder floss. Die Summe umfasst auch die Hilfen durch nicht staatliche Wohlfahrtsorganisationen. Im Vergleich zum Bruttoinlandsprodukt von knapp 400 Milliarden US-Dollar in diesem Zeitraum nehmen sich die 2 Milliarden aber eher symbolisch aus.[69] Hinzu kommt: Bereits der Stratfor-Bericht hält fest, dass in den Summen auch Geld für islamische »Studienzentren und den Bau von Moscheen« enthalten sei.

Wohltätigkeitsverbände exportieren Fundamentalismus

Sowohl die Sheikh Eid bin Mohammad al-Thani Charitable Foundation als auch die weit größere Qatar Charitable Foundation überweisen hohe Summen, um den fundamentalistischen Islam bis nach Europa zu tragen. Wer die Seite der Qatar Charity anklickt, findet unter dem Stichwort »Germany« sogleich die Abbildung eines Moscheeprojekts, allerdings ohne weitere Angaben. Der Spender kann nun per Mausklick entscheiden, ob er für den Kauf eines Moscheegrundstücks, eine Instandhaltung, den Bau oder die Inneneinrichtung einer Moschee spenden will. Er kann auch für die Miete eines Predigers spenden.[70] Und die Sheikh Eid bin Mohammad al-Thani Charitable Foundation wiederum wird in einem Bericht von BND und Bundesamt für Verfassungsschutz namentlich erwähnt und für die Unterstützung salafistischer Moscheen in Deutschland mitverantwortlich gemacht.[71] Die Foundation selbst hat 2016 angekündigt, weltweit rund 335 neue Moscheebauten zu finanzieren.[72] Noch ambitionierter sind die Pläne der Qatar Charity, die sogar 600 neue Moscheebauten weltweit auf den Weg bringen will. Die Zahlen und ihre Ankündigung in der Presse Katars belegen zugleich den Verdacht vieler westlicher Beobachter, dass viele Spendengelder in den Export des fundamentalistischen Islam ins Ausland investiert werden. Die fundamentalistisch ausgerichteten Wohlfahrtsverbände des Emirats beschränken sich längst nicht auf humanitäre Hilfe in Krisengebieten. Obwohl die Zakat mit 2,5 Prozent aller Gewinne eine wichtige Einnahmequelle in einem der reichsten Länder der Erde sein sollte, beschränken sich die Ausgaben Katars für die Entwicklungshilfe auf nicht einmal 0,2 Prozent des Bruttosozialprodukts.[73] Überdies fließen auch die humanitären Mittel grundsätzlich in muslimische Staaten und Gebiete wie zum Beispiel Gaza, Syrien oder Jemen. Die Hilfe des Scharia-Staates Katar ist meist an die (sunnitische) Glaubensrichtung der Empfänger gebunden.

Aber wie viel Geld fließt unter dem Strich in die Förderung des radikalen Islam im Westen? Einen umfangreichen Fragenkatalog, den ich beiden Stiftungen übersandte, ließen die Stiftungen unbeantwortet. Nachdem die Aktivitäten religiöser Stiftungen nach 9/11 weltweit in den Fokus der Kritik gerieten, entschied sich Katar, ein Gesetz zu ihrer Beaufsichtigung zu erlassen. Die USA bestätigten in einem Kongressbericht dem Emirat, dass Katar viel tue, um die Aktivitäten seiner Wohltätigkeitsorganisationen unter Kontrolle zu bekommen. So sei bereits 2004 die Qatar Authority for Charitable Activities (QACA) gegründet worden.[74] Alle Finanztransfers durch die großen Stiftungen seien daher mit dem Segen dieser Behörde versehen.[75] Allerdings sieht das Gesetz zur Überwachung der Wohlfahrtsorganisationen eine Ausnahmeregelung vor: Artikel 24 erlaubt es dem Emir persönlich, jederzeit bei jeder Organisation die neuen Regeln ausnahmsweise außer Kraft zu setzen. Der Willkür sind damit wieder Tür und Tor geöffnet.

Die Fußball-WM als Motor des Scharia-Kapitalismus

Vom Fußball zum Terror ist es in Katar manchmal nicht weit. Denn der seit 2013 als Terrorfinanzier gelistete Geschäftsmann al-Nuaymi war Jahre bereits an der Spitze der Qatar Football Association gewesen. 2010 wurde er vom Olympischen Komitee des Landes für sein Lebenswerk und seine Leistungen für den Sport ausgezeichnet.[76]

Aber wie passen die Scharia und eine moderne wirtschaftliche Entwicklung zusammen? Katar hat – wie Saudi-Arabien und die Emirate – längst beschlossen, auf eine von Rohstoffen unabhängige Volkswirtschaft hinzuarbeiten. Hierzu gehört vor allem der Tourismus, der nicht zuletzt durch die Fußball-WM angekurbelt werden soll. Kommen zurzeit etwa drei Viertel aller Reisenden als Geschäftsreisende in das Emirat, sollen spätestens bis 2030 die Freizeittouristen überwiegen.[77] Zwar machte auch 2015 noch der Gasexport 51 Prozent der Einnahmen des Emirats aus, doch zugleich investiert das Land nach Kräften in die übrige Infrastruktur von der Metro bis zu den Stadien. Um ihr Land für die Ausrichtung der Fußballspiele zu ertüchtigen, legten die Scheichs im Haushalt 2017 noch einmal 2,6 Prozent obendrauf und beschlossen Ausgaben von 25 Milliarden US-Dollar. Am meisten lassen sie sich mit 8,5 Milliarden Dollar die Sportstätten kosten, dann mit 6,8 Milliarden Dollar Infrastruktur- und Transportprojekte. Für Gesundheit und Bildung immerhin noch 1,6 Milliarden. Wer also im Westen Geschäfte mit dem Emirat machen möchte, konnte sich bislang zur richtigen Zeit am richtigen Ort wähnen. Das kann man im Kalender des German Business Council Qatar CBCQ nachlesen: Allianz, DB Schenker, Hochtief, KPMG, Lufthansa, SAP, Siemens, Strabag, Thyssenkrupp und zahlreiche wichtige mittelständische Unternehmen treiben in dem umstrittenen Emirat Geschäfte.[78] Einer, der glaubte, auch am richtigen Ort zur richtigen Zeit gewesen zu sein, ist Franz Beckenbauer. Ein Rückblick auf die Umstände der WM-Bewerbung 2022 klärt darüber auf, wie es im Kernland des Scharia-Kapitalismus zugeht.

Beckenbauers katarischer Gewährsmann drohte, »Köpfe abzuhacken«

In Anbetracht von Berichten über Unfälle auf WM-Baustellen und menschenrechtsfeindlichen Arbeitsverträgen hat Beckenbauer zweifellos den ersten Platz unter den Katar-Verteidigern verdient. Vor internationalen Medien sagte er:»Ich habe noch keinen einzigen Sklaven in Katar gesehen. Die laufen alle frei herum, weder in Ketten gefesselt noch in irgendwelcher Büßerkappe am Kopf, also das habe ich noch nicht gesehen. Wo diese Meldungen herkommen, ich weiß es nicht. Vom arabischen Raum habe ich mir ein anderes Bild gemacht, und ich glaube, mein Bild ist realistischer.«[79] Das Bild, das Beckenbauer sich machen konnte, dürfte allerdings nach allem, was wir wissen, ein eher eingeschränktes gewesen sein. Im Dezember 2010 erzählte Beckenbauer in einer Talksendung von Servus TV sehr locker, warum Katar für die WM keine schlechte Wahl sei: »Wieso Katar? In der Wüste, im Sommer – 40, 50 Grad (…) Im ersten Moment ist es … auch für mich, der Emir von Katar ist ja ein guter Freund von uns, der uns auch bei der Bewerbung 2006 geholfen hat, das darf man nicht übersehen. Also, der Emir war ein wichtiger Wegbegleiter. Ohne ihn, ich weiß nicht, ob wir es geschafft hätten.« Der TV-Moderator hakte nun nach:»Was heißt geholfen? Um Geld ging's nicht?«

»Nein, es ging nicht um Geld. Ein Gesandter von ihm ist der Mohammed bin Hammam, (…) der damals ein ordentliches Mitglied der Exekutive war, ein Katari. Den hat er angewiesen, dafür zu sorgen, uns ein paar Stimmen zu holen. Das hat er getan.« – »Angewiesen?«, fragte der Moderator, worauf Beckenbauer erklärte:»Ja, in diesen Ländern wirst du irgendwo angewiesen, da gibt's keine Diskussion. Da sagt der Chef, der Emir sagt: Das hast du zu tun. Und das hat er gemacht.«[80]

In ihrem 380 Seiten starken Untersuchungsbericht zu den dubiosen Zahlungen rund um die deutsche WM-Bewerbung stellt die Kanzlei Freshfields, Bruckhaus, Deringer klar, dass insgesamt

6 Millionen Euro an den katarischen FIFA-Funktionär Mohammed bin Hammam geflossen sind: »Fest steht, dass die CHF 10 Mio. im Jahre 2002 auf ein Konto der KEMCO Scaffolding Co. bei der Doha Bank in Katar geflossen sind. Fest steht auch, dass sich nach dem aktuellen Kenntnisstand ausschließen lässt, dass die Zahlung der CHF 10 Mio. der FIFA als Verband zugutekommen sollte. Zudem erfolgte die Rückzahlung der CHF 10 Mio. Ende April 2005 durch Überweisung der EUR 6,7 Mio. auf das Konto von Robert Louis-Dreyfus über ein offizielles Konto der FIFA.«[81] Alleineigentümer der KEMCO sei bin Hammam, heißt es in dem Bericht. So hält es auch der Bericht der Wirtschaftsprüfer im Auftrag der FIFA fest: »Nach dem Ergebnis unserer Untersuchung steht fest, dass die Zahlung in Höhe von EUR 6,7 Mio. im Jahr 2005 vom OK WM 2006 bewusst falsch deklariert worden ist. Sie war als Beitrag für die FIFA-Eröffnungsgala ausgewiesen, aber für Robert Louis-Dreyfus gedacht.«[82] Aber wer ist dieser Mohammed bin Hammam? Er war ein enger Vertrauter des langjährigen Emirs von Katar, Hamad bin Khalifa al-Thani. Der *Guardian* zitiert bin Hammam, der habe im Vorfeld der Wahlen zum FIFA-Exekutivkomitee 2009 gedroht, Rivalen die »Köpfe abzuhacken«.[83] Hammam bestritt stets, mit Drohungen oder Geldzahlungen operiert zu haben.

Franz Beckenbauer jedenfalls sagt aus, von den Umständen der Zahlungen an bin Hammam nichts gewusst zu haben. Wie sich später herausstellte, hat Beckenbauer in seiner Zeit als Leiter des Organisationskomitees für die WM 2006 einiges Geld zusätzlich verdient. So habe er 5,5 Millionen Euro vom DFB erhalten – allerdings für Werbetätigkeiten für das Wettunternehmen Oddset. Spiegel-Online schrieb dazu:[84] »Die Frage, warum er dafür nicht direkt einen Vertrag mit Oddset schloss, sondern aus dem DFB-WM-Topf entlohnt wurde, ließ der Verband offen.« Für seine Bewerbung für die WM 2022 geriet bald Katar selbst in das Visier von Ermittlungen der FIFA. So soll Mohammed bin Hammam bei einem Treffen mit Delegierten aus der Karibik Umschläge mit jeweils 40 000 US-Dollar verteilt haben, um die Gunst für Katar zu gewinnen.[85] Nach weiteren Untersuchungen der FIFA sperrte diese bin Hammam schließlich 2012 lebenslänglich für sämtliche Tätigkeiten im Fußball. Bin Hammam, der sich stets für unschuldig erklärte, trat von allen Ämtern zurück.[86]

Wie das Emirat mit öffentlicher Kritik verfährt, zeigt sich am Vorgehen gegen einen prominenten deutschen Ex-Fußballfunktionär: Theo Zwanziger. Als er sich in einem Interview kritisch über mögliche Korruption äußerte, rief das sogleich die deutschen Anwälte des katarischen Fußballverbandes auf den Plan. Zwanziger hatte Katar wegen der vielen Unregelmäßigkeiten bei der WM-Vergabe als »Krebsgeschwür des Welt-Fußballs« bezeichnet und gesagt: »Der unendliche Reichtum dieses kleinen Landes Katar breitet sich fast wie ein Krebsgeschwür über den Fußball und den Sport aus. Ich bin ja selbst hin und wieder angesprochen und eingeladen worden. Dieses kleine Land nutzt seine wirtschaftliche Stärke, um Einfluss zu nehmen auf Entscheidungen in der Politik und im Sport.«[87] Das Landgericht Düsseldorf wies die Klage des katarischen Fußballverbands gegen Zwanziger wegen Beleidigung ab. Die Äußerungen seien von der Meinungsfreiheit gedeckt, schrieben die Richter. Es sei Zwanzigers berechtigtes Interesse gewesen, »die öffentliche Debatte über die Vergabe der Fußball-WM nach Katar (wieder) anzuregen und diese zu kritisieren«.[88] Die Kritik sei berechtigt, auch wenn Schmiergeldzahlungen »nicht erwiesen« seien.

Theo Zwanziger ist noch heute empört, wenn er an die kommende WM 2022 in Katar denkt. Er hatte bereits frühzeitig vor dieser Vergabe an den Wüstenstaat gewarnt. Das Land bringe weder die sportlichen noch die gesellschaftlichen Voraussetzungen mit. »Stadien, die aus der Retorte gebaut werden unter unmenschlichen Arbeitsbedingungen«, das sei mit dem Nachhaltigkeitsgedanken nicht vereinbar. »Ein Land mit einer Gesellschaftsordnung, die Menschenrechte mit Füßen tritt, darf nicht noch mit einer WM beehrt werden«, sagt Zwanziger. Katar sei schlicht von einem »Beherrschungsgedanken« getrieben, und der habe im Sport nichts zu suchen.[89]

Das »Kafala-System« und die Ausbeutung der Gastarbeiter

Wer Katar oder seine Handelspartner öffentlich kritisiert, muss schnell mit einer teuren juristischen Verfolgung rechnen. So warf die französische Organisation zur Verteidigung von Opfern der Wirtschaftskriminalität Sherpa dem französischen Baukonzern Vinci massive Menschenrechtsverletzungen beim Bau der Stadien in Katar vor. Auch an Vinci ist die katarische Qatari Holding mit 4 Prozent beteiligt.[90] Sherpa klagte sogar in Paris gegen den Baukonzern, die Staatsanwaltschaft nahm Ermittlungen wegen Sklaverei und Zwangsarbeit auf. Sherpa benannte zehn bis fünfzehn Zeugen, die über die Arbeitsbedingungen vor Gericht aussagen könnten. Überfüllte Arbeiterunterkünfte, gefährliche Arbeiten und 66 Wochenstunden soll es gegeben haben. Auch seien Pässe konfisziert worden.[91] Die Vorwürfe weist der Konzern vehement zurück und will seinerseits Sherpa wegen Verleumdung und Rufschädigung verklagen. Im April 2016 verlor der Baukonzern das Verfahren gegen die Menschenrechtsorganisation vor Gericht.[92]

Die Praxis, die Bewegungsfreiheit von Gastarbeitern einzuschränken, herrscht jedoch nicht nur in Katar, sie ist auf der gesamten Arabischen Halbinsel verbreitet und entspringt dem sogenannten Kafala-System. Das Wort »Kafala« bedeutet Bürge. In Katar nennt man sie auch »Sponsoren«. Wenn ein katarischer Arbeitgeber Arbeitskräfte sucht, kann er diese in das Emirat einladen. Die Arbeits- und Aufenthaltsgenehmigung hängt an der individuellen Einladung und erlischt beispielsweise bei einer Kündigung. 2016 begann der weltweit tätige katarische Sender Al Jazeera eine Umstrukturierung. In kurzer Zeit wurden erst einmal 500 Angestellte entlassen.[93] Viele von ihnen waren Ausländer, einige sollen sogar aus dem Urlaub zurückbeordert worden sein, um die Kündigung entgegenzunehmen. Selbst Beschäftigte, die bereits seit Jahren in Doha arbeiteten und mit ihren Familien hergezogen waren, sollten binnen wenigen Wochen ausreisen. Denn mit der Kündigung erlischt die Aufenthaltsgenehmigung.

Kommt ein Ausländer auf Einladung eines katarischen Unternehmens ins Land, wird diesem Unternehmen vom Staat die Verantwortung für die Abwicklung aller aufenthaltsrechtlichen Fragen überlassen. Zu diesem Zweck ist es verbreitet, dass Arbeitgeber die Pässe einziehen. Daraus ist aber in einigen Fällen ein Druckmittel geworden, so dass Arbeitnehmer bei offenen Streitigkeiten – zum Beispiel um Löhne oder angeblich durch Arbeitnehmer angerichtete Schäden – nicht ausreisen durften. Nach Auskunft der Bundesregierung gab es in Katar auch in zwölf Fällen ein Ausreiseverbot für Deutsche, die sieben Monate auf die Genehmigung warten mussten.[94]

Immer wieder werden Stimmen laut, die auf Arbeits- und Menschenrechtsverletzungen in Katar und besonders im Zusammenhang mit den Bauten für die FIFA-WM 2022 hinweisen. Im Global Slavery Index einer australischen NGO landete Katar auf Rang fünf. Demnach arbeiten 30 300 Menschen als Sklaven, Zwangsarbeiter oder in Knechtschaft.[95] Katarische Behörden werden allerdings nicht müde, die Vorwürfe zu bestreiten. Keiner der Arbeiter auf den Baustellen sei je ausgebeutet worden, heißt es. Vielmehr stecke hinter den Medienberichten eine Kampagne gegen Katar als Gastgeber einer Fußball-WM.[96]

Auf den menschlich katastrophalen WM-Skandal in Katar reagiert die Bundesregierung nur auf Nachfrage, und zwar erstaunlich wortkarg auf die Frage der Fraktion Die Linke: »Wie viele ausländische Arbeiterinnen und Arbeiter sind nach Kenntnis der Bundesregierung bereits aufgrund der Arbeitsbedingungen gestorben?« – »Für die drei wichtigsten Herkunftsländer Indien, Nepal und Bangladesch, aus denen insgesamt 1 023 000 Arbeiterinnen und Arbeiter kommen, wird die offizielle Gesamtzahl der Toten für die Jahre 2012 und 2013 insgesamt auf 964 beziffert. Davon starben

35 Menschen bei Arbeitsunfällen und 28 aufgrund von Selbsttötungen. Wie viele dieser Todesfälle auf landesspezifische Defizite bei den Arbeitsbedingungen oder auf andere Ursachen zurückzuführen sind, ist nicht eindeutig feststellbar.«[97]

Nach einem Treffen mit dem Emir von Katar äußerte Bundeskanzlerin Angela Merkel öffentlich, sie wünsche sich vor der WM 2022, »dass gerade ein Land, das auch zu den reichen Ländern der Welt gehört, die Arbeitsbedingungen für Gastarbeiter gute Bedingungen sind«.[98] Der Emir habe signalisiert, dass »die Dinge auch verändert werden, dass zum Teil auf die Kritik reagiert wurde und dass man sich auch weiter sehr ernsthaft mit diesen Fragen befassen wird«. Damit war es für die Bundeskanzlerin getan. Mit Katar verbindet die wirtschaftsfreundliche Politikerin schließlich auch die Hoffnung auf immer neue Geschäfte. So stieg das deutsch-katarische Handelsvolumen zuletzt auf 2,5 Milliarden Euro im Jahr 2015.

Die Internationale Arbeitsorganisation (ILO) der UNO hat ein Verfahren gegen Katar bis heute nicht eingestellt. Bereits im November 2013 hatte der UN-Sonderbeauftragte für die Rechte von Migranten, François Crépeau, Katar besucht und eine Liste mit Vorschlägen überreicht. Auch die ILO hat 2014 Empfehlungen abgegeben, etwa die Forderung nach Vereinigungsfreiheit der Arbeitnehmer und nach der kompletten Überprüfung des »Kafala-Systems«. Arbeitnehmer sollen Zugang zur Justiz erhalten und Inspektoren Baustellen kontrollieren.

Im Dezember 2016 schienen die Forderungen etwas bewirkt zu haben: Katar verkündete offiziell die Abschaffung des »Kafala-Systems«. Endlich sollten Einzelverträge zwischen Arbeitnehmern und Arbeitgebern beiden Seiten Sicherheit bieten. Glaubt man den Experten von Human Rights Watch, war die Ankündigung allerdings nur ein PR-Manöver, um die Öffentlichkeit zu täuschen. In einer Stellungnahme schreibt Human Rights Watch: »Die im Jahr 2016 in Kraft getretenen Änderungen im Arbeitsrecht schützen ausländische Arbeitnehmer nicht vor den schweren Menschenrechtsverletzungen, die die Bauindustrie und andere Niedriglohnsektoren in Katar prägen. [...] Zwar wurde auch das Kafala- oder Bürgschaftssystem reformiert, aber sein grundlegend ausbeuterischer Charakter blieb erhalten. Arbeitsmigranten dürfen auch in Zukunft nicht ihre Arbeitgeber wechseln, auch dann nicht, wenn sie an ihrem Arbeitsplatz misshandelt werden, und benötigen weiter eine Genehmigung des Arbeitgebers, um das Land zu verlassen.«[99] Joe Stork, stellvertretender Leiter der Nahostabteilung von Human Rights Watch kritisiert, Katar habe »offensichtlich kein Interesse an echten Reformen des Arbeitssystems, und das bedeutet, dass es zu immer mehr Menschenrechtsverletzungen und immer mehr Ausbeutung kommen wird. Arbeitsmigranten werden weiter leiden.« Auch nach dem neuen Gesetz, das die Nr. 21 aus 2015 trägt, ist vorgesehen, dass Arbeitnehmer sich fünf Jahre lang an einen Arbeitgeber binden. Möchten sie vorzeitig den Arbeitsplatz wechseln, benötigen sie eine »Unbedenklichkeitsbescheinigung« von ihrem Arbeitgeber. Auch muss der Jobwechsel in den Ministerien für Inneres, Arbeit und Soziales genehmigt werden. Das Verlassen des Landes wird überdies nicht wirklich erleichtert.

Und wie ist die Situation von Zehntausenden ausländischen Hausangestellten, die in katarischen Haushalten arbeiten und selten Kontakt zur Außenwelt pflegen? Ihre Situation beschreibt Human Rights Watch als besonders prekär: »Neben Verstößen gegen ihre Arbeitsrechte erleben zahlreiche Hausangestellte auch körperliche und sexuelle Misshandlungen.« Die Antwort des Emirats für diese Schwächsten der Schwachen auf dem katarischen Arbeitsmarkt fällt katastrophal aus. Sie werden ausdrücklich von den neuen Regelungen zum Jobwechsel ausgenommen und bleiben ihren Arbeitgebern weiterhin ausgeliefert. Die reichste Nation der Welt mit den weltweit reichsten Staatsbürgern weigert sich weiterhin, Millionen von Menschen, die mit ihrer Arbeit diesen Reichtum begründen, an diesem teilhaben zu lassen.

Das Vorgehen des Emirats – trotz der massiven öffentlichen weltweiten Kritik – wirft Fragen auf: Wie vereinbart sich die Ausbeutung Hunderttausender mit der Barmherzigkeit des Islam?

Verstößt die Arbeitsgesetzgebung womöglich gegen die im Islam großgeschriebene Barmherzigkeit? Die Antwort der maßgeblichen Gelehrten des Emirats, die im sogenannten Schura-Rat versammelt sind, fiel hierzu eindeutig aus: »Wenn ein ausländischer Arbeitnehmer dem Arbeitgeber vorsätzlich Probleme bereitet und seinen Vertrag nicht erfüllt und den zuletzt Genannten [den Arbeitgeber] zwingt, den Vertrag zu beenden oder ihn an einen anderen Sponsor weiterzureichen, darf ihm nicht erlaubt werden, den Arbeitsplatz zu wechseln, selbst, wenn er davonläuft. Im Gegenteil sollte er dann zum Ausgleich gezwungen werden, für den Arbeitgeber doppelt so lang zu arbeiten, als im Vertrag vorgesehen war.«[100] Die islamischen Gelehrten verleihen der Willkür der Arbeitgeber durch diese Aufforderung zur Strafarbeit auch noch eine religiöse Rechtfertigung. Die dahinterstehende Botschaft dieses islamischen Gelehrtenspruchs lautet: Im Scharia-Kapitalismus gilt die Barmherzigkeit des Islam ausschließlich für diejenigen, die wirtschaftliche und politische Macht haben, sie anderen Menschen zu verweigern.

Die Saudi-Connection

Öl, Wahhabismus und der Nahe Westen

Wer in die unheilvolle Geschichte der Beziehungen zwischen den USA und Saudi-Arabien eintauchen will, beginnt am besten mit einem Mann, der eine Weile lang als der viertreichste der Welt galt: Prinz Alwaleed bin Talal bin Abdulazis al-Saud. Die Geschichte seiner gut 85 Meter langen, schlanken und formschönen Motoryacht *Kingdom 5 KR* und ihres Eigentümers aus Saudi-Arabien erzählt eine Menge über den weltlichen Luxus, dem wichtige Akteure des Scharia-Kapitalismus frönen.

Das Schiff wurde 1980 in der Werft der Azimut Benetti Group in der toskanischen Küstenstadt Viareggio für den stolzen Preis von 100 Millionen Dollar gebaut.[1] Auftraggeber war der saudische Milliardär Adnan Khashoggi. Er benannte die Yacht nach seiner Tochter Nabila. Zu dieser Zeit war die *Nabila* eine der größten Motoryachten der Welt. Sie hatte fünf Decks, einen kleinen Kinosaal mit zwölf Sitzen und zwei Doppelbetten sowie elf Suiten. Für An- und Abreisen stand ein Hubschrauberlandeplatz zur Verfügung.[2]

Das Schiff war somit Hollywood-tauglich und spielte entsprechend im James-Bond-Film *Sag niemals nie* unter dem Namen *Flying Saucer* mit, und zwar als Yacht des von Klaus Maria Brandauer gespielten Bösewichts Largo. 1988 verkaufte der saudische Milliardär das Schiff an den Sultan von Brunei, Hassanal Bolkiah, einen islamistischen Alleinherrscher, der 2014 die Scharia in seinem Sultanat wieder einführte inklusive Todesstrafe und Steinigungen. Bolkiah verkaufte später das Schiff für 29 Millionen US-Dollar an den US-amerikanischen Immobilienmogul Donald Trump. Dieser benannte das Schiff nach Umbauarbeiten in *Trump Princess* um. 1991 veräußerte Trump das Schiff an den saudischen Prinzen Alwaleed bin Talal bin Abdulazis al-Saud. Letzterer benannte das Schiff in *Kingdom 5 KR* um. In diesem Namen fanden sein Investmentunternehmen Kingdom Holding, die 5 als seine Glückszahl und die Initialen seiner Kinder ihren Ausdruck.

Prinz Alwaleed bin Talal bin Abdulazis al-Saud ist kein Geringerer als der Enkelsohn des Gründers der Dynastie der Sauds, Abd al-Aziz ibn Saud, der von 1932 bis 1953 König von Saudi-Arabien war. Bei einem Vermögen von 17, 9 Milliarden Dollar gibt es laut *Forbes* nur vierzig Menschen weltweit, die mehr Vermögen besitzen als der saudische Geschäftsmann. *Forbes* kategorisiert ihn als »self made« ein. Mit einem kleinen Startkapital seines Vaters ausgestattet, begann Alwaleed mit Hilfe von Immobiliengeschäften reich zu werden. Bereits 1983 soll er ein Vermögen von 450 Millionen Dollar besessen haben. Das erste Unternehmen, das er kaufte, war die verschuldete saudische United Saudi Commercial Bank. Sie entwickelte sich zu einem der führenden Geldinstitute im Nahen Osten. Seit 1987 spekulierte Prinz Alwaleed auch an der Wall Street. 1991 steckte er fast sein gesamtes Vermögen von 800 Millionen Dollar in die Citigroup, als diese dringend einer Finanzspritze bedurfte.

Saudi-Arabien

Bei einem Handelsvolumen von 7,92 Milliarden Euro dominieren die deutschen Exporte in das Königreich mit 7,30 Milliarden Euro. In Saudi-Arabien engagieren sich unter anderem die Firmen Bilfinger[3], Airbus[4], Dornier Consulting[5], Heckler & Koch[6], Liebherr[7], MAN[8], Rheinmetall[9], Thyssenkrupp[10].

»Der arabische Warren Buffett«

Die *New York Times* bezeichnete Alwaleed einmal als »arabischen Warren Buffett«. Er kaufte sich in bekannte Marken ein, wenn diese gerade billig zu haben waren. So erwarb er Beteiligungen an der damaligen Kirch-Gruppe und an Mövenpick Hotels & Resorts. Im Mai 2015 machte er Schlagzeilen, als er auf einmal eine runde Milliarde Dollar in insgesamt 15 weltbekannte Unternehmen steckte. Wieder waren es die ganz großen Namen der Weltökonomie: Walt Disney, McDonald's, WorldCom, Procter & Gamble, priceline.com, amazon.com und eBay. Alwaleed ist sogar an Apple und an Rupert Murdochs News Corporation beteiligt. Ein besonderes Faible scheint er für touristische Attraktionen zu haben: So ist er an Disneyland Paris beteiligt, das Hotel George V gehört ihm, und er besitzt Anteile am New Yorker Plaza Hotel der Hotelkette Four Seasons. Ende 2011 erwarb er für 300 Millionen Dollar eine 3,8-Prozent-Beteiligung an Twitter. Seine Kingdom Holding ist also breit aufgestellt. Als Einzelperson steht er pars pro toto für das Investitionsverhalten einer ganzen megareichen Region. Zugleich lernten ihn viele der Länder, in die er investierte, als »Retter« kennen, schreibt sein Biograph Riz Khan,[11] als »Canary-Wharf-Man«, weil er eines der größten europäischen Immobilienprojekte im Londoner Hafenviertel rettete, oder als »Euro-Disney-Man«, weil er dem kränkelnden Unternehmen in Paris mit einer kräftigen Finanzspritze zu neuem Leben verhalf.

Reiche Gönner zwischen westlichem Kapitalismus und der Scharia

Manchmal geraten Investoren aus Scharia-Staaten unversehens in Konflikt mit den strengen Regeln der Scharia-Wirtschaft. So geschah es 2015 auch Prinz Alwaleed.[12] Als er sieben Prozent seines Unternehmens Kingdom Holding an die saudische Börse bringen wollte, schaltete sich ein Geistlicher ein. Die Holding sei unsittlich, weil in ihren Etablissements Alkohol ausgeschenkt werde. Geschehen ist Alwaleed nichts. Alwaleed wird von den islamischen Geistlichen auch deshalb argwöhnisch beobachtet, weil er sich seit Jahren dafür einsetzt, die Stellung der Frau in der saudischen Gesellschaft zu verbessern. Die einzige Pilotin aus Saudi-Arabien finanziert er, um ein Zeichen zu setzen, dass Frauen einige Sachen besser können als Männer, wie er formulierte. Vieles deutet darauf hin, dass Alwaleed ein modern denkender muslimischer Weltbürger ist. Auch hinsichtlich seines Spendenverhaltens darf der Geschäftsmann als exemplarisch für viele reiche Männer in den Golfstaaten gelten, die Geschäfte machen wollen wie ihre westlichen Partner, die es aber zugleich der islamischen Geistlichkeit in ihrer Heimat recht machen müssen. Also spenden sie aus gesellschaftlicher und religiöser Pflicht große Summen. Dass mit dem Geld auch Extremisten gefördert und westliche Gesellschaften destabilisiert werden, ist dabei nicht in jedem Fall ihre Absicht. Erst die Spendenempfänger – wahhabitische Wohlfahrtsorganisationen und ihre geistlichen Verwalter – sorgen im nächsten Schritt für die gezielte Schleusung auch an extremistische Verbände und Vereine im Westen.

20 Millionen Dollar für den Ausbau des islamischen Schulwesens

Das Imperium von Prinz Alwaleed ist allerdings derartig groß, dass er sich eine eigene Wohltätigkeitsstiftung leistet, die Alwaleed Philanthropies. Innerhalb der Stiftung sorgen islamische Berater für die in ihren Augen religionsgemäße Verwendung der Gelder. Auf ihrer Webseite gibt die Stiftung Alwaleed Philanthropies auch Partnerorganisationen im saudischen Inland wie im Ausland an. Darunter befinden sich zahlreiche Wohlfahrtsorganisationen in vielen Ländern, vom Roten Halbmond in Ägypten über das Rote Kreuz in Japan, von Oxfam bis Islamic Relief sowie die Organization of Islamic Cooperation (OIC) mit Sitz in Dschidda, Saudi-Arabien. Der OIC gehören 56 Staaten weltweit an. Die OIC wird nicht für eine besonders schlagkräftige internationale Organisation erachtet. Allerdings gilt sie über Tochterunternehmen und Ausgründungen von Wohlfahrtsorganisationen und ihrer konkreten Projektarbeit als sehr relevant.[13] Der Islamwissenschaftler Johannes Grundmann schreibt in seinem Buch *Islamische Internationalisten*: »Gerade im Vergleich mit der Arabischen Liga fällt immer wieder die grundsätzliche Sympathie der OIC für politische und religiöse Positionen Saudi-Arabiens auf.« Vielfach unterhalte die OIC auch Kontakte zur Muslimbruderschaft, so bei der Islamischen Universität Gaza. Die OIC bringt regelmäßig einen Bericht über die weltweite Islamophobie heraus. Organisationen werden hier nach dem Schema »Freund oder Feind?« geprüft und analysiert. Auch ein von Prinz Alwaleed mit 20 Millionen Dollar gefördertes Projekt in den USA wird in dem Jahresbericht 2016 aufgelistet: das Prince Alwaleed bin Talal Center for Muslim-Christian Understanding (ACMCU). Am Ende stellt die OIC eindeutig fest: »ACMCU ist ein potentieller Alliierter der muslimischen Welt in der Bekämpfung der Islamophobie.«[14]

Aber welche Zwecke verfolgt seine Stiftung Alwaleed Philanthropies eigentlich in westlichen Staaten? In Großbritannien finanziert die Organisation das Alwaleed Centre – Literatur, Sprachen und Kultur. Der privatfinanzierte Lehrstuhl an der altehrwürdigen Universität von Edinburgh gehört zu einem Netzwerk von Gründungen des Prinzen in Cambridge, Harvard, Georgetown, Kairo und Beirut. Das Label klingt säkular und harmlos. Als inhaltliches Ziel gibt das Zentrum unter anderem an, das Verständnis für den Islam bei Politikern, Studierenden und in der Breite der Bevölkerung zu verbessern. Das Studium der islamischen Zivilisation solle in das allgemeine Schulcurriculum einfließen.[15] Und welche Inhalte gehören zu diesem Islamverständnis?

Tanzen, Ausflüge und Homosexualität sind geächtet

Auf ihrer Webseite werden Unterrichtsmaterialien »für den Klassenraum« zum Download angeboten.[16] Hier allerdings kann von gemäßigtem Islamverständnis kaum noch die Rede sein. So werden die Lehrerinnen und Lehrer unterwiesen, dass für junge Muslime ganz klare Verbote gelten:[17]

– »Der Islam verbietet jegliche sexuelle Aktivität vor der Ehe. Dazu kommt, dass der Islam ein strenges Verständnis von ungehörigem Betragen zwischen den Geschlechtern hat. Daher meiden viele muslimische Studierende alle von der Studentenschaft organisierten Aktivitäten, die diese Regeln brechen. Einige Beispiele dieser Aktivitäten sind: Tanzen, Ausflüge und Treffen, die einen engen Kontakt zwischen Männern und Frauen mit sich bringen.«

– »Sämtliche islamischen Gelehrten stimmen darin überein, dass der Islam Homosexualität verbiete. Viele Muslime fühlen sich dieser Ansicht stark verbunden und sehen sich daher als homophob und extremistisch gebrandmarkt.«

Auch weist der Leitfaden darauf hin, dass es Meinung aller Gelehrten sei, dass Frauen ihren Körper bis auf Hände und Gesicht zu bedecken haben und diese Bedeckung nur im engsten Familienkreis ablegen dürften. Dazu gehörten Väter und Brüder, nicht aber Cousins, »weil der Islam die Heirat mit einem Cousin erlaube«. Und schließlich warnt der Leitfaden die Pädagogen vor der Evolutionstheorie als Lehrinhalt, weil sie von Muslimen, die an die Geschichte von Adam und Eva glauben, nicht akzeptiert werde. Da die Freizeitgestaltung aufgrund der hier dargelegten Regeln stark eingeschränkt sein dürfte, bietet der Leitfaden am Ende Hinweise auf muslimische Organisationen, die man aufsuchen könne: »Einige muslimische Studierende mögen Teil des Sufi-Ordens oder der Naqshbandi sein. Andere mögen bekannt sein als Teil der Hizb Tahrir, der Muslimbruderschaft, der Islami Jamiat oder der Salafisten und andere haben gar keine Anbindung.« Diese Unterschiede seien für Nichtmuslime nicht unbedingt sichtbar, aber sie machten die Dynamik muslimischer Communities aus. Der Leitfaden schließt mit einem politischen Statement:»Einen politischen Wunsch haben alle gemeinsam, das ist die Unterstützung, ob offen oder stillschweigend, für die Unabhängigkeit von Palästina, Tschetschenien und Kaschmir.«

Alwaleed stiftet 32 Milliarden Dollar und damit mehr als Bill Gates

Das Lesen dieses Textes aus einem von Prinz Alwaleed finanzierten Lehrstuhl macht ein wenig ratlos. Denn es fällt schwer, sich den braungebrannten Milliardär mit seinem Hang zum Luxus, umringt von bärtigen Männern und verschleierten Frauen vorzustellen, die auf sämtliche westlichen Lustbarkeiten verzichten. Wie also passen die Spenden mit dem übrigen Lebenswerk Alwaleeds zusammen? Im Jahr 2015 verkündete der Prinz, dass er sein Vermögen stiften wolle. 32 Milliarden Dollar sollten von seiner Alwaleed Philantropies verwaltet werden. Sollte er das realisieren, wäre es die größte Stiftung eines Privatvermögens, die es je auf der Welt gab und würde Bill Gates und Warren Buffett in den Schatten stellen. Statt zwei Lehrstühlen wären plötzlich Dutzende weltweit möglich und Hunderte Koranschulen. In Alwaleeds Brust schlugen schon immer zwei Herzen. Das eine brennt für das Geldverdienen, das andere für den Islam. Nach seiner Jugend in Beirut und dem wilden Leben mit Autorennen und zahlreichen»Dummheiten«, wie er einmal sagte, fand er schon als junger erfolgreicher Geschäftsmann zum Islam zurück:»Jetzt bin ich sehr diszipliniert, sehr strukturiert, sehr religiös und sehr normal.«[18] Alwaleed arbeitet fast zwanzig Stunden am Tag, aber reicht eine Besprechung in eine Gebetszeit, lässt er das Meeting für das Gebet unterbrechen.

Das FBI wurde bei Ermittlungen gegen Saudis gestoppt

Der Prinz hat immer über beste Kontakte zur politischen Elite der USA verfügt. Er verkehrte häufig und auch privat mit George W. Bush, mit dessen Vater und mit den Ex-Präsidenten Jimmy Carter und Bill Clinton. Aber auch andere prominente saudische Staatsbürger pflegten enge Beziehungen zu George W. Bush. Erst nach dem 11. September gerieten diese Beziehungen in den Fokus der kritischen Öffentlichkeit. Denn obwohl 15 der 19 Attentäter saudische Staatsbürger waren, verzichteten die US-Behörden auf aktive Ermittlungen wegen einer Beteiligung des saudischen Königshauses oder saudischer Diplomaten an dem Massenmord. Dabei hatten sich bereits nach dem ersten Anschlag auf das World Trade Center 1993 jahrelang Hinweise auf hochrangige saudische Hintermänner verdichtet. Die italienische Journalistin Loretta Napoleoni wunderte sich, dass dieses Wissen nicht zu einer Einstufung des Anschlags als Bedrohung der nationalen Sicherheit geführt hätte, sondern bis zum 11. September 2001 nur als allgemeine Kriminalität behandelt wurde.[19] Sie vermutet dahinter die »besondere Beziehung zwischen den Vereinigten Staaten und Saudi-Arabien«. Für ihre These spricht, was ein FBI-Agent dem US-amerikanischen Journalisten Greg Palast in der BBC-Talkshow sagte: »Ich möchte betonen, dass es nicht nur am FBI lag, das mit den Geheimdiensten gleichziehen wollte, sondern auch an den anderen Geheimdiensten selbst. Es hieß, dass es ihnen strengstens untersagt war, zu überprüfen, ob die Saudis das al-Qaida-Netzwerk und andere terroristische Organisationen finanzierten – bis zum 11. September.«[20] Greg Palast und seinen Kollegen fielen zu dieser Zeit auch Unterlagen in die Hände, die eine enge Verwicklung mehrerer Mitglieder der Familie bin Laden, die in den USA lebten, in den Anschlag vom 11. September nahelegten.[21] Laut diesem Dokument hätten die Beamten vorgehabt, den Bruder von Osama bin Laden, Abdullah, und seinen Vetter Omar genauer zu überprüfen. Die Anweisung galt bis zum 13. September 2001. An jenem Tag waren beide längst aus den USA ausgereist. Die Beamten wollten mit beiden Kontakt aufnehmen, weil sie mit der saudischen Organisation World Assembly of Muslim Youth (WAMY), die übrigens noch heute ihre Fäden zieht, zu tun hatten und die sie damals als »mutmaßliche terroristische Organisation« bezeichneten.[22] Palast lagen schon damals Videos von Islamseminaren vor, in denen Geiselnahmen und Selbstmordattentate als »gute islamische Übung« ausgegeben wurden. Und in der Wohnung eines der Attentäter auf das World Trade Center 1993 wurden WAMY-Schriften entdeckt, in denen »Helden« angepriesen wurden, »die unbewaffnete Juden beim Gebet ermordeten«. Allerdings ist das FBI ähnlich wie das BKA in Deutschland nicht für allgemeine islamistische Aktivitäten zuständig, sondern nur für die Terrorbekämpfung.

Zwei der Flugzeugentführer von 9/11 benutzten eine Adresse in derselben Straße wie das Büro der WAMY in Falls Church, einem kleinen 10 000 Einwohner zählenden abgelegenen Ort in Virginia. Dennoch durfte kein Beamter der WAMY-Spur folgen. Man wäre mit Ermittlungen womöglich zu nah am saudischen Königshaus gelandet.

Bereits am 22. Juli 2004 veröffentlichte der US-Kongress einen 585 Seiten starken Untersuchungsbericht. In der Veröffentlichung waren allerdings – wie gesagt – 28 Seiten geschwärzt. Seit sie gegen den Druck von Saudi-Arabien 2016 veröffentlicht wurden, kennen wir den Inhalt. Tatsächlich tauchen hier auch die Namen der engen Verwandten von Osama bin Laden und anderer hochrangiger Saudis im Zusammenhang mit den Attentätern auf: So war laut den FBI-Dokumenten klar, dass die Entführer Marwan al-Shehhi und Mohammed Atta mit Mohammed Rafique Quadir Harunani in Kontakt waren, einem Mann, gegen den bereits 1999 Antiterror-Ermittlungen liefen und der »enge Bezüge« zu Abdullah bin Laden, dem Halbbruder Osama bin Ladens hatte. In den geschwärzten Seiten hieß es: »Abdullah bin Laden, der Gegenstand einiger FBI-Untersuchungen war, hält sich gegenwärtig in den USA auf. Er arbeitet als Verwaltungsangestellter für die saudi-arabische Botschaft in Washington, D. C. Abdullah hat Rafique Quadir Harunanis Firma finanziert und wurde von Quadir als Notfallkontakt für seine Kinder angegeben. Sie sind in dauerndem E-Mail- und Telefonkontakt.«[23] Nun ist das Einspringen für befreundete Eltern ja nicht strafbar. Wären da nicht die weiteren Aussagen in den geschwärzten Passagen gewesen: »Dem FBI zufolge hat Abdullah bin Laden eine Reihe von Kontakten zu Terrororganisationen.« Auch sei er Präsident und Direktor der World Assembly of Muslim Youth und des Institute of Islamic and Arabic Sciences in America. Beide Institutionen seien lokale Ableger der in Riad ansässigen Organisationen: Dem FBI zufolge gibt es Anhaltspunkte, dass die WAMY »eng verwoben ist mit dem Sponsoring und der Finanzierung internationaler terroristischer Aktivitäten«. 1998 habe die CIA festgestellt, dass es Verbindungen zu »afghanischen Gruppen, zur Hamas, zu algerischen Extremisten und zu philippinischen Militanten« gebe. Abdullah bin Laden gehörte zu jenen 142 saudischen Staatsbürgern, die in den Tagen nach dem Anschlag bis zum 24. 09. 2001 in gecharterten Maschinen in ihre Heimat ausfliegen konnten.[24] Und nicht zuletzt sei hier erwähnt, dass es laut den 28 Seiten so etwas wie einen Probelauf zu 9/11 gab, der ebenfalls auf Befehl von oben nicht ermittelt worden war: 1999 flogen zwei junge Saudi-Araber, Mohammed al-Qudhaeein und Hamdan al-Shalawi, von Phoenix nach Washington, D. C., um an einem Empfang der saudischen Botschaft teilzunehmen. Nachdem die beiden an Bord waren, stellten sie den Flugbegleitern Fragen, die diese verdächtig fanden. Als das Flugzeug in der Luft war, fragte al-Qudhaeein, wo die Toilette sei. En Flugbegleiter wies ihm den Weg an das Ende des Flugzeugs. Trotzdem lief al-Qudhaeein zur Spitze des Flugzeugs und versuchte bei zwei Gelegenheiten, das Cockpit zu öffnen. Das Flugzeug machte daher eine Notlandung. Das FBI prüfte den Vorfall und beschloss, die Untersuchung nicht weiterzuverfolgen. Al-Qudhaeein und al-Shalawi sagten überdies aus, dass die saudische Botschaft ihre Tickets bezahlt habe. Alle diese Hinweise wurden nie zusammengeführt, weil die Regierung keine Ermittlungen des Saudi-Komplexes wünschte.

Geldwäsche für bin Laden in kalifornischer Moschee?

Dabei hatten CIA und FBI schon lange Hinweise auf extremistische und womöglich terroristische Aktivitäten in der saudischen Community der USA. So ist in den »28 Seiten« von der Ibn-Tamiyah-Moschee in Culver City die Rede, die mehrfach wegen extremistischer Vorgänge Untersuchungsgegenstand des FBI gewesen war. Man nahm an, dass durch die Moschee Geld an Hilfsorganisationen in Übersee geschleust wurde, die mit Osama bin Laden verbunden seien. »In einer Vernehmung sagte ein FBI-Agent, er glaube, dass Geld der saudischen Regierung in dieser Moschee gewaschen wurde.«[25]

Auch ein hochrangiger Angestellter der saudischen Botschaft soll laut dem bis 2016 geheim gehaltenen Bericht zwei der Attentäter vom 11. September 2001 persönlich unterstützt haben. Omar al-Bayoumi war immer wieder unter Beobachtung des FBI. Er verfügte über viel Geld, obwohl er keinen erkennbaren Job hatte. Einmal erhielt das FBI Kenntnis von einer Zahlung über 400 000 US-Dollar aus Saudi-Arabien.[26] Damit sollte al-Bayoumi angeblich eine neue Moschee in San Diego gründen. Al-Bayoumi war auch hilfsbereit, als die beiden späteren Attentäter al-Hazmi und al-Mihdhar eine Bleibe in San Diego suchten, um dort eine Flugschule zu absolvieren. Mehrere Tage ließ er sie in seiner eigenen Wohnung übernachten, bis er für sie ein Apartment gefunden hatte. Während der Untersuchungen nach dem 11. September fand das FBI heraus, dass al-Bayoumi »häufigen Kontakt mit dem saudischen Establishment der Vereinigten Staaten« hatte. Allein mit saudischen Regierungsmitarbeitern in den USA habe er zwischen Januar und Mai 2000 fast 100-mal telefoniert, unter anderen stand er in Kontakt mit drei Botschaftsangehörigen in Washington.[27] Ein anderer Ermittler sagte später aus, er habe sich wie ein Agent des saudischen Geheimdienstes verhalten: »Meiner Meinung nach machte er gemeinsame Sache mit den Entführern, so wie es aussieht, wenn er für sie Verträge unterschrieb, er ihnen eine Art von Finanzierung oder Bezahlung zukommen ließ, dann würde ich sagen, gibt es die klare Möglichkeit, dass es eine Verbindung zwischen dem saudischen Geheimdienst und Osama bin Laden gab.« Viele dieser Vorwürfe sind seit März 2017 Gegenstand einer Klage der Hinterbliebenen von 850 Todesopfern und 2500 Verletzten bei den Anschlägen vom 11. September 2001 gegen das Königreich Saudi-Arabien. Die Klage der Kanzlei Kreindler & Kreindler betrifft Handlungen, die saudischen Ministerien und Regierungsbehörden zuzurechnen seien und die saudi-arabische Regierungsangestellte oder verbundene Personen wissentlich begangen hätten, um al-Qaida zu unterstützen und so die Attacken vom 11. September 2001 zu ermöglichen.[28] Möglich wurde die Klage erst jetzt, weil in den USA ausländische Staaten bislang Immunität gegen private Klagen von US-Bürgern genossen. Trotz eines Vetos von Präsident Barack Obama beschloss 2016 der US-Kongress den »Justice Against States Sponsors of Terrorism Act« (JASTA). Es war das einzige Veto in Obamas Amtszeit, über das sich der Kongress mit einer überwältigenden Mehrheit hinwegsetzte.

In der Klage der 9/11-Geschädigten werden auch religiöse Stiftungen wie Al Haramain, die Muslim World League und einige andere namentlich benannt, weil sie zum Teil bereits in den achtziger Jahren al-Qaida unterstützt haben sollen. Die Stiftungen seien eng mit dem saudischen Staat verbunden, heißt es in der Klage.[29] Wie im gesamten islamistischen Terrorismus bis heute üblich, galten bereits vor dem 11. September 2001 Wohltätigkeitsorganisationen als finanzielle Drehscheiben der Terrorfinanzierung. Am 9. Oktober 2002 sagte ein früherer Agent, man wisse doch, dass 70 bis 80 Prozent der saudischen Bevölkerung Osama bin Laden unterstützten. Auch gebe es genügend Hinweise, dass die wichtigste

und in der islamischen Welt damals bekannteste Wohltätigkeitsorganisation die Islamic Foundation Al Haramain maßgeblich in
die Finanzierung von Extremisten und Terroristen eingebunden
sei.[30] Seit 2002 hat der Sicherheitsrat der Vereinten Nationen nach-
einander zahlreiche ausländische Filialen der Al Haramain Foundation als Terrororganisationen gelistet – zum Beispiel in Afghanistan, Bangladesch, Bosnien, Somalia und den Niederlanden.[31]
2010 wurde die Organisation geschlossen. Bezüglich der Frage
nach der Verwicklung der saudischen Führung, findet sich in den
28 Seiten eine äußerst brisante Aussage: »Die CIA, das Finanzministerium und FBI-Offizielle haben ihre Besorgnis geäußert über
die Beziehungen der Stiftung Al Haramain sowohl zur saudischen
Regierung als auch ihre Verwicklung in terroristische Aktivitäten.«[32]

9/11 war ein tragischer Betriebsunfall
des Scharia-Kapitalismus

Aber warum verschonte die Bush-Regierung saudi-arabische
Staatsbürger überhaupt? Der Grund dafür ist simpel. So wies der
ehemalige CIA-Agent Robert Baer, der viele Jahre für den Nahen
Osten zuständig war, auf die engen persönlichen und geschäftlichen Verbindungen des Bush-Clans zu Saudi-Arabien hin.[33] Während CIA-Direktoren oft Monate auf einen Termin im Weißen
Haus warten mussten, beobachteten sie, dass dem saudischen Botschafter Bandar bin Sultan die Tür zum Oval Office immer offen
stand: Bandar habe nur die Selbstwahltaste seines Telefons drü-
cken müssen, um sofort vorgelassen zu werden. Robert Baer warnte
die Öffentlichkeit 2004: »Saudi-Arabien entwickelt sich zu einem
atemberaubend irrationalen Staat – zu einem Land, das globalen
Terrorismus hervorbringt, während es gleichzeitig einem uralten
und tief verwurzelten Isolationismus erliegt, das von einer Königsfamilie gelenkt wird, die sich von ihrer Habgier nicht zu befreien

vermag. Wollen wir wirklich, dass dieses Land der Dreh- und An-
gelpunkt der Weltwirtschaft ist?«

Seit vielen Jahrzehnten sind die USA und Saudi-Arabiens Führung eng wirtschaftlich verwoben.[34] 1944 gründeten die führenden
US-Mineralölkonzerne den gemeinsamen Konzern Arabian American Oil Company (Aramco). Saudi-Arabien überließ sämtliche
Schürfrechte diesem Konzern. Von 1973 bis 1980 stiegen die Einnahmen aus dem Ölexport von 4 Milliarden auf am Ende 100 Milliarden US-Dollar jährlich. Saudi-Arabien übernahm nun sämtliche Aramco-Aktien in seinen Staatskonzern. Die Saudis liefern Öl
und bieten ein »Bollwerk« gegen die iranische Bedrohung, der
Westen liefert Hightech-Produkte und bietet Sicherheitsgarantien.
Auf diese kurze Formel lässt sich das Geschäft des Westens, vor
allem der USA mit Saudi-Arabien, bringen.

Unter diesem Aspekt folgt die Schonhaltung, die sowohl die
Bush-Administration Ende der neunziger Jahre als auch die Clin-
ton-Regierung gegenüber dem Extremismus- und Terrorismus-
export der Saudis entgegenbrachten, einer wenn auch bitteren Logik: Der 11. September 2001 wäre ein tragischer Betriebsunfall des
Scharia-Kapitalismus. Damit war dieses Kapitel allerdings nicht
beendet. Es ist vielmehr eine politische und wirtschaftliche Fort-
setzungsstory. Für den Westen ist Saudi-Arabien mit seinen dreißig
Millionen Einwohnern ein willkommener Markt zum Absatz der
eigenen Produkte. Das Land vergibt zugleich fast sämtliche Groß-
aufträge für Infrastruktur, Gesundheitswesen, Bildung und Was-
serwirtschaft an westliche Konzerne.[35] Zwischen 2006 und 2015
lagen die ausländischen Direktinvestitionen bei durchschnittlich
5 Milliarden US-Dollar im Jahr. Als wichtigster Lieferant für Saudi-
Arabien fungiert mittlerweile China, gefolgt von den USA und
Deutschland, das immerhin 7,2 Prozent der saudischen Importe
abdeckt (auf die Waffengeschäfte wird später eingegangen).

Geheimdienste ausgebremst: Wer beißt die Hand, die uns füttert?

Der Einfluss der saudischen Regierung ist auch in Deutschland beträchtlich, obwohl – anderslautenden Gerüchten zum Trotz – der Erdölimport aus Saudi-Arabien so gut wie keine Rolle für die deutsche Versorgung spielt.[36] So lag er 2015 an zehnter Stelle und machte mit 1,1 Millionen Tonnen einen Bruchteil der Importe zum Beispiel aus Russland (32 Millionen Tonnen) und Norwegen (12 Millionen Tonnen) aus. Vielmehr spielte für die Einschätzung Saudi-Arabiens lange Zeit eine Rolle, dass man glaubte, es mit einem zwar im Inneren diktatorischen Regime zu tun zu haben, das aber außenpolitisch einen Stabilitätsanker im Nahen Osten ausmache.

Nach dem Einmarsch Saudi-Arabiens in Bahrein und der sich abzeichnenden Intervention im Jemen kam der Bundesnachrichtendienst Ende 2015 zu einem besorgniserregenden Ergebnis: »Die bisherige vorsichtige diplomatische Haltung der älteren Führungsmitglieder der Königsfamilie wird durch eine impulsive Interventionspolitik ersetzt.«[37] Die Bundesregierung wurde offenkundig von der Veröffentlichung der Expertise überrascht und beeilte sich sogleich, den Bericht herunterzuspielen. Dieser spiegle nicht »die Haltung der Bundesregierung« wider, sagte ein Regierungssprecher.[38] In den Augen der Saudis war dies eine nicht hinnehmbare diplomatische Grenzüberschreitung. Wenige Monate später wurde Gerhard Schindler von der Bundesregierung ohne Angabe von Gründen seines Amtes enthoben.[39] Schindler soll zwar vor dem Verteilen des Papiers an Journalisten das Kanzleramt informiert haben, jedoch unmittelbar, bevor er die kleine Journalistenrunde traf.

Wer sich bei Vertretern des diplomatischen Dienstes, bei Wirtschaftspolitikern oder Vertretern von Sicherheitsbehörden umhört, erfährt schnell, dass bei den Partnerländern am Golf mit besonderen Maßstäben vorgegangen wird. Ein hochrangiger Beamter einer deutschen Sicherheitsbehörde erklärt im Hintergrundgespräch, es sei gängige Praxis, dass die Dienste bei gewissen »Kunden« aus dem arabischen Raum »mit beiden Beinen auf der Bremse stehen«.[40] Ich hatte Anfang 2017 auch Gelegenheit, mit einem Vertreter einer für Counter-Terrorismus zuständigen europäischen Sicherheitsbehörde zu sprechen.[41] Als ich ihn nach einer möglichen Beißhemmung westlicher Regierungen gegenüber Golfstaaten fragte, atmete er tief durch und runzelte die Stirn. Schließlich sagte er: »Was haben Sie denn gedacht? Wer beißt schon die Hand, die uns alle füttert?«

Trotz der Bemühungen der Bundesregierung laufen die Geschäfte mit Saudi-Arabien nur mäßig gut. Sieht man sich die Handelsbilanz für 2016 an, gibt es ernsten Anlass zur Sorge für die exportierende Wirtschaft: So fielen die Exporte nach Saudi-Arabien um 26,3 Prozent in nur einem Jahr auf 7,3 Milliarden Euro.[42] Es gibt also jede Menge »dicker Bretter zu bohren«, wie es anlässlich der Reise von Angela Merkel nach Saudi-Arabien im April 2017 hieß. Merkel reagiert gelassen und erfreut auf die Ankündigung Saudi-Arabiens, keine Waffen mehr aus Deutschland zu kaufen. Getreu der »Merkel-Doktrin«, mit Geld dort zu helfen, wo Deutschland nicht selbst Soldaten hinschicke, sagt sie Saudi-Arabien militärische Ausbildungshilfe durch die Bundeswehr zu.[43] Die Frage ist nur, wer hier von wem etwas lernt. Denn mittlerweile sind im Nachbarland Jemen Tausende Tote als Opfer der militärischen Angriffe Saudi-Arabiens und seiner Verbündeten zu beklagen. Beim Töten haben die Saudis also längst mehr Erfahrung als die deutsche Bundeswehr.

Im Frühjahr 2017 hatte ich Gelegenheit, mit einem hochrangigen Mitglied der Bundesregierung zu sprechen. Als ich ihm von meinem Buchprojekt berichtete, sagte er spontan: »Ja, das ist ein sehr wichtiges Thema.« Dann aber sprach er leiser: »Wissen Sie eigentlich, wie schwer das ist, mit denen zu verhandeln? Und hier zu Hause, die Arbeitsplätze zu halten?« Der Mann hat von meinem Angebot an ihn, ein Interview für dieses Buch zu geben, dann doch keinen Gebrauch gemacht.

Saudi-Arabien exportiert, wie gesagt, nicht nur Öl, sondern auch seine Auffassung der islamischen Religion, die als Wahhabismus bezeichnet werden kann. Der Wahhabismus, eine streng konservative Auslegung des sunnitischen Islam, ähnelt in vielem dem Salafismus und lässt keinen Spielraum für zeitgemäße Veränderungen des Rechts. Experten beobachten seit Jahrzehnten, wie Saudi-Arabien systematisch seine Staatsreligion global verbreitet. So heißt es in einer Studie des Leibniz-Instituts für Globale und Regionale Studien, Saudi-Arabien sei der größte islamische Bildungsanbieter weltweit.[44] In der Expertise heißt es, die Lehrinhalte propagierten neben dem Salafismus und »der Diffamierung anderer Glaubensgemeinschaften ein positives Image des Königreichs und können religiöse Konflikte intensivieren«. Das Land verfolge eine eindeutige Agenda: »Als Langzeitstrategie dient das Bildungsprogramm der globalen Allianzbildung, aber auch der innen- und außenpolitischen Legitimation des saudischen Anspruchs als islamische Führungsmacht.«

Einer der wichtigsten Nahost- und Islamwissenschaftler und Terrorismusexperten Deutschlands, Guido Steinberg, definiert die islamischen Wohltätigkeitsorganisationen als »gouvernementale Nichtregierungsorganisationen«.[45] Diese handeln zwar nominell eigenständig, sind andererseits aber eng an das Herrscherhaus angebunden und stehen finanziell unter Kontrolle der Geheimdienste. Zu den saudischen Organisationen und ihrem Islam-Export schreibt Steinberg, dieser sorge »in vielen Ländern für religiöse und religionspolitische Spannungen«. Die Gefahren dieser Förderung schienen den saudischen Politikern aber »entweder nicht klar zu sein, weil sie tatsächlich überzeugt sind, ›den wahren Islam‹ zu unterstützen – oder sie fürchten innenpolitische Konsequenzen, die ihnen drohen könnten, wenn sie der Wahhabiya die Missionierung untersagen«. Diese Gefahr hält Steinberg für realistisch. Er glaubt daher nicht an eine echte Abwendung des saudischem Königshauses vom Religionsexport: »Daraus erklärt sich, dass es meist bei kosmetischen Reformen bleibt.« Steinberg arbeitet als Regierungsberater für die Stiftung Wissenschaft und Politik (SWP) der Bundesregierung.

Die Bundesregierung macht sich diese Expertise nicht zu eigen und behauptet das genaue Gegenteil. Auf eine Anfrage der Fraktion Die Linke im Bundestag schrieb die Regierung im März 2017: »Die von Saudi-Arabien vertretene wahhabitische Interpretation des Islam lehnt die Vorstellungen von al-Qaida und des sogenannten Islamischen Staats (IS) strikt ab. Zwischen den wahhabitischen beziehungsweise salafitischen Gelehrten, Predigern und Organisationen Saudi-Arabiens und dschihadistischen Organisationen wie IS und al-Qaida besteht eine teils offene Feindschaft. So ruft der IS regelmäßig zur Ermordung von Predigern auf, die sich gegenüber dem Königshaus loyal positionieren. Saudi-Arabien hat wiederum in den vergangenen Jahren wahhabitische ›Deradikalisierungsprogramme‹ für Dschihadisten entwickelt und positioniert sich öffentlich gegen den IS und al-Qaida.«[46] Auch weist die Bundesregierung auf die zahlreichen Bemühungen hin, die Finanzierung von Organisationen wie dem Islamischen Staat oder al-Qaida zu unterbinden. Diese Bemühungen sind sicherlich ernst gemeint, zumal sowohl der Islamische Staat als auch al-Qaida die Legitimität des saudischen Königshauses öffentlich in Zweifel ziehen.

Die »Saudi-Connection« mitten in Berlin

Nun könnte man argumentieren: In Deutschland lassen uns die Saudis in Ruhe. Dieser Behauptung würden aber deutsche Sicherheitsbehörden offen widersprechen, wenn sie dürften. Denn natürlich stammen nach den Erkenntnissen der wichtigsten deutschen Behörden große Summen für extremistische Moscheeverbände und -vereine aus Golfstaaten wie Saudi-Arabien. Wie einflussreich die deutsche »Saudi-Connection« sein muss, zeigt auch die Geschichte der König-Fahd-Akademie in Deutschland, die wir im Sommer 2016 für den Rundfunk Berlin-Brandenburg (rbb) recherchierten. Ausgangpunkt war ein mehrstöckiger Betonrohbau unweit des Berliner Olympiastadions.[47] 2008 hatten die Abgeordneten in Berlins Landesparlament dem schon damals umstrittenen Neubau der saudischen König-Fahd-Akademie nur unter einer Bedingung zugestimmt: Dort sollte weder eine Moschee noch ein Ort für die Propaganda des wahhabitischen Islam entstehen, sondern lediglich eine kleine Schule für Diplomatenkinder.[48] Acht Jahre später wäre es fast so weit gewesen: Wer in die Charlottenburger Glockenturmstraße in der Nähe des Berliner Olympiastadions einbiegt, findet eine riesige Baustelle vor. Ein Bauschild kündete 2016 vom »Neubau einer Schule in freier Trägerschaft«. Der Bauherr wurde auf dem Schild verschwiegen. Erst eine kleine Bauanzeige auf einem Zettel am Bauschild lieferte die obligatorischen Angaben: Bauherr ist demnach das Königreich Saudi-Arabien. Anwohner wunderten sich über die Größe des Gebäudes, das auf 9200 Quadratmetern errichtet wird. Eine ältere Dame aus der Nachbarschaft fühlte sich zwar miserabel über das Vorhaben informiert, setzte aber trotzdem auf »gute Nachbarschaft«. Für gute Nachbarschaft hatte in Berlin vor allem der Senat und somit der Steuerzahler kräftig gesorgt. Bereits 2010 hatte der landeseigene Liegenschaftsfonds Berlin das Grundstück zu einem Dumpingpreis von 2,9 Millionen Euro an Saudi-Arabien verkauft – für 313 Euro pro Quadratmeter bei einem damaligen Bodenrichtwert von 500 Euro pro Quadratmeter. Sanfter Druck der hohen Diplomatie hatte auch die kritischen Berliner Abgeordneten überzeugt.

Denn kurz zuvor hatte die Zentrale der Akademie, die Saudi-Arabien 1995 für 30 Millionen DM in Bonn errichtet hatte, immer wieder für Negativschlagzeilen gesorgt. Wie die FAZ berichtete, hatte das NRW-Schulministerium ein Gutachten über ein Schulbuch der 6. Klasse anfertigen lassen.[49] Einige Beispiele erhellen darüber, welche »Erziehungsziele« die Akademie verfolgte: So stand unter einer Landkarte Saudi-Arabiens und des Mittelmeerraums: »Das ist deine islamische Gemeinschaft [...], die eine glorreiche Geschichte hat, angefüllt mit Dschihad, wohlriechend von Opfern, voll von Triumph über einen Zeitraum von mehr als 1400 Jahren. Einstmals versuchten die Kreuzfahrer, die islamische Gemeinschaft von ihrer Religion loszureißen. Aber sie waren nicht erfolgreich. Neuerdings versucht der Westen, einige ihrer Söhne mit allen Mitteln loszureißen. Die Welt hat von der Zivilisation und Kultur der islamischen Gemeinschaft viel empfangen, aber die hasserfüllten Kreuzzüge, die sich auf die Hinterhältigkeit der Juden und auf deren Verrat gestützt haben, haben auf die Zerreißung der islamischen Gemeinschaft hingearbeitet.« In einem Schulbuch für den Religionsunterricht der ersten Klasse wurde von den Lehrern gefordert, »zu verdeutlichen, dass außer dem Islam keine Religion wahr ist, etwa das Judentum oder die Nazarenerreligion«. Die Angstpädagogik mit der Warnung vor »quälenden Strafen im Diesseits« und der »Vernichtung im Jenseits« hatte in der Akademie genauso ihren Platz wie die Aussicht auf den schönen Märtyrertod. So wird Schülern der siebten Klasse verheißen, dass Allah allen, »denen es vergönnt ist, auf dem Weg Gottes zu sterben, [...] ein Leben im Paradies schenken [wird]. [...] Und sie [die Kämpfer] werden auch glücklich sein, dort zu erfahren, was Allah für die noch lebenden Mudschaheddin an Belohnungen und Verzeihungen bereithält.« Und Schülern der sechsten Klasse wird Mut eingebläut, »denn der Geschmack des Todes in einer armseligen Angelegenheit ist nicht anders als in einer großartigen Sache«. Das ARD-Magazin Panorama berichtete damals: »Im Schulunterricht pauken die Kinder radikalen Islamismus.«[50]

Druck der Bundesregierung auf Berliner Abgeordnete

Aus diesem Grund stimmten auch die Berliner Abgeordneten anfänglich geschlossen im Haushaltsausschuss gegen den Verkauf des Grundstücks für ein solches islamistisches »Missionszentrum«. Jochen Esser, einer der langjährigsten Grünen-Abgeordneten und versierter Finanzpolitiker, erinnert sich an die Vorgänge im Vermögensausschuss: »Dass eine Art Missionszentrum für diese doch recht ultraorthodoxe Spielart des Islam hier entsteht, das wollten die Parteien und Abgeordneten aus allen Fraktionen nicht.« Es hätten sich dann aber Emissäre des Auswärtigen Amtes und der Bundesregierung gemeldet, so jedenfalls sei es den Abgeordneten gesagt worden. Aus der damals rot-roten Senatskanzlei unter Klaus Wowereit sei klargemacht worden, dass die Abgeordneten zustimmen müssten, denn Saudi-Arabien sei schließlich ein wichtiger Verbündeter und »Berlin eine Hauptstadt, die solche Einrichtungen zu gewährleisten habe«, sagt Esser.[51] Auch der heutige Bundestagsabgeordnete Özcan Mutlu, der damals Mitglied des Berliner Abgeordnetenhauses war, erinnert sich: »Am Ende ist Wowereit wohl dem Wunsch aus der Bundesregierung nachgekommen, zu verkaufen, das war Außenpolitik.«[52] Für Jochen Esser gehört die Angelegenheit zu den Erinnerungen der unangenehmen Art: »Da haben wir gemerkt, dass es Sachen gibt, die größer sind als wir.« Am Ende zog der Berliner Senat sogar die Baugenehmigung an sich, die üblicherweise den Bezirksverwaltungen obliegt. Man wollte offenkundig verhindern, dass durch das deutsche Baurecht neue Probleme auftraten. Der Rechtsstaat ist in den Fluren der Berliner Senatskanzlei unter Wowereit mitunter recht dehnbar gewesen.

Am Ende stimmten die Abgeordneten zu. Man vereinbarte aber laut Kaufvertrag, unter § 6a ganz klare Nutzungsbeschränkungen für die saudischen Käufer: »Der Käufer verpflichtet sich, das Kaufgrundstück auf die Dauer von 20 Jahren […] als Schulgebäude […] zu nutzen.« Und: »Eine Nutzungsänderung des Kaufgrundstücks zu einer Moschee ist unzulässig.« Senat und Abgeordnetenhaus wollten mit der Klausel im Kaufvertrag verhindern, dass auf dem Areal neben einer Schule mit Gebetsräumen auch eine Moschee entsteht, von der möglicherweise die gleichen islamistischen Aktivitäten ausgehen würden wie zuvor in Nordrhein-Westfalen.

Millionengeschenk aus Steuermitteln
für Saudi-Arabien

Der Kaufvertrag zwischen dem Land Berlin und dem Königreich Saudi-Arabien über das Grundstück an der Charlottenburger Glockenturmstraße wurde bereits 2010 abgeschlossen. Doch weder die Abgeordneten noch die Öffentlichkeit erfuhren jemals, dass der Kaufvertrag rechtlich ungültig ist. Nach Ansicht des zuständigen Amtsgerichts Charlottenburg ist genau jene Klausel unzulässig, die die Nutzung auf eine Schule beschränkt und eine Moschee verbietet. Diese Rechtsauffassung teilt auch der renommierte Rechtswissenschaftler Ulrich Battis. Sämtliche Bedingungen der Berliner Politik zur Eindämmung potentieller islamistischer Aktivitäten wären dann hinfällig:»Sollte es jetzt zu einem Scheitern des Kaufvertrags kommen, dann würden beide Nebenbestimmungen, die hier vorgesehen sind, auch hinfällig sein«, so Battis – also eine kleine Schule nur für Diplomatenkinder und keine Moschee.

Vor allem stellt sich die Frage, wie es überhaupt zu rechtlich fragwürdigen Formulierungen im 2,9 Millionen-Kaufvertrag kommen konnte. Denn die beteiligten Parteien aus Berlin – der Liegenschaftsfonds, die Verkäufer und die Notare – sind erwiesenermaßen keine Berufsanfänger, argwöhnt Ulrich Battis: Das Vorgehen sei so, dass man viel Geld in die Hand genommen habe und trotzdem bislang nicht auf Forderungen des Amtsgerichts Charlottenburg eingegangen sei. Das spreche weniger für Schlampigkeit »als für Absicht, und zwar der Absicht: Wir bauen mal und hinterher geht's, es wird auch nicht mehr abgerissen, es wird sich dann schon irgendwie ein Arrangement finden.«

Immerhin sind die schicken weißen Villen für die saudischen Botschaftsangehörigen gesichert und bezugsfertig. Der Verkauf dieser Grundstücke ist rechtskräftig. Aber auch hier hat der Steuerzahler das Nachsehen. Denn Saudi-Arabien hatte mit 2,3 Millionen Euro einen Preis von rund einem Drittel unter dem Bodenrichtwert entrichtet, und Berlin verzichtete auf fast eine Million Euro zugunsten des Königreichs. Die landeseigene Berliner Immobilienmanagement GmbH BIM und die zuständige Senatsbauverwaltung wollen sich wegen einer Geheimhaltungsvereinbarung mit Saudi-Arabien gegenüber dem rbb nicht dazu äußern. Der mittlerweile ausgeschiedene Abgeordnete Jochen Esser kritisierte 2016 die Geheimhaltungspolitik des Senats. Dass er erst durch den rbb-Bericht von dem rechtlichen Problem erfahren habe, fand Esser ärgerlich. Er erwartete eine Unterrichtung durch den Senat. Doch dazu kam es nicht mehr. Bereits fünf Wochen nach unserer Berichterstattung kam alles anders.

Kurz nach dem rbb-Bericht schlossen die Saudis ihre Akademie

Einen guten Monat nach unserer Berichterstattung zogen die Saudis Konsequenzen.[53] Offiziell erklärten sie, die König-Fahd-Akademie in Bonn zum Jahresende 2016 zu schließen und den Neubau in Berlin nicht weiterverfolgen zu wollen. Diesen Entschluss habe nach Angaben saudischer Diplomaten Vizekronprinz Mohammed bin Salman selbst getroffen, so der *Tagesspiegel*: »Es sei eines der wichtigsten Anliegen der Regierung in Riad, der saudischen Jugend zur bestmöglichen Ausbildung und Erziehung zu verhelfen«, hieß es zur Begründung. Nur so könne das Ziel der »Vision 2030« erreicht werden, Saudi-Arabiens Wirtschaft von der Abhängigkeit vom Erdölexport zu befreien und international wettbewerbsfähig zu machen. Da Deutschland über »eines der weltweit besten Bildungssysteme« verfüge und Saudi-Arabien von diesem lernen könne, sehe die Regierung in Riad keine Notwendigkeit mehr für eine saudische Schule in Deutschland.

Aus diesem Vorkommnis lassen sich gleich drei Erkenntnisse gewinnen:

1. Eine kritische Öffentlichkeit kann hochproblematische islamistische Projekte auch verhindern.
2. Falsche politische Rücksichtnahmen können teuer werden.
3. Die Botschaft für alle politischen Weggefährten der Golfdiktaturen lautet, dass am Ende in Deutschland immer noch der Rechtsstaat entscheidet und nicht die politische Einflussnahme. Denn Gerichte sind hierzulande unabhängig.

Vorwurf der Terrorfinanzierung durch Saudi-Arabien

Offiziellen Aussagen der Bundesregierung zufolge ist Saudi-Arabien längst kein Finanzier von Terror mehr. Vielmehr habe sich das Land diversen Aktivitäten gegen die Terrorfinanzierung angeschlossen.[54] 2014 sei ein »erweitertes Gesetz gegen Terrordelikte und deren Finanzierung per königliches Dekret in Kraft« getreten. Bereits zuvor habe das Land eine High Counter-Terrorism-Commission (HCTC) auf Ministerialebene (Innen-, Außenministerium, Geheimdienst, Zentralbank) als Kontrollorgan eingerichtet, um die Umsetzung der UN-Sicherheitsratsresolutionen 1373 (2001) und 1540 (2004) gegen Terrorfinanzierung zu überwachen. Im Rahmen der Anti-IS-Koalition habe Saudi-Arabien den Co-Vorsitz der Arbeitsgruppe gegen Terrorismusfinanzierung. Wegen seiner verstärkten Bemühungen bei der Bekämpfung von Geldwäsche und Terrorfinanzierung habe das Land im Juni 2015 zusätzlich zur Mitgliedschaft in der Middle East & North African Financial Action Task Force (MENAFATF) auch Beobachterstatus in der Financial Action Taskforce FATF erhalten. Auch weist die Bundesregierung darauf hin, dass es laut saudischen Behördeninformationen Ermittlungsverfahren gegen »mehrere Hundert Personen« wegen der finanziellen Unterstützung des IS gebe. Die Saudi-Arabien-freundliche Antwort der Bundesregierung bezieht sich allerdings weitgehend auf den sogenannten Islamischen Staat. Dabei nehmen sowohl Saudi-Arabien als auch seine verbündeten Golfstaaten bei ihrem Kampf gegen die Huthi-Rebellen im Jemen gefährliche Verbündete in Kauf: die Terrororganisation al-Qaida on the Arabien Peninsula (AQAP) – also al-Qaida auf der Arabischen Halbinsel. So berichtete der Nahostkorrespondent Björn Blaschke 2015 im Deutschlandfunk.[55] Er rekapitulierte die Strategie des saudischen Königshauses, mit Hilfe einer »arabische Koalition« die Hadis gegen die schiitischen Huthis zu bekämpfen: »Nach dem langen Kampf um Aden ist der sprichwörtliche Teufel offenbar mit dem Beelzebub ausgetrieben worden. Wobei die Herrscher der Vereinigten Arabischen Emirate, die Hauptpartner der Saudis in der ›arabischen Koalition‹, ihre stärkste Waffe eingesetzt haben sollen: Geld.« Gleich kofferweise sei Geld aus den Emiraten an Stämme in Jemen transportiert worden und nebenbei, »so kundige Beobachter, soll auch einiges davon an al-Qaida-Terroristen geflossen sein«. Blaschke bringt nun den ganz normalen Irrsinn nahöstlicher Verhältnisse auf den Punkt: »Al-Qaida?! Verbündete der Saudis und der Emiratis, die ihrerseits Verbündete der USA sind? Die wiederum jahrelang al-Qaida im Jemen mit Drohnen angegriffen hatten? Weil al-Qaida auf der Arabischen Halbinsel als ganz besonders brutal gilt …?!«

Das Spiel um Macht und Geld kennt selten dauerhafte Beziehungen. Und so scheint schnell vergessen, dass es ausgerechnet die al-Qaida on the Arabian Peninsula war, die im Jahr 2000 einen Bombenanschlag gegen das US-Kriegsschiff *USS-Cole* mit 17 toten Navy-Soldaten und 37 Verletzten verübte. Die AQAP attackierte auch US-Einrichtungen sowie Touristen und versuchte, ein Verkehrsflugzeug beim Landeanflug auf Detroit zu sprengen. 2015 bekannte sich die Organisation zu dem Anschlag auf die französische Satirezeitschrift *Charlie Hebdo*, bei dem zwölf Mitarbeiter und Unbeteiligte kaltblütig hingerichtet wurden. Die USA erkennen zwar an, dass Saudi-Arabien Fortschritte bei der Terrorbekämpfung besonders im Inneren gemacht habe, laut einer Depesche des US-Außenministeriums vom 30. 12. 2009 war das Königreich noch immer Hauptquelle der Terrorfinanzierung: »Spenden aus Saudi-

Arabien machen den Großteil der Finanzierung sunnitischer Terrorgruppen weltweit aus.«[56]

Auch fünf Jahre später scheint sich an dieser Einschätzung wenig geändert zu haben. Es war gerade eine Zeit, in der von den USA unterstützte kurdische Rebellen erste militärische Erfolge gegen den sogenannten Islamischen Staat vorzuweisen hatten. Die amtierende US-Außenministerin Hillary Clinton am 17. August 2014 von ihrem E-Mail-Account hrod17@clintonemail.com:[57] »Während die militärische und paramilitärische Operation voranschreitet, müssen wir unsere diplomatischen und traditionellen geheimdienstlichen Möglichkeiten nutzen, Druck auf die Regierungen von Katar und Saudi-Arabien auszuüben, die ISIS [den Islamischen Staat] und andere radikalen sunnitischen Gruppen verdeckt finanzieren. [...] Die Katarer und Saudis müssen ihre Interessen zwischen ihrem anhaltenden Wettbewerb, die sunnitische Welt zu dominieren, und den Konsequenzen ernsthaften politischen Drucks durch die USA abwägen.« Der Ärger über den Terrorexport hinderte die Clintons wiederum nicht daran, über Jahre hohe Spendensummen der saudischen Regierungen von bis zu 25 Millionen US-Dollar für die Clinton Foundation anzunehmen, wie der *Independent* berichtete.[58] Im Oktober 2016 war darüber hinaus berichtet worden, dass die katarische Regierung 2011 der Clinton-Foundation eine Million Dollar anlässlich Bill Clintons 65. Geburtstag überwiesen hatte – just zu der Zeit, als seine Gattin als Außenministerin der USA tätig war. Aber die Geberlaune Katars ist bereits weltweit bekannt – nicht nur beim Weltfußball.

Erklären solche Vorgänge die jahrelange Zurückhaltung der US-Regierung angesichts der Terrorfinanzierung aus den Golfstaaten? Der britische Finanzjournalist David Gardner schrieb über ein Treffen von US-Außenminister John Kerry 2015 mit Prinz Saud al-Faisal. Ein arabischer Sicherheitsbeamter will bei dem Treffen folgende brisante Aussage des saudischen Prinzen gehört haben: »Daesh [arabischer Begriff für den »Islamischen Staat«] ist unsere (sunnitische) Antwort auf Ihre Unterstützung für Da'wa [die schiitische Regierungspartei des Irak].«[59] Selbst wenn es anfänglich so gewesen sein sollte, ist es unbestreitbar, dass der »Islamische Staat« mittlerweile Saudi-Arabien in Feindschaft gegenübersteht. Zwar teilen beide die gleiche religiöse Ausrichtung und praktizieren die gleichen brutalen Scharia-Strafen. Doch macht der sogenannte Islamische Staat dem Königshaus schon lange die Rolle als »Hüter der heiligen Stätten von Mekka und Medina« streitig. Und das ist offenkundig mehr eine Macht- denn eine Religionsfrage. Eine Religionsfrage hingegen ist der andauernde Export der extremistischen wahhabitischen Religion in alle Welt. Selbst wenn Saudi-Arabien die direkte Terrorfinanzierung mittlerweile bekämpft, bleibt es weiterhin beim Extremismusexport, der mittelfristig ähnliche Folgen hat: Zwar sind längst nicht alle Salafisten gewaltbereit, geschweige denn Terroristen, aber alle in den vergangenen Jahren mordenden islamistischen Terroristen in Europa waren Salafisten beziehungsweise Wahhabiten.[60] Auch, so schreibt der Nahostexperte Guido Steinberg, seien diese Aktivitäten geeignet, destabilisierend auf ganze Gesellschaften zu wirken, wie die Beispiele Südostasien, West- und Ostafrika, der Balkan, der Kaukasus, Zentralasien und Pakistan sowie Afghanistan belegten:[61] »Hier stärkte die wahhabitische Missionstätigkeit islamistische Bewegungen und schürte damit religiöse Konflikte dort, wo ethnische, nationale, sozioökonomische und politische Konflikte bereits latent bestanden.«

80 Milliarden Dollar aus Saudi-Arabien für den weltweiten Islamismus

Wer den islamistischen Terror und seine Strukturen innerhalb Europas nachhaltig bekämpfen will, kommt darum nicht umhin, auch die extremistischen »Vorfeldorganisationen« bis hin zu den indoktrinierenden Koranschulen für Kinder und Jugendliche zu schließen und ausländische Finanzierungen zu beenden. Denn

ohne die Millionen aus der Golfregion gäbe es die meisten von ihnen längst nicht mehr beziehungsweise wären sie nie entstanden.
Das untermauern Zahlen über die »religiöse« Aktivität von Organisationen aus dem arabischen Raum: Viele der 700 bis 1000 islamischen Wohltätigkeitsorganisationen und Stiftungen engagierten
sich vor allem in der islamischen Erziehung, der Bildung, der Ent-
wicklungszusammenarbeit oder der Katastrophenhilfe, schreibt
der Saudi-Arabien-Experte Sebastian Sons.[62]

Wie nachhaltig die Milliardensummen aus dem Golf auf den
Westen wirken, hat der ehemalige US-Regierungsbeamte Jonathan
Schanzer analysiert. Er war als Analyst im US-Finanzministerium
für den Bereich Terrorbekämpfung zuständig. Ihm zufolge wandte
die saudische Regierung allein von 1973 bis 2002 insgesamt 80 Milliarden Dollar für islamische Institutionen auf. Davon wurden 1500
Moscheen, 150 Islamische Zentren und 202 Islamkollegs sowie
2000 Koranschulen unterhalten.[63] Schanzer und sein Kollege Steven Miller folgern: »Im Ergebnis sind 80 Prozent aller islamischen
Institutionen in den USA und in Kanada aus Saudi-Arabien finanziert, nicht zu reden von den islamischen Zentren in der gesamten
westlichen Welt.«[64] Aber was weiß der deutsche Staat über diese
Aktivitäten auf seinem Boden beziehungsweise was will er überhaupt darüber wissen?

Nach den Medienberichten über die Expertise von BND und
Bundesamt für Verfassungsschutz zur Finanzierung extremisti-
scher Moscheevereine aus den Golfstaaten wollte die FDP in Niedersachsen das genauer wissen. Die Anfrage der FDP ist in einem
Bundesland wie Niedersachsen brisant. Denn immerhin ist die
Qatar Holding, die Investmentsparte des katarischen Staatsfonds
Qatar Investment Authority, mit 14,6 Prozent an Niedersachsens
wichtigstem Arbeitgeber Volkswagen beteiligt. Die FDP-Fraktion
fragte: »4. Ist der Landesregierung bekannt, dass die ›RIHS‹,
›Schaykh Eid Charity Foundation‹ oder die ›Muslim World League‹
in Niedersachsen aktiv sind?«[65] Die Antwort des Innenministeriums fiel mehr als dürr aus – wie immer, wenn in Deutschland

Parlamentarier Fragen stellen, die angeblich übergeordnete sicherheitspolitische oder wirtschaftspolitische »Interessen« berühren: »Dem niedersächsischen Verfassungsschutz ist bekannt, dass ein Mitglied der ›RIHS‹ im deutschsprachigen Islamkreis (DIK) Hannover aufgetreten ist sowie ein Vertreter der ›International Commission of Scientific Signs in Qur'an & Sunna‹ (EAJAZ), die wiederum eine Unterorganisation der Muslim World League ist, zu Gast bei der Deutschsprachigen Muslimischen Gemeinschaft (DMG) in Braunschweig war.« Immerhin gab das Ministerium zu, dass saudische Aktivitäten am Werk sind. Über alle anderen schwieg es sich aus: »Über weitere Aktivitäten des ›RIHS‹, der ›Schaykh EID Charity Foundation‹ oder der ›Muslim World League‹ in Niedersachsen kann im vertraulichen Sitzungsteil einer Sitzung des Ausschusses für Angelegenheiten des Verfassungsschutzes berichtet werden.«

Aber was tun westliche Regierungen für die demokratischen Oppositionellen in den Golfstaaten? In Saudi-Arabien steht vor allem ein Mann für die liberale Demokratie: der Blogger Raif Badawi. 2008 hatte er das Blog »Freie saudische Liberale« erstellt.[66] 2010 schrieb er zum Beispiel: »Säkularismus respektiert jeden und kränkt niemanden. Säkularismus ist eine geeignete Methode, um Staaten (unseren eingeschlossen) aus der Dritten in die Erste Welt zu hieven.«[67] Und diese Sätze schrieb er 2012 kurz vor seiner Verhaftung: »Für mich ist Liberalismus schlicht: leben und leben lassen. Es ist ein prächtiges Motto. Allerdings braucht der Liberalismus, besonders die saudische Variante, eine Aufklärung. Entscheidend ist es, seine Eigenschaften und seinen Rahmen zu skizzieren. Vor allem deshalb, weil die Gegenseite [die offiziellen Stellen in Saudi-Arabien] die ganze Wahrheit für sich beanspruchen und damit die wahre Bedeutung des Wortes Liberalismus diskreditieren, ohne sie überhaupt zu kennen.«

Er erhielt eine Strafe von 1000 Stockhieben und wurde zu einer Strafzahlung von umgerechnet 250 000 Euro verurteilt. Nach den ersten fünfzig Stockhieben brach er zusammen, so dass diese Strafe

gegenwärtig ruht. Sein Arzt sagte, dass er weitere Hiebe nicht über-
leben werde. Weil er die Geldstrafe nicht zahlen kann, sitzt er seit
fünf Jahren in Haft.[68] Nach Informationen der Menschenrechtsorganisation Human Rights Watch hat Saudi-Arabien ein neues
Antiterrorgesetz in Kraft gesetzt, wonach sogenannte Ungläubige,
also alle Gläubigen – ausgenommen die Muslime – sowie Atheisten, offiziell als Terroristen gelten und bestraft werden können.[69]
Bereits die Unterstützung von sogenannten Ungläubigen könne zu
harten Strafen bis zur Todesstrafe führen. Muslimische Prediger
können derweil weiterhin ungestört ihr extremistisches Handwerk
in Saudi-Arabien betreiben und ihre Hasspredigten via YouTube in
alle Welt streuen. Der Prediger Mamdouh al-Harbi verherrlicht
sogar den Terrorismus:»Das Konzept, das wir diskutieren, heißt
›Terrorismus‹. Die Wahrheit ist, dass das Konzept des Terrorismus
von Gott gesegnet ist. Und – Sie werden überrascht sein – es wird
sogar von der Scharia gefordert. Denn das Wort ›Terrorismus‹ wird
von Allah und seinem Propheten Muhammad gewünscht, weil Allah gesagt hat: Bereite für sie die Gewalt, wie du es kannst, um den
Terror in den Herzen der Feinde Gottes und deiner selbst zu pflan-
zen. […] Diese Gegner wollen das Konzept verwässern. Die einzige
Bedeutung des Satzes Dschihad im Namen Gottes lautet, gegen die
Ungläubigen zu kämpfen, um Allahs Wort allein regieren zu lassen. Es bedeutet nichts anderes als kämpfen.«[70] Nur in der Wahl der
Mittel und Ziele distanziert sich dieser Prediger vom Terror gegen
Zivilisten:»Allah sagt: Bekämpfe diejenigen, die gegen dich kämpfen, aber versündige dich dabei nicht, weil Allah die Sünder nicht
liebt. Das bedeutet, dass du keine Kinder, Frauen oder Mönche
töten darfst, unter dem Vorwand, dass sie als menschliche Schutz-
schilder verwendet wurden oder unter dem Vorwand, der sogenannten ›Märtyrer-Operationen‹, mit denen ich Selbstmord-
Operationen meine. Ein Auto mit einer Vierteltonne TNT an einen
sicheren Platz mit friedlichen Menschen fahren und in die Luft
sprengen unter dem Vorwand, dass diese Menschen menschliche
Schutzschilde sind, ist verboten.«

Führender saudischer Gelehrter lobt Sklaverei

Der Journalist Bruno Schirra berichtet in seinem Buch *Isis – Der globale Dschihad* von einer Preisliste im IS für versklavte Frauen.[71] Danach waren einjährige Mädchen mit 134 Euro Verkaufspreis deutlich mehr wert als 40- bis 50-jährige Frauen, die 33 Euro wert waren. Die Echtheit dieser Liste ließ sich zwar nicht belegen, wohl aber das dahinterliegende Geschäft. Männer aus den Golfstaaten gehören längst zu den Kunden dieses an Brutalität nicht zu überbietenden Menschenhandels, der zugleich Teil der Terrorfinanzierung geworden ist. Dabei wird auch der Sklavenhandel religiös verbrämt, und zwar nicht nur vom sogenannten Islamischen Staat, sondern von einem weithin anerkannten saudischen Gelehrten. Scheich Saleh ibn Fawzan gehört zum »Höchsten Rat der Rechtsgelehrten« in Saudi-Arabien und verkündete: »Sklaverei ist Teil des Islam« und »Sklaverei ist Teil des Dschihad«. Ibn Fawzan ist Autor von Lehrplänen für Schulen, übrigens auch für von Saudi-Arabien finanzierte Schulen, die im nicht muslimischen Ausland die wahhabitische Lehre verbreiten sollen.[72]

Deutsche Industriekapitäne schweigen und genießen

Was aber denken die deutschen Industriekapitäne über die Todeszone, mit der sie Geschäfte machen? Der *Tagesspiegel* in Berlin hörte sich 2015 bei deutschen Unternehmen um.[73] Denn immerhin hatten zu diesem Zeitpunkt bereits 270 deutsche Firmen vom DAX-Konzern bis zum Mittelständler den UN Global Compact unterzeichnet. Bei dieser Initiative der Vereinten Nationen verpflichten sich Unternehmen, an erster Stelle die Menschenrechte zu achten und zu unterstützen. Der damalige Hauptgeschäftsführer des BDI, Markus Kerber, verwies schlicht auf Willy Brandts Politik des »Wandels durch Annäherung«: »Wenn wir nichts mehr mit den

Ländern zu tun haben wollten, die unsere Werte nicht teilen, dann fallen 80 Prozent aus.« Ansonsten fand der *Tagesspiegel* niemanden, der sich namentlich zitieren lassen wollte, denn die Frage nach den Menschenrechten sei »diplomatisches Glatteis«. Außerdem sei das eher eine Frage an die Politik denn an die Firmen. Eines räumte ein Sprecher dann doch noch ein: »Unerfreulich« sei die Auspeitschung Badawis natürlich. »Das ist nicht zu tolerieren.« Zwei Jahre später ist Raif Badawi noch immer in Haft, die Prügelstrafe nicht ausgesetzt. Ende April 2017 besuchte Bundeskanzlerin Angela Merkel mit einer kleinen Delegation deutscher Vorstandschefs Saudi-Arabien. Vor den Medien äußerte sie sich zu den andauernden Menschenrechtsverletzungen: »Gerade, was die Todesstrafe anbelangt, was Badawi anbelangt, was viele andere anbelangt, die sich politisch betätigen wollen, werden wir am dicken Brett der Menschenrechte weiterbohren.«[74] Die Geschäfte gehen derweil weiter.

Rudy Giuliani will keine Millionen von Alwaleed

Kehren wir noch einmal zurück zu einer Szene, die den saudischen Prinzen und Geschäftsmann Alwaleed auch in der politischen Weltöffentlichkeit bekannt machte. Am 11 Oktober 2001, also exakt einen Monat nach den Attentaten, besuchte Alwaleed um 9 Uhr gemeinsam mit New Yorks Bürgermeister Rudy Giuliani Ground Zero. Nach dem Rundgang überreichte der Prinz Giuliani einen Scheck über zehn Millionen Dollar für den Twin Towers Fund. »Wir sind heute hierhergekommen, um den Menschen in New York unser Mitgefühl auszusprechen, um den Terrorismus zu verurteilen und dem Twin Towers Fund zehn Millionen Dollar zu spenden«, sagte der Prinz. Ganz klar verurteilte er mit dieser Aussage die Terroranschläge. Doch er ließ es nicht dabei bewenden. Was Alwaleed aber dann sagte, ist ein Beleg für die politische Ambivalenz vieler nahöstlicher Player im Scharia-Kapitalismus: »In Zeiten wie diesen müssen wir uns den Problemen widmen, die zu diesem verbrecherischen Anschlag geführt haben. Ich glaube, die Regierung der Vereinigten Staaten von Amerika sollte ihre Nahostpolitik prüfen und sich eine ausgewogenere Haltung zu der Palästinenserfrage zu eigen machen. Obwohl die UNO schon vor Jahrzehnten in den Resolutionen Nummer 242 und 338 den Rückzug Israels aus der West Bank und dem Gazastreifen verlangt hat, werden unsere palästinensischen Brüder weiter von der Hand der Israelis hingeschlachtet, während die Welt die andere Wange hinhält.«[75] Mit dieser offiziellen Rede am Ort des Massakers hatte der Prinz einen Teil der Verantwortung für 9/11 auf die Politik Israels und der USA übertragen. Rudy Giuliani reagierte darauf, wie es der Prinz und das saudische Königshaus nicht gewohnt waren. Er verweigerte die Annahme des Schecks.

Deutschland – Ruheraum für Terrorfinanziers

Extremismus, Geldwäsche und ein Verstoß gegen UN-Sanktionen

Finanzströme von Extremismus und Terrorismus haben stets zwei Enden: den Geber und den Empfänger. Die Richtung, in der Geld fließt, ist offen: Mal fließen Spendengelder aus Deutschland an Terrororganisationen im Ausland, mal parken diese ihr Geld auch in deutschen Firmen oder Immobilien. Und wie finanzieren sich die Attentäter hierzulande? Seit dem 19. Dezember 2016 verfügen Deutschlands Sicherheitsbehörden diesbezüglich nicht mehr nur über theoretisches Wissen, sondern über das Bewegungsprofil eines realen Terroristen: Der illegal eingereiste Anis Amri konnte sich in Deutschland frei bewegen und am Ende nur wenige Kilometer von den Zentren der Macht zuschlagen. Ihm fielen zwölf Menschenleben zum Opfer, siebzig wurden verletzt. Er hat sich mehrfach und mit falschen Identitäten Zugang zu Sozialleistungen verschafft und aus einem halben Dutzend Sozialämter Terrorfinanziers gemacht. Monatelang hat er mit Drogen gedealt und sich damit über Wasser gehalten, um seinen mörderischen Plan vorzubereiten.

Blickt man auf das Leben der Attentäter von Nizza, Paris oder Brüssel, ist dieser Werdegang des Berliner Attentäters keine Ausnahme. Sie alle waren zuvor zur Beschaffung von Geld im Kriminellen-Milieu unterwegs gewesen, um ihre Pläne in die Tat umzusetzen. Doch Terroristen wie Anis Amri hinterlassen auch Spuren. Amri besuchte regelmäßig Moscheevereine, von denen einige den

Sicherheitsbehörden als extremistisch bekannt waren. Noch kurz vor der Tat hatte er sich in der Moschee des Vereins Fussilet 33 aufgehalten, die bereits aus jüngsten Terrorprozessen in Berlin als »die Moschee des IS« bekannt war.

In einigen Ballungszentren Europas gibt es eine Infrastruktur des Extremismus und diese Infrastruktur muss finanziell unterhalten werden. Es ist seit langem bekannt, dass organisierte Kriminalität und Terrorfinanzierung dabei häufig Hand in Hand gehen. Organisationen wie die vom Iran aus gesteuerte Hizbullah und die Hamas nutzen seit Jahren Deutschland als Ruheraum nicht nur für ihre Aktivisten, sondern auch für ihr Geld. Das Bundesamt für Verfassungsschutz zählt aktuell etwa 1350 Hizbullah-Anhänger und 320 Hamas-Anhänger – nicht mehr als die Einwohner eines kleinen Ortes. Im jüngsten Verfassungsschutzbericht heißt es über die beiden Organisationen: »Hizb Allah und Hamas gelten international als terroristisch, nutzen Deutschland bislang jedoch lediglich als Rückzugsraum, das heißt, sie entfalten hier keine terroristischen Aktivitäten.«[1] Diese Einschätzung trägt sicherlich dazu bei, dass deutsche Sicherheitsbehörden diese Terrororganisationen und ihr wirtschaftliches Umfeld weitgehend in Ruhe lassen – ein Muster, das übrigens dem aktuell kritisierten Verhalten katarischer Behörden ähnelt. Dafür nimmt Deutschland in Kauf, dass die Hizbullah – mit einer jährlichen finanziellen und logistischen Förderung von rund einer guten Milliarde Dollar durch das iranische Regime ausgestattet – Israel mit Vernichtung droht und überall in der Welt Kämpfer bereithält, die gegebenenfalls jüdische Einrichtungen angreifen würden.[2] Politiker und Behörden glauben bislang noch, dass die Hamas wie auch die Hizbullah hierzulande kein Risikopotential darstellen. Dabei sprechen die vielfältigen Schäden, die von Hizbullah- und Hamas-nahen Firmen durch Geldwäsche angerichtet werden, eine andere Sprache. Ein Beispiel: 2016 gelang es dem deutschen Zoll, einen libanesischen Clan-Ring auszuheben, der insgesamt 75 Millionen Euro gewaschen haben soll, um mit den Erträgen die Hizbullah zu finanzieren. Die Beschuldigten – auch aus drei deutschen Städten – hätten jede Woche eine Million Euro durch An- und Verkauf von Luxuswagen, Uhren und Schmuck gewaschen. Geldwäsche bedeutet, dass Geld aus kriminellen Vortaten in den legalen Geldkreislauf eingeschleust wird, wo es fortan legal ist. Die Vortaten sind dabei die üblichen der organisierten Kriminalität: Diebstahl, Raub, Korruption, Drogengeschäfte, Menschenhandel und Zwangsprostitution, aber auch Autoschiebereien, Produktpiraterie und ganz biedere Immobiliendeals. Die Hizbullah verfüge über das weltweit ausgeklügeltste Geldwäschesystem, sagte Michael Braun, ein ehemaliger Leiter der US-Anti-Drogenbehörde DEA 2016.[3] Die Miliz verfüge über »Verbindungen, von denen der IS oder al-Qaida nur träumen« könnten. So helfe die Hizbullah, Kokain von Südamerika nach Europa zu schmuggeln.

Die US-amerikanische Terrorismusexpertin Louise Schelley hat ihrem 2014 erschienenen Buch den treffenden Titel *Dirty Entanglements* – Schmutzige Verstrickung gegeben: Wer den Terror bekämpfen will, muss diese Verstrickungen auflösen, die sich wie Mehltau auf unsere Gesellschaften gelegt haben.

Kampf gegen den Terror mit Finanzkontrollen statt Flugzeugträgern

Andreas Frank ist als Geldwäscheexperte ein häufig gefragter Sachverständiger im Deutschen Bundestag, bei EU-Institutionen und Privatunternehmen. Der ehemalige Investmentbanker von Goldman Sachs gehört zu den kenntnisreichsten Kritikern der Regulierungslücken im Finanzmarkt. Zweimal gelang es ihm sogar, ein EU-Vertragsverletzungsverfahren gegen Deutschland in Gang zu setzen, weil Deutschland Teile der EU-Geldwäsche-Richtlinie nicht umgesetzt hatte.[4] Frank plädiert für effiziente Finanzkontrollen statt für das Entsenden von Flugzeugträgern. Für ihn ist es unbegreiflich, dass Deutschland seit 1991 keine einzige Version der insgesamt vier EU-Geldwäscherichtlinien vollständig umgesetzt hat.

Anfragen zu deutschen Terrorfinanziers erhöhten sich um 475 Prozent

Auch der jüngste Bericht der Financial Intelligence Unit des Bundeskriminalamtes belegt, dass die Bedeutung Deutschlands in der Terrorfinanzierung enorm gestiegen ist.[5] Zu erkennen ist das an den Anfragen ausländischer Behörden, die sich nach möglichen Beteiligten an Geldwäsche und Terrorfinanzierung in Deutschland erkundigen. Deren Zahl sei »extrem gestiegen«, heißt es im BKA-Bericht. Die Anfragen aus den USA seien in nur einem Jahr von 25 auf 500 gestiegen, also um 475 Prozent. Bei vielen dieser Anfragen sei der Verdacht der Terrorfinanzierung im Fokus gewesen.

Als Andreas Frank im Frühjahr 2017 in den Deutschen Bundestag zu einer Anhörung geladen wurde, feierten sich deutsche Regierungspolitiker bereits für den angeblichen Durchbruch im Kampf gegen die Geldwäsche. Doch Frank schenkte den versammelten Abgeordneten Wasser in den Wein. Das Geldwäschegesetz sei erstmals 1993 in Kraft getreten. Aber: »In den vergangenen 24 Jahren wurde das Geldwäschegesetz nicht umgesetzt. Es kann daher nicht überraschen, dass sichtbare Erfolge im Kampf gegen die Geldwäsche und Finanzierung des Terrors ausgeblieben seien.«[6] Um zu illustrieren, dass die Geldwäschebekämpfung vor allem an der Basis der Wirtschaft scheitere, berichtete er von einem zivilen Beispiel: Für die Geldwäscheprävention des zweitgrößten Konzerns Europas, Volkswagen, steht im Ordnungsamt der Stadt Wolfsburg ein einziger Beamter zur Verfügung. Der wiederum kann für die Kontrolle von VW nur zehn Prozent seiner Arbeitszeit aufwenden. Dass auch die engste Zusammenarbeit europäischer Staaten nicht funktionieren kann, wenn auf lokaler Ebene die Voraussetzungen dafür fehlen, kann das folgende Beispiel illustrieren.

Deutschland verstößt gegen Anti-Terror-Sanktionen der UN

Im Zentrum dieses Skandals steht ein Grundstück in Berlin-Neukölln, das auf den ersten Blick unscheinbar wirkt.[7] Zwei Häuser stehen darauf und einige Autos. Davor prangen etwas groß geratene Firmenschilder. Sie weisen auf Baufirmen hin und auf einen Verlag namens Al Hayat. Bei unserer Recherche für den Rundfunk Berlin Brandenburg gingen mein Kollege und ich auf das Grundstück und trafen auf einen freundlichen Herrn. Wir fragten ihn, ob er wisse, wem das Grundstück gehöre. Er schüttelte den Kopf und verneinte. Dann nahm er uns mit in das Büro seiner kleinen Baufirma und bat einen Angestellten, im Computer nachzusehen, wer der Vermieter sei. Schließlich sagte er, das sei »so ein islamischer Verein«. Auf seinem Notizzettel, den er uns mitgab, stand: »Islamische Gemeinde Berlin«, Haberstraße 3. Es ist die Adresse der berüchtigten Al-Nur-Moschee, die als eine der radikalsten der Stadt gilt, weil sie seit mehr als zehn Jahren für Schlagzeilen mit antisemitischer Hetze und islamistischer Propaganda sorgt. Hier hat sich auch das deutsche IS-Führungsmitglied Dennis Cuspert alias Abu Talha al-Almani seit 2010 weiter radikalisiert.[8]

Aber wer ist der Eigentümer des Neuköllner Grundstücks, das etwa drei Kilometer von der Al-Nur-Moschee entfernt liegt? Im Grundbuchamt von Berlin-Neukölln erhalte ich Einblick und stelle erstaunt fest, dass das Grundstück seit 1999 auf einen saudischen Staatsbürger mit dem Namen Aqeel A. eingetragen ist. Schnell finde ich heraus, dass dieser Mann Direktor der Islamischen Stiftung Al Haramain in der saudischen Hauptstadt Riad war, jener Stiftung, die wegen ihrer Unterstützung für das al-Qaida-Netzwerk 2008 geschlossen wurde. Für internationale Sicherheitsbehörden gehört Aqeel A. zu den Mitverantwortlichen für die al-Qaida-Anschläge vom 11. September 2001. Am 2. Juni 2004 setzten ihn die USA auf die Terrorsanktionsliste.[9] Der saudische Terrorchef Osama bin Laden investierte Millionen Dollar in den tausendfachen Mord an unschuldigen Menschen. Zu den Finanziers gehörte die religiöse Stiftung, für die Aqeel A. arbeitete, mit ihren Filialen zum Beispiel in den USA, in Somalia, aber auch in Bosnien.

Um die Verantwortlichen zu bestrafen und ihre finanzielle Bewegungsfreiheit einzuschränken, verhängten die UNO und die EU Sanktionen gegen eine begrenzte Zahl von weltweiten Terrorunterstützern, darunter auch Aqeel A. Das war immerhin Fahndern im Bundeskriminalamt aufgefallen. Die Behörde schrieb Ende 2004 einen Brief an das für Neukölln zuständige Grundbuchamt und verwies auf den Wortlaut der Antiterror-Verordnung der EU Nr. 881/2002, die ein »Einfrieren von wirtschaftlichen Ressourcen, die Verhinderung ihrer Verwendung für jeden Erwerb von Geldern, Waren oder Dienstleistungen, einschließlich des Verkaufs, des Vermietens oder Verpfändens dieser Ressourcen« vorsahen.[10] Mit anderen Worten dürfen auf Terrorlisten eingetragene Eigentümer keinerlei wirtschaftlichen Nutzen mehr aus dem Vermögen ziehen.

Im Grundbuchamt des Neuköllner Rathauses wussten die Rechtspfleger derweil mit dem Schreiben der BKA-Fahnder nichts anzufangen. Sie informierten schriftlich ihre Dienstherren in der Senatsjustizverwaltung, die ihrerseits die Senatsinnenverwaltung einschaltete.[11] Wieder herrschte Ratlosigkeit in den Büros. In einem Behördenschreiben wandte sich nun die Senatsinnenverwaltung an das Bundesinnenministerium und fragte: »Welche Bedeutung hat das ›Einfrieren von Vermögen‹? Wie lässt es sich umsetzen?« Eine klare Ansage, was zu tun ist, bekamen die Berliner Behörden nicht. Am Ende entschieden alle Behörden, die Dinge so zu belassen, wie sie waren. Der ehemalige Terrorfinanzier konnte über Jahre weiter auf dem Grundstück wirtschaften, bis sein Name im Jahr 2015 von den Sanktionslisten gestrichen wurde. Das ist üblich, wenn der Betreffende dies beantragt und kein Staat Einspruch dagegen erhebt, weil dem Beschuldigten aktuelle Bezüge zu al-Qaida nicht mehr nachzuweisen sind.

Als Erol Özkaraca mit der Geschichte konfrontiert wurde, konnte er sie erst kaum glauben. Özkaraca saß von 2011 bis 2016 für die SPD im Abgeordnetenhaus und beobachtet seit Jahren kritisch die islamistische Szene in seinem Bezirk Neukölln. Ihn machte die Recherche fassungslos:»Ich halte es für ein Sicherheitsrisiko, dass der Terrorismus durch Bevollmächtigte hier Geschäfte tätigen kann.« Das Ganze mache ihm Angst. Aber was hätte in diesem Fall geschehen müssen? Immerhin war den involvierten BKA-Fahndern klar, dass die Verfügungsgewalt über das Grundstück einzufrieren war.

Die Verwaltung von Berlins damaligem Justizsenator Heilmann (CDU) blockte meine Anfrage ab. Zuständig sei das Kammergericht Berlin als Sprecher der Amtsgerichte. Eine Sprecherin des Gerichts teilte mir daraufhin mit, alte Immobilien würden gar nicht überprüft. Gravierender noch war das nun folgende Eingeständnis, wonach es in Berliner Grundbuchämtern »bisher keine allgemeinen Regelungen« gebe, wonach die Grundbuchämter »bei jedem Kaufvorgang die vorgenannte Überprüfung anhand der Listen der EG-Verordnung vornehmen«.[12] Mit anderen Worten: Neue Kaufverträge werden in Berlin bis heute nicht auf Terrorverdächtige geprüft. Der Staatsrechtler Ulrich Battis sieht hier eine Verletzung des geltenden EU-Rechts, denn die Antiterrorverordnung sei für jeden Staat und jede Behörde unmittelbar geltendes Recht. Wenn Berlin gegen die EU-Verordnung verstoße, drohe der Bundesrepublik ein Vertragsverletzungsverfahren der EU.

Berlin zieht Extremisten und Terrorunterstützer an

Der Geldwäscheexperte Andreas Frank wiederum befürchtet, dass der laxe Umgang der Berliner Behörden eine Sogwirkung auf extremistische und terroristische Organisationen ausüben könnte. Es ist kein Geheimnis unter Terrorfahndern, dass der Terrorismus stets den Weg des geringsten Widerstands sucht, und das gilt sowohl für einzelne Attentäter als auch für große Terrorfinanziers. Auch der Berliner SPD-Bundestagsabgeordnete Fritz Felgentreu fordert, endlich mit den Vermögensverhältnissen von Terrororganisationen aufzuräumen. Dazu sei ein flächendeckender Blick in Grundbücher notwendig. Auch nach dieser Möglichkeit hatte ich die Bundesländer gefragt. Die meisten aber antworteten, dass dies nicht von der EU gefordert werde.[13] Im Fall des Terrorfinanziers Aqeel A. sei dieser erst Jahre nach dem Kauf auf den internationalen Sanktionslisten verzeichnet worden. Hier allerdings hält die EU-Kommission entgegen: »Es ist die Verpflichtung aller Sanktionsregelungen, einschließlich der ›el-Qaida-Verordnung‹, dass sämtliche Vermögenswerte der gelisteten Personen oder Organisationen komplett eingefroren werden, unabhängig davon, wann sie angeschafft wurden.«[14] Die gegenwärtige Praxis widerspricht also laufend den Anforderungen des EU-Rechts, was dazu führt, dass ein Immobilienbesitzer, der lange genug in Deutschland ansässig ist, auch nichts zu befürchten hat, wenn er auf der internationalen Terror-Sanktionsliste landet. Erst, wenn er vorhätte, das Grundstück zu veräußern, fiele sein Eintrag auf einer Sanktionsliste auf – in allen deutschen Bundesländern außer in Berlin.

In Deutschlands Hauptstadt gibt es auch im Juni 2017 noch keine offizielle Weisung an die Grundbuchämter. Auf meine Anfrage teilte mir die Gerichtssprecherin allerdings mit, die Grundbuchämter hätten »die Rechtspflegerinnen und Rechtspfleger entsprechend sensibilisiert«.[15] Es sei mittlerweile davon auszugehen, dass vor Einträgen ins Grundbuch die Sanktionslisten abgeglichen würden. An einer digitalen Verlinkung der Programme werde noch gearbeitet.

In einigen Bundesländern wie Bayern, Nordrhein-Westfalen und Rheinland-Pfalz kann der Abgleich längst digital vorgenommen werden. Die Umfrage unter den Bundesländern hat jedoch zugleich gezeigt, dass die Terrorbekämpfung auch hinsichtlich der wirtschaftlichen Seite ein Flickenteppich ist. Entsprechend fordert der Abgeordnete Fritz Felgentreu von der Bundesregierung eine Dienstanweisung an sämtliche Behörden, um »die wirtschaftliche Tätigkeit« von Terrorunterstützern lahmzulegen.

So sieht es auch der Verfassungsrechtler Christian von Pestalozza. Er leitet aus der EU-Verordnung ab, dass es dringend einer
Anweisung der Bundesregierung bedarf, um das Behördenwirrwarr
zu beenden: Die Umsetzung der Verordnung setze im Grunde voraus, »dass zu den gelisteten Personen und Einrichtungen flächende-
ckend und anlasslos recherchiert – zum Beispiel Grundstückseigen-
tum und seine Verwendung ermittelt« werde. Die Bundesregierung
müsse hier dringend eine Ausführungsverordnung für Behörden
erstellen. Hierzu gab es bereits 2005 Anläufe zwischen Beamten des
Bundesinnen- und des Bundesjustizministeriums, die offenbar im
Sande verliefen. Eigentlich wäre die Angelegenheit einfach. Wollen
wir wissen, welche Geld-und Immobilienvermögen Terrornetzwerke in Deutschland besitzen, müssen die Grundbuchämter in
ihre Dateien schauen. Der Berliner Bundestagsabgeordnete Fritz
Felgentreu fordert daher die Bundesregierung zum sofortigen Handeln auf. Sie müsse Anweisung erteilen, sämtliche Grundbuch-
bestände, die mittlerweile meist digital vorliegen, auf Terrorunterstützer zu durchforsten und jegliche wirtschaftliche Nutzung zu
verhindern.

Immerhin hatte die Recherche ein Nachspiel im Deutschen
Bundestag. Die Linke fragte die Bundesregierung im Frühjahr
2017, welche Erkenntnisse sie über die Aktivitäten von Aqeel A. in
Berlin und seine Beziehung zur Islamischen Gemeinschaft Berlin
Al Nur gewonnen habe.[16] Die Bundesregierung verwies auf meine
Recherche und berief sich darauf, über keinerlei weitere Erkennt-
nisse zu verfügen. Offenbar haben meine vielen Anfragen ihre
Neugier nicht sonderlich befördert. So bleibt bis heute alles beim
Alten. Deutsche Behörden werden auch weiterhin nicht heraus-
finden, wie viele Kriminelle und Terrorunterstützer, die auf welt-
weiten Sanktionslisten verzeichnet sind, in Deutschland über Im-
mobilienbesitz verfügen. Deutschland bleibt damit ein perfekter
»Ruheraum« für die Terrorfinanzierung.

Saudische Moscheefinanzierung: Wegsehen aus Diplomatie

Der Fall der Berliner Al-Nur-Moschee könnte auch die diplomatische Zurückhaltung der Bundesregierung in dieser Frage erklären. Denn diese Moschee gäbe es ohne Geldgeber aus dem Königreich Saudi-Arabien nicht. Bereits beim Kauf des Grundstücks für die Al-Nur-Moschee in Berlin-Neukölln soll ein Mitarbeiter der saudischen Botschaft in Berlin und – im Jahr 2000 – Leiter der »Islamischen Abteilung« behilflich gewesen sein. Dabei handelt es sich laut einem Bericht des *Spiegel* um den Mann, der zwei Monate nach 9/11 den später wegen Beihilfe zu 15 Jahren Haft verurteilten Marokkaner Mounir el Motassadeq in der Al-Kuds-Moschee in Hamburg getroffen habe. Am Ende gekauft werden konnte das Gelände der Berliner Al-Nur-Moschee für 2,375 Millionen Mark im Dezember 2000 mit Hilfe der in Riad ansässigen und weltweit tätigen Islamischen Stiftung Al Haramain. Sie zahlte mindestens die Hälfte der Summe, und ihr damaliger Direktor Scheich Aqeel A. ist auch im Grundbuch eingetragen – daneben gibt es weitere ausländische Geldgeber.[17] Am 19. 6. 2008 setzten die US-Finanzbehörden die Stiftung Al Haramain auf die Liste der verbotenen Organisationen, weil sie »al-Qaida und eine ganze Reihe weitere Terroristen und terroristischen Organisationen finanziell und mit Material unterstützt« habe.[18] Immerhin, als das Grundstück zwei Jahre später offiziell ins Grundbuch eingetragen werden sollte, fiel der Eintrag in das Sanktionsregister auf. So kommt es, dass zwar die Verkäufer den Kaufpreis erhalten haben, die Moschee auch die Verfügung über das Grundstück hat, allein der ehemalige Terrorfinanzier konnte nicht als Eigentümer eingetragen werden – jedenfalls nicht bis zu seiner Löschung von den Sanktionslisten 2015.

Bereits 2004 entging Berlin einem schweren Bombenanschlag

Die Geschichte dieses Moscheevereins belegt zugleich, wie gefährlich solche aus dem Ausland finanzierten, salafistisch geprägten Gebetszentren plötzlich für ihre unmittelbare Umgebung werden können. So geriet die Moschee bereits 2002 ins Visier der CIA und deutscher Verfassungsschützer.[19] Bis in das Jahr 2003, so schreibt Gerhard Piper vom Berliner Institut für Transatlantische Sicherheit in einer Studie, habe der »saudische Botschaftsangehörige Mohammad J. F. unbehelligt seine gefährlichen Kontakte zu Terroristen und Extremisten pflegen können«, wenn auch beobachtet durch die Geheimdienste.[20] In jener Zeit soll nach Angaben der Bundesanwaltschaft auch der aus Tunesien stammende Islamist Ishan G. versucht haben, in der Al-Nur-Moschee offen Komplizen für Attentate anzuwerben, woraufhin ihm von der Moschee Hausverbot erteilt wurde.[21] Schließlich wurde Ishan G. festgenommen. Die Ermittler fanden Batteriesäure, Schaltpläne für Bombenzünder, mehrere Handys, falsche Pässe sowie eine Pistole samt Munition. Ein Nachbau der Bombe nach den Plänen durch das LKA ergab, dass die Bombe durchaus funktionstauglich gewesen wäre. Daneben fanden die Ermittler ein Computerprogramm mit dem Namen »Tiefflug über Deutschland«, in dem 170 deutsche Städte, samt Industrie- und Nuklearanlagen verzeichnet waren. Ishan G. hatte auch Kontakt zu dem Mitarbeiter der saudischen Botschaft, der kurz danach vorzeitig von seinem Posten abgezogen wurde, sowie zu einem Mann, der geplant haben soll, ein Attentat auf den irakischen Interimspräsidenten bei dessen Besuch in Berlin zu planen. Der Generalbundesanwalt schrieb in einer Pressemitteilung: »Nach den Vorstellungen des Angeschuldigten sollten anlässlich einer Demonstration zu Beginn des Irak-Kriegs mehrere Sprengsätze an derzeit noch nicht bekannten Orten gezündet werden. Durch die Tötung oder Verletzung einer Vielzahl von Menschen sollte die westliche Welt gedemütigt und hierdurch die muslimische Welt und ihre Wertvorstellungen verteidigt werden.«[22] Bereits 2004 ist die deutsche Hauptstadt also einem verheerenden Bombenanschlag entgangen.

Bislang schützt das Steuergeheimnis islamistische Vereine

Um die komplexen Aktivitäten von islamistischen Netzwerken wirklich kontrollieren zu können, braucht es eine enge Zusammenarbeit vieler Akteure aus deutschen Sicherheitsbehörden. Wie im Fall des Berliner Attentäters Anis Amri deutlich wurde, funktioniert diese trotz erheblicher Verbesserungen noch lange nicht effizient genug. Die Geschichte der Al-Nur-Moschee lehrt uns, dass alle Stellen, an denen Vermögen, Vermögensbewegungen und Gewinne offenbar werden, in die Terrorabwehr eingezogen werden müssen. Das betrifft Grundbuchämter, Makler und Notare, aber auch die bislang durch das Steuergeheimnis – selbst für Terrorfahnder – hermetisch abgeschirmten Finanzämter.

Das neue Geldwäschegesetz verstärkt die Ohnmacht des Staates

Bei der Bekämpfung der Geldwäsche ist der Staat auch auf Bürger angewiesen, die in bestimmten Bereichen der Wirtschaft tätig sind und die im Geldwäschegesetz als »Verpflichtete« bezeichnet werden:[23] Autohausbesitzer, Bankmitarbeiter, Luxusjuweliere und Immobilienmakler sind verpflichtet, zu bemerken, möglichst auch zu kontrollieren und zu melden, wenn Geldbewegungen ihnen »verdächtig« erscheinen. Es ist eine hohe Bürde, die der Staat seinen Bürgern auferlegt, um eines der größten Übel unseres Wirtschaftssystems zu bekämpfen. Dieses Meldewesen hat zu einer Flut von sogenannten Verdachtsmeldungen vor allem bei den Banken geführt. In den Augen von Geldwäsche- und Terrorfahndern bedeutet aber die steigende Zahl von Anzeigen keineswegs, dass auch die Qualität der Anzeigen zunimmt – im Gegenteil, sagen Ermittler. Was aber bedeutet diese Flut von Anzeigen für die Terrorabwehr? 29 108 Geldwäscheanzeigen sind 2015 bei deutschen Behörden aufgelaufen, davon waren allerdings gerade einmal 615 Verdachtsanzeigen, die mit möglicher Terrorfinanzierung zu tun hatten.[24] Diese Zahlen gehen in der Flut fast unter. Zugleich sehen wir, dass sich ihre Zahl in nur vier Jahren verdreifacht hat, was für eine erhöhte Sensibilität der Bankinstitute spricht.

Bislang war der Adressat all dieser Anzeigen am Ende die Polizei. Das hat die Bundesregierung unter Federführung von Finanzminister Wolfgang Schäuble jetzt geändert. Nach dem neuen Gesetz gegen Geldwäsche[25] geht diese Aufgabe in die Ägide des Zolls über. Der Zoll ist bislang vor allem für die Bekämpfung von Schwarzarbeit und Schattenwirtschaft, also zwar auch mit der Verfolgung von Banden- und Drogenkriminalität betraut. Bereiche wie die Terrorfinanzierung und auch sämtliche Staatsschutzaufgaben sind dem Zoll aber fremd. Trotzdem sollen sämtliche Geldwäscheanzeigen laut dem neuen Gesetz von einer neuen »Zentralstelle für Finanztransaktionsuntersuchungen« entgegengenommen werden. Sebastian Fiedler vom Bund Deutscher Kriminalbeamter kritisiert, hier entstehe »eine Sicherheitslücke in der Terrorbekämpfung«.[26] Denn die Geldwäsche spiele nicht nur für die organisierte Kriminalität eine Rolle, sondern auch für die Terrorfinanzierung. Deren Bekämpfung sei Kernaufgabe des Bundeskriminalamts (BKA). Die Behörde verfüge über internationale Kontakte. Und im Inland sei bislang der polizeiliche Staatsschutz von BKA und Landeskriminalämter damit befasst. »Auf diese Kompetenzen droht man jetzt zu verzichten«, befürchtet Fiedler. Vor dem Finanzausschuss des Bundestags kritisiert er, dass das neue Gesetz nur die Stellen im BKA mit einbezogen habe, nicht aber die in den Landeskriminalämtern, wo bislang alle Geldwäscheanzeigen eingingen. Dort gebe es heute 300 Beamte, die die mittlerweile 40 000 Geldwäsche-Verdachtsmeldungen zu bearbeiten hätten.[27] Schon die jetzigen Zustände in den Polizeibehörden bei der Geldwäschebekämpfung beschrieb Fiedler in alarmierender Weise: »Wir haben dort teilweise Meldungen liegen, die in der Abarbeitung die Kolleginnen und Kollegen in einen Zustand versetzen, der sie nahe an den Rand der Strafvereitlung im Amt führt.« Nur zum Vergleich: Die neue Geldwäschebekämpfung soll 2017 mit ganzen 50 Beamten starten und am Ende 165 beschäftigen – im Unterschied zu heute 300 gut ausgebildeten, erfahrenen Polizisten.[28] Polizisten, die zum Beispiel nur ihre Kollegen in der Staatsschutzabteilung anzurufen brauchen, um sich über das Umfeld eines Salafisten zu informieren.

Die folgende Geschichte über einen Ermittlungserfolg, der vor allem präventiv wirkte, verdeutlicht, warum die Themen Geldwäschebekämpfung und Terrorfinanzierung in den Händen der Polizei eigentlich gut aufgehoben sind.[29]

LKA-Intervention verhinderte ein salafistisches Zentrum

Alles hatte mit einem sehr harmlos aussehenden Immobiliengeschäft begonnen. Für 1,07 Millionen Euro kaufte die Firma EMC-Immobilien einen Zweckbau inklusive einer Halle, Wohn- und Büroräumen in der Daimlerstraße 16 mitten im Gewerbegebiet von Fellbach-Oeffingen. Noch ahnte niemand etwas Böses, zumal die Käufer ohne Kreditfinanzierung zahlten. Bald jedoch erhielt der damalige Oberbürgermeister Christoph Palm Besuch von einem Beamten des Landeskriminalamts aus Stuttgart, der ihn auf den islamistischen Hintergrund des Käufers aufmerksam machte. Die Käufer planten ein islamisches Zentrum mit Moschee und Schulungsräumen, und zwar eines der größten in Deutschland. Die drei Gesellschafter der EMC-Immobilien GmbH hatten einen kuwaitischen Hintergrund.[30] Die Ermittler des Landeskriminalamts kamen zu dem Ergebnis, dass der Grundstückskauf zum Teil vom kuwaitischen »Ministerium für religiöse Stiftungen und islamische Angelegenheiten« finanziert worden sei.[31] Nachdem die Sache ruchbar wurde, setzte sich der Bauausschuss des 7000-Seelen-Städtchens zusammen und beschloss, den Bebauungsplan zu ändern. Religiöse Versammlungen sollten in diesem Teil des Gewerbegebietes künftig untersagt sein. Die EMC-Immobilien GmbH gab auf. Hinter der Firma EMC soll nach Erkenntnissen des polizeilichen Staatsschutzes in Stuttgart auch die Wohlfahrtsorganisation Revival of Islamic Heritage Society (RIHS) aus Kuwait stehen.[32] Diese Organisation wird seit 2008 auf der US-Liste von Terrororganisationen geführt, weil sie al-Qaida und assoziierte Terrorgruppen in Südostasien unterstützt haben soll.[33] Die Botschaft des Emirates Kuwait habe ich nach all diesen Vorwürfen befragt, allerdings nie eine Antwort erhalten.

Kuwait

Das Handelsvolumen mit dem kleinen Emirat Kuwait beträgt 1,43 Milliarden Euro – darunter sind deutsche Exporte im Wert von 1,40 Milliarden Euro. Deutschland liefert Kraftfahrzeuge, Maschinen, Kraftwerke, elektrotechnische und chemische Produkte nach Kuwait. Kuwait hält Anteile an namhaften deutschen Unternehmen. In Kuwait sind unter anderen die deutschen Firmen Delivery Hero[34], DHL[35], SAP[36], Siemens[37], Thyssenkrupp[38] engagiert.

Die angebliche Wohlfahrtsorganisation geht mit ihrem Deutschland-Engagement mehr als mutig vor. Denn in den USA ist sie seit 2008 wegen der Finanzierung von al-Qaida gelistet und mit ihr mehr als hundert assoziierte Organisationen weltweit.[39] Bereits 2002 waren die RIHS-Büros in Pakistan und Afghanistan auf die Terrorsanktionsliste gesetzt worden. Die Organisation habe sogar direkt für Terroranschläge gespendet, heißt es in der Sanktionserklärung. Stuart Levey, Vizedirektor für Terrorismus und Finanzaufklärung, sagte, man habe es sich beim Einfrieren und Einzug von Vermögen einer Wohlfahrtsorganisation nicht leicht mit der Entscheidung gemacht, schließlich wolle man nicht notwendige humanitäre Hilfe blockieren. Die Listung auf den offiziellen Sanktionslisten habe aber gezeigt, dass die »RIHS die Wohlfahrt und humanitäre Hilfe nur benutzt habe, um ihre terroristischen Aktivitäten zu vertuschen und unschuldige Zivilisten in oft armen und unterentwickelten Regionen zu verletzen«.

Mit seiner Intervention in Fellbach-Oeffingen hat das LKA in Stuttgart also möglicherweise verhindert, dass eine weltweit operierende und als Terrorfinanzier gelistete Organisation auch in Deutschland eine Filiale aufmachen konnte. Dabei ist den Ermittlern vom LKA ein seltener Coup gelungen, indem sie herausfanden, wer die wirtschaftlich Berechtigten hinter den Firmen waren. Ebenso konnten sie auf polizeiliches Vorwissen zurückgreifen, als sie den salafistischen Hintergrund des Geschäftsführers der angeblichen Immobilienfirma herausfanden. Zollbeamte wiederum hätten den Fall zur Prüfung salafistischer Bezüge erst einmal dem Staatsschutz übersenden müssen, wenn sie überhaupt auf diesen Link gestoßen wären.

Finanzermittlungen gegen Islamisten fallen aus

Die Verfolgung und Aufdeckung von Steuerhinterziehung, also der Sekundärkriminalität, könnte dem Staat bei der Bekämpfung der Primärkriminalität, das heißt der Terror- oder Extremismusfinanzierung, helfen. Für diese Strategie wurde in den USA die Metapher »Al-Capone-Prinzip« erfunden. Denn Al Capone konnte nie wegen Mordes oder anderer Kapitalverbrechen verurteilt werden, wohl aber wegen Steuerhinterziehung. Doch der Staat weiß nicht, welche Summen aus dem Ausland in islamistische Moscheeverbände und -vereine gepumpt werden. Anders verhält es sich mit den Einnahmequellen von Moscheevereinen aus dem Inland. Hier verfügen Verfassungsschutzbehörden immerhin über ein vages Wissen. Beim Bundesamt für Verfassungsschutz teilte man mir mit, dass islamistische Moscheen häufig Einnahmen aus Eintrittsgebühren für Islamseminare sowie aus Bekleidungsshops generierten.[40] Und immer werden Bargeldspenden eingenommen. Bei all den Schwierigkeiten, die Finanzströme problematischer Vereine aufzuklären, könnte vielleicht das Finanzamt mithelfen. Denn alle gewerblichen Aktivitäten könnten immerhin durch Prüfer des Finanzamts erhellt werden. Bereits eine Betriebsprüfung würde die Extremisten zumindest verunsichern und könnte am Ende dazu geeignet sein, ihre Finanzströme zu stören. Hierzu bräuchte es eines Auskunftsersuchens der Polizei bei dem für den Verein zuständigen Finanzamt. Der Finanzbeamte ist aber nur unter strengen Voraussetzungen vom Steuergeheimnis entbunden und darf die Informationen dann an die Polizei weiterreichen: Die Abgabenordnung verlangt dafür ein »zwingendes öffentliches Interesse«. Eine sehr hohe rechtliche Hürde. So ist die Weitergabe der Finanzamtserkenntnisse in Fällen erlaubt, in denen »Verbrechen und vorsätzliche schwere Vergehen gegen Leib und Leben oder gegen den Staat und seine Einrichtungen verfolgt werden oder verfolgt werden sollen«.[41] Es muss also ein dringender Verdacht auf schwerwiegende Straftaten vorliegen. Zu einer präventiven Aufklärung der Finanzierung eines salafistischen Vereins, um eventuell Terrorfinanzierung aufzudecken, genügt das nicht.

Das entscheidende Problem liegt zudem bei den Finanzämtern selbst: Zwar können Finanzämter auch Vereine aktiv prüfen. Allerdings geht es hier um Organisationen, die per Satzung keinen Gewinn machen dürfen. Für das Finanzamt heißt das zunächst, dass es grundsätzlich kein Interesse an einer Prüfung haben kann: Denn trotz hohen Aufwands sind keine »Mehrergebnisse« zu erwarten. So nennen die Steuerprüfer das, was nach Abschluss einer Prüfung an Steuernachzahlungen zu erwarten ist. Der Vorsteher eines Finanzamts würde ein solches Ansinnen also schon aus Personalmangel für die größeren Steuervermeidungs- und -hinterziehungsfälle im Normalfall ablehnen, denn der konkrete Personaleinsatz von Finanzämtern wird in ganz Deutschland an den zu erwartenden Mehrergebnissen ausgerichtet. Auch Finanzämter sollen wirtschaftlich denken und arbeiten. Wenn islamistische Moscheevereine vereinnahmtes Geld in dunkle Kanäle fließen ließen, wurde das über Verdachtsanzeigen von Banken bislang stets den Geldwäschebekämpfern eines Landeskriminalamtes bekannt. Finanzämter sind bei Verdacht auf Geldwäsche verpflichtet, dies den Polizeibehörden mitzuteilen. Aber Anzeigen ins Blaue hinein reichen nicht. Es müssen konkrete Verdachtsmomente für Geldwäsche vorliegen. Praktisch ist das so gut wie nie der Fall.

Blicken wir auf den Fall mutmaßlicher Zahlungen durch Verantwortliche und Mitglieder der Berliner Moschee Fussilet 33 zugunsten der syrischen Dschihadistengruppe Junud al-Sham. Diese Zahlungen wurden auch durch Verdachtsanzeigen einer Reisebank dem Staatsschutz bekannt.[42] Wären zuerst Finanzbeamte auf den Sachverhalt dieser Zahlungen gestoßen, hätten sie den Staatsschutz nur bei Verdacht einer Straftat informieren dürfen, weil der Verein vom Steuergeheimnis geschützt ist. Eine Strategie nach dem »Al-Capone-Prinzip« zur Eindämmung der Extremismusfinanzierung muss also in Deutschland mangels Personal und der sehr engen Grenzen, die das Steuergeheimnis setzt, ausfallen – wenngleich sie ein effizientes Vorgehen gegen extremistische Finanzstrukturen sein könnte.

Geldwäscheermittlungen via YouTube

Finanzermittlungen wären in manchen Fällen ganz einfach. Nehmen wir den in Deutschland nicht sonderlich bekannten salafistischen Prediger Tarik ibn Ali. Der Belgier mit dem bürgerlichen Namen Tarik Chadlioui hält gern Vorträge und reist quer durch Europa, und ab und an verschlägt es ihn auch nach Deutschland, insbesondere ins Rhein-Main-Gebiet. Nach Recherchen von Sigrid Herrmann-Marschall war er in der Abu-Bakr-Moschee in Frankfurt-Hausen, im Marokkanischen Kulturzentrum Offenbach und in der marokkanischen Gemeinde in Dietzenbach.[43] Der Wanderprediger scheint bei seinen Gastspielen jede Menge Spenden zu sammeln. Klickt man Tarik ibn Alis YouTube-Kanal an und gibt das Wort »Euro« in die Suchmaske ein,[44] erscheinen Videos mitsamt den Orten, an denen Ibn Ali predigte sowie Summen, die dabei zustande kamen. In Utrecht sollen es 80 000 Euro gewesen sein, in Huizen 80 000 Euro, im spanischen Girona 10 000 Euro, in Oslo 90 000 Euro, in Rotterdam 172 000 Euro, in Gouda 300 000 Euro. Im hessischen Dietzenbach soll er es einmal auf 91 000 Euro gebracht haben.

In einem Dossier schreibt der US-amerikanische Dschihad-Analyst Ronald Sandee, Tarik ibn Ali sei einer der wichtigsten salafistischen Spendensammler in Europa. Allein 2013 soll er etwa 1 Million Euro eingesammelt haben, wobei das Geld für Moscheebauten in Europa und sogenannte Hilfsorganisationen in Syrien ausgegeben wird, die im Verdacht stehen, Dschihadisten zu finanzieren.[45] Die *Daily Mail* berichtet, Omar Mostefei, der Attentäter, der sich im Pariser Theater Bataclan in die Luft sprengte, habe sich auch durch die dschihadistischen Predigten von Tarik ibn Ali radikalisiert, der zugleich Beziehungen zu der belgischen Salafistengruppe »Sharia4Belgium« hatte.[46] Zahlt man irgendwo mehr als 9999 Euro in bar ein, sind Banken, Läden oder Händler eigentlich verpflichtet, sich zu versichern, dass keine Geldwäsche vorliegt. Gibt es Ermittler, die im Netz nach Spendengalas, Gastprediger-auftritten und Islamseminaren unter dem Aspekt suchen, wie viel Geld hier generiert wird? Der Geldwäscheexperte Andreas Frank will sich mit dem Argument der Personalknappheit nicht zufriedengeben. Er hofft, dass irgendwann die Politik und die Verwaltungsbehörden einsehen, dass organisierte Kriminalität und Terrorismus sich nicht auseinanderdenken lassen: »Überall geht es ums Geld, und wenn ich das Geld konfiszieren und Vermögen einfrieren kann, macht es diesen Leuten keinen Spaß mehr.«. Schließlich gehe es auch terroristischen Organisationen in erster Linie um Macht und Einfluss, erst in zweiter Linie vielleicht um Religion. »Wenn ich die Leute wirklich daran hindern will, in Europa und

Deutschland Anschläge zu begehen, dann muss ich sie beim Geld fassen.« Ende Juni 2017 wurde der Prediger Tarik ibn Ali alias Tarik Chadlioui in Birmingham festgenommen. Spanische Sicherheitsbehörden hatten um die Festnahme des häufig auf Mallorca weilenden Predigers ersucht. Er und einige Mitbeschuldigte in Spanien und Deutschland werden verdächtigt, einer terroristischen Unterstützerzelle anzugehören: Ibn Ali habe mit Hilfe seiner YouTube-Videos Kämpfer für den sogenannten Islamischen Staat rekrutiert und als geistlicher Führer fungiert.[47]

Islamismus-Export aus reichen Scharia-Staaten

Die verdeckte Finanzierung radikaler Moscheevereine

Mitten in der deutschen Hauptstadt prallen manchmal Welten aufeinander. Welten, die jahrzehntelang friedlich miteinander gelebt haben. Eine Schülergruppe weilt vor dem Nachbau des Vernichtungslagers Auschwitz im Berliner Deutschen Historischen Museum. Viele Schülerinnen tragen Kopftücher, die meisten in der Klasse sind arabischstämmige deutsche Kinder. Bei dem Nachbau handelt es sich nicht um ein einfaches Holzmodell. Bereits kurz nach Kriegsende hat der polnische Bildhauer Mieczysław Stobierski ein filigranes Panorama des Grauens in Holz gearbeitet: Frauen, Männer und Kinder zusammengepfercht auf dem Weg zur Rampe. Daneben SS-Männer mit Schäferhunden. Die Schülerinnen beginnen plötzlich zu klatschen. Einige lachen und halten ihre Handys hoch. Die Displays zeigen Adolf Hitler. Ihre Lehrerin fühlt sich wie gelähmt. Sie blickt ein Mädchen an und fragt, warum sie das tue. Das Mädchen sagt:»Der hat wenigstens so viele Juden wie möglich umgebracht.«

Die Episode entstammt einem Gespräch mit einer Lehrerin, die anonym bleiben möchte.[1] Sie lehrt an einer Schule im Einzugsbereich gleich mehrerer radikaler Moscheen und fürchtet den Hass der arabischstämmigen Eltern. Sie erinnert sich, dass sie einmal Drohungen eines Vaters erhielt, weil sie einer achtjährigen Schülerin, die gerade das Kopftuch angelegt hatte, gesagt hatte, sie habe doch so schönes Haar.

Oft sagt das gelebte Leben mehr über den Islamismus aus als irgendwelche Bekenntnisse im Internet. Das weiß auch der Psychologe und Islamismusexperte Ahmad Mansour. Er kommt viel herum in Deutschland, besucht Schulen und Einrichtungen, hält Seminare mit jungen Menschen ab. Die Alltagsradikalisierung von Kindern und Jugendlichen sei in Deutschland ein »flächendeckendes Problem«, das leider von vielen Teilen der Politik ignoriert werde.[2] Den Eindruck teilt auch Michael Rump-Räuber. Er ist Referent im Landesinstitut für Schule und Medien in Berlin-Brandenburg und bildet Lehrkräfte in der Auseinandersetzung mit Antisemitismus und Salafismus fort. »Das hat in den vergangenen Jahren ganz klar zugenommen«, sagt Rump-Räuber.

Jugendliche und auch Kinder radikalisieren sich nicht ausschließlich in der Familie, sondern häufig außerhalb. Auch nicht zwangsläufig im Internet. Anlaufpunkte bieten immer häufiger Moscheevereine unterschiedlichster Couleur. Allerdings sollte hier deutlich zwischen eher liberalen, sehr konservativen und jenen der Muslimbruderschaft oder der Salafisten unterschieden werden. Aber was sind das für Moscheen, die in Deutschland islamistisches Gedankengut verbreiten? Und wer bezahlt diese?

Mindestens 700 islamistische Moscheevereine in Deutschland

In Deutschland gibt es mittlerweile etwa 2700 Moscheen.[3] Die meisten gehören den großen Islamverbänden an, andere sind unabhängig. Der Religionspädagoge Abdel-Hakim Ourghi, Leiter der Islamischen Theologie an der Pädagogischen Hochschule Freiburg, schätzt, dass die großen Islamverbände gerade einmal 15 Prozent der deutschen Muslime vertreten.[4] Die übergroße Mehrheit der Muslime lebt also nicht religiös und lehnt Gewalt als Mittel der Religion ab. Und auch unter den praktizierenden Muslimen stellen potentielle Gewalttäter eine kleine Minderheit, die allerdings wächst. Der Verfassungsschutz geht von etwa 100 salafistischen Moscheevereinen und Gruppen aus, die unter direkter geheimdienstlicher Beobachtung stehen.[5] Dem islamistischen Spektrum zuzurechnen sind allerdings weit mehr Moscheevereine, die zwar nicht alle ständig beobachtet werden, aber deren Dachverbände als gegen die freiheitlich-demokratische Grundordnung gerichtet angesehen werden. Das heißt übrigens nicht, dass sie in ihrer Ablehnung der westlichen Grundordnung Gewalt für legitim erachten. Rechnet man also die nach eigenen Angaben 323 Moscheen der Islamischen Gemeinschaft Millî Görüş,[6] 300 Vereine, die dem »Verband Islamischer Kulturzentren« angehören[7] und die Zentren, die die Islamische Gemeinschaft in Deutschland in insgesamt acht großen Städten unterhält, hinzu, kann man von insgesamt mindestens 700 islamistischen Moscheen in Deutschland sprechen. In dieser Schätzung sind allerdings viele bosnische, albanische, tschetschenische oder die unabhängigen arabischsprachigen »Hinterhofmoscheen« noch nicht enthalten. Das Bundesamt für Verfassungsschutz schätzt die Zahl der Islamisten in Deutschland insgesamt auf 24 400 Personen.[8]

Vertraulicher Geheimdienstbericht: »Langfristig angelegte Strategie der Missionierung«

Die Verfassungsschutzbehörden in Deutschland beobachten zwar die politische Ausrichtung islamistischer Moscheen, sie wissen jedoch nicht genau, auf welchem Weg sie finanziert werden. Erst bei einer Sitzung des Gemeinsamen Terrorabwehrzentrums von Bund und Ländern GTAZ am 04. November 2015 beschloss dieses Gremium »vor dem Hintergrund der sogenannten Flüchtlingskrise«, die »Missionierungsaktivitäten« intensiver zu beobachten. Wie aus einem vertraulichen Geheimdienstbericht hervorgeht,[9] sollte der Bundesnachrichtendienst Informationen über ausländische Geldgeber sammeln, während das Bundesamt für Verfassungsschutz die innerdeutschen Aktivitäten beobachten sollte. In einer ersten Zwischenbilanz kamen die Dienste zu einem besorgniserregenden Befund: »Die arabischen Missionierungsorganisationen« stammen demnach überwiegend aus Kuwait, Katar und Saudi-Arabien. Sie hätten »offiziell den Status von Nichtregierungsorganisationen, sind jedoch vielfach eng mit den staatlichen Stellen ihrer Herkunftsländer verbunden«.

Die Erkenntnisse der deutschen Geheimdienste widersprechen damit sehr deutlich den häufig gebrauchten Äußerungen von Golfstaaten, bei Spenden für extremistische Gruppen in Europa handle es sich um die von Privatleuten. Brisant an der Expertise ist die Tatsache, dass erstmals sogenannte Wohltätigkeitsorganisationen namentlich benannt werden, und zwar die Sheikh Eid bin Mohammed al-Thani Charity aus Katar, die einflussreiche Muslim World League aus Saudi-Arabien und die Revival of Islamic Heritage Society aus Kuwait. Obgleich diese Organisationen sehr unterschiedliche Interessen ihrer sunnitischen Herkunftsländer vertreten, gehen sie dem Report zufolge in ihren Zielen auch gemeinsam vor: »Sie verfolgen eine langfristig angelegte Strategie der Einflussnahme.« Ihr Ziel sind vor allem in Deutschland lebende Muslime, aber auch Nichtmuslime, die missioniert werden sollen: »In der Gesamtschau zeigt sich, dass die weltweite salafistische Missionierung von Nichtmuslimen und die ›Rechtleitung‹ von vermeintlich ›fehlgeleiteten‹ Muslimen im Sinne des Salafismus – gerade in Europa – für die genannten Golfstaaten zum religiösen und politischen Selbstverständnis gehören.« Eine gezielte Unterstützung gewaltbereiter Salafisten sei in Europa allerdings nicht erkennbar, weil die Akteure vermieden, »allzu offensichtlich mit der salafistischen Ideologie – geschweige denn – mit Dschihadismus – in Verbindung gebracht zu werden«. Die Akteure seien sich sehr bewusst, dass sie von Nachrichtendiensten beobachtet würden. In jedem Fall, so schließt der Bericht, sei davon auszugehen, dass die Missionierungsorganisationen versuchten, ihre Aktivitäten in Europa und Deutschland »weiter auszubauen«.

Ich habe allen in dem Bericht und anderswo genannten Wohltätigkeitsorganisationen umfangreiche Anfragen geschickt. Ich wollte wissen, in welcher Höhe sie welche Islamverbände und welche Moscheeprojekte in Deutschland finanziell unterstützen. Neben den bereits erwähnten Organisationen fragte ich auch die in Katar ansässige Qatar Charity an, die beträchtliche Spendengelder einsammelt. Ein Versuch, mit der Stiftung vor Ort in Doha ins Gespräch zu kommen, schlug leider fehl, ebenso wie mit der Sheikh Eid bin Mohammad al-Thani Charitable Foundation. Auch die zur Muslimbruderschaft zählende International Union of Muslim Scholars in Doha fragte ich an. Auf alle meine Fragen wurde mit Schweigen geantwortet. Bekannt sind einige globale Zahlen: Zum Beispiel hat Saudi-Arabien allein in nicht islamischen Staaten zwischen 1973 und 2002 weltweit rund 80 Milliarden Dollar in islamische Schulen, Moscheen und Zentren investiert.[10] Die Finanzierung des islamischen Extremismus in Deutschland aus reichen Golfstaaten ist eine Blackbox. Nur selten gelingt es, den kompletten Geldstrom verfolgen zu können. Bei der Berliner Al-Nur-Moschee ist das gelungen. Zugleich lässt sich an ihrem Beispiel gut nachvollziehen, welche Auswirkungen salafistische Moscheen auf ihre Umwelt haben können.

Gute Noten für »Juden töten«

Ein Lehrer aus Neukölln berichtete Anfang 2016, eine Schülerin habe ihm im regulären Unterricht von ihrer Koranschule am Wochenende erzählt.[11] Sie habe dort eine besonders gute Note erhalten, nachdem sie gesagt habe, was sie später einmal machen wolle: »Ich will so viele Juden töten wie möglich.« Der Lehrer fragte sich durch und traf auf den Koranlehrer, einen hageren jungen Mann, einen Studenten der Technischen Fachhochschule. »Der ist darauf gar nicht eingegangen, hat es als ›Phantasie‹ abgeblockt«, erinnert er sich. Der Pädagoge versuchte es nun auf eine andere Weise: »Ich habe ihn dann gefragt, ob er sich vorstellen könne, auch die deutsche Geschichte und die Judenverfolgung zu behandeln.« Der Mann antwortete: »Ja, aber nur wenn dabei kein Jude hierherkommt.« Der Lehrer sah sich in dem Moscheeverein um und hatte den Eindruck: »Die Kinder und Jugendlichen sind das ganze Wochenende da, schlafen zum Teil dort, das sieht ganz nach Indoktrination aus. Die lehren die Buchstabenreligion Islam.« Und sogar an einen Raum für Kampfsport erinnert er sich. Trotzdem wollte der Lehrer die Angelegenheit nicht auf sich beruhen lassen. Als er wenige Wochen später den Mann wieder zu kontaktieren versuchte, war er angeblich dort nicht mehr tätig. »Es ist im Sande verlaufen.«

Salafistische Koranschule für Kinder in Berlin dank saudischer Hilfe

Es ist allgemein bekannt, dass sich die inhaltliche Auslegung des Korans an der generellen Ausrichtung der Moschee orientiert. Im nachfolgenden Fall handelt es sich um einen wichtigen Treffpunkt für Salafisten, der immer wieder öffentlich für Skandale um extremistische Predigten sorgte und sogar Deutschlands bekanntesten IS-Terroristen, Denis Cuspert, maßgeblich beeinflusst haben soll.

Die Moschee gäbe es vermutlich nicht ohne die tatkräftige finanzielle Hilfe aus Saudi-Arabien. Im Kaufvertrag vom 19. 12. 2000 über den Erwerb des ehemaligen Industrieareals an der Haberstraße 3 in Berlin-Neukölln tritt als Käufer ein Mann namens Dr. Kamal Rafehi als Treuhänder des echten Käufers auf: »Aqeel A. al-Aqeel, geb.29.04.1949 in Riyadh, Wohnsitz Riyadh«.[12] Es handelte sich um den damaligen Direktor der saudischen Islamischen Stiftung Al Haramain, die 2008 wegen Unterstützung für al-Qaida geschlossen wurde. Sie sorgte am Ende dafür, dass genügend Startkapital für die über viele Jahrzehnte einflussreichste salafistische Moschee der deutschen Hauptstadt zur Verfügung stand. Auch der für Religionsfragen in der saudischen Botschaft in Berlin zuständige Beamte war beteiligt, als es darum ging, dem salafistischen Verein auf die Beine zu verhelfen.

Der Käufer des Grundstücks der Al-Nur-Moschee und damalige Direktor der Stiftung: Aqeel Abdulaziz al-Aqeel. Aqeel A. stand bis 2015 auf den internationalen Terrorsanktionslisten. In den jahrelang geheim gehaltenen Papieren, den sogenannten 28 Seiten aus dem offiziellen 9/11-Untersuchungsbericht heißt es über die Stiftung: »Die CIA, das Finanzministerium und FBI-Offizielle sind besorgt über die Beziehungen der Stiftung Al Haramain zur saudischen Regierung sowie ihre Verwicklung in terroristische Aktivitäten.«[13] Für internationale Sicherheitsbehörden gehört al-Aqeel zu den Mitverantwortlichen für die Anschläge von al-Qaida vom 11. September 2001. Wie die Anschläge in Madrid und London handelte es sich um über Monate geplante, hochkomplexe Anschläge – verübt vom Terrornetzwerk al-Qaida. Der saudische Terrorchef Osama bin Laden investierte Millionen Dollar in den tausendfachen Mord an unschuldigen Menschen. Zu den Finanziers gehörte auch al-Aqeels religiöse Stiftung mit ihren Filialen zum Beispiel in den USA, in Somalia, aber auch in Bosnien. Bis heute gehört al-Aqeel ein Grundstück mitten in Berlin. Die Mieter geben an, ihre Miete an den Moscheeverein von Al Nur zu überweisen.

Jedenfalls gelang es dank der saudischen Hilfe, eine dauerhafte Stätte der radikal-islamischen Indoktrination in der deutschen Hauptstadt zu etablieren, die allerdings immer wieder auch für öffentliche Schlagzeilen sorgte: 2014 trat hier der aus Dänemark angereiste Gast-Imam Abdallah Khalid Ismail, auch »Abu Bilal« genannt, auf und predigte unter anderem: »O Gott, übernimm die Angelegenheit der zionistischen Juden, denn sie werden sich DIR nicht entziehen! Verringere ihre Zahl und töte sie, einen nach dem anderen! Und verschone niemanden von ihnen!«[14] Wegen Volksverhetzung wurde der Imam in Berlin zu einer Geldstrafe von 1800 Euro verurteilt.

2015 vertrat der ägyptische Gastprediger Abdel Moez al-Eila die Ansicht, eine Ehefrau dürfe nur nach Einwilligung des Mannes das

Haus verlassen und einen Job nur annehmen, wenn der Mann zustimme: »Sie sollte im Haus bleiben und ihre Zeit und ihre Mühen der Pflege ihrer Kinder und ihres Mannes widmen. Sie sollte kochen, den Boden wischen, aufräumen und sich um ihren Mann, die Söhne und die Töchter kümmern.« Bevor man diesen Imam kritisiert, sollte man sich jedoch kurz vor Augen führen, dass diese uns heute obsolet anmutende Forderung auch der deutschen Realität bis 1977 entsprach, als Frauen ebenfalls ihre Männer um Erlaubnis fragen mussten, um einer Arbeit nachzugehen. Wirklich menschenverachtend waren jedoch die Äußerungen des Imams zum Sex in der Ehe. Der Mann habe ein Verfügungsrecht über den Körper seiner Frau, auch wenn diese den Geschlechtsverkehr verweigere.[15] Wegen dieser Legitimierung von Vergewaltigung hagelte es wieder Strafanzeigen. Der ägyptische Gast-Imam darf fortan nicht mehr in der Al-Nur-Moschee auftreten.

Denis Cuspert alias Abu Talha al-Almani ist einer der bekanntesten deutschen Dschihadisten, der Deutschland öffentlich in einer Videobotschaft mit Anschlägen droht; er hatte laut den Verfassungsschutzbehörden »bereits 2010 einen engen Bezug« zur Al-Nur-Moschee.[16] Zwar prüft die Berliner Senatsinnenverwaltung seit Jahren, ein Vereinsverbotsverfahren gegen den Moscheeverein anzustrengen, doch bislang genügten den Juristen der Behörde die Vorkommnisse offenbar nicht für ein Verbot. Und so ist diese Moschee mit gut tausend Besuchern bei Freitagsgebeten und regelmäßigen »deutschsprachigen Islamseminaren« auch für Kinder und Jugendliche in den Augen von Verfassungsschützern in Berlin seit Jahren eine ständige Quelle der Radikalisierung. Der Moscheeverein betreibt für die Ferienzeiten auch eine eigene Freizeitstätte. Manch einem Lehrer in der Umgebung der Moschee wäre es jedoch lieber, wenn diese »Freizeitgestaltung« wegfiele und die Kinder stattdessen an weltlich geprägten Freizeiten des Staates teilnähmmen. Nur an denen mangelt es leider.

Behörden schweigen über Steuerprivilegien

In der deutschen Hauptstadt, die in Sicherheitsbehörden als einer der wichtigen Hotspots des Islamismus gilt, hat seit erstaunlich vielen Jahren niemand aus dem Parlament mehr nachgefragt, welche Steuerprivilegien oder sonstige Finanzhilfen islamistische Moscheevereine erhalten. Der ehemalige migrationspolitische Sprecher der Linksfraktion im Berliner Abgeordnetenhaus Giyasettin Sayan wollte 2007 wissen, welche Informationen den Behörden über die Lehrinhalte an bestimmten radikalen Koranschulen und ihre Finanzierung vorliegen.[17] Es ging ihm um den Verband der Islamischen Kulturzentren in Berlin. Die Antwort, die Sayan damals erhielt, ist gleichermaßen ernüchternd wie besorgniserregend:»Sogenannte Koranschulen unterliegen trotz der Bezeichnung als ›Schule‹ keiner staatlichen Aufsicht, da sie weder Einrichtungen nach § 6 Abs. 1 noch nach § 104 Schulgesetz sind.« Der Abgeordnete wollte wenigstens erfahren, ob die zweifelhaften Aktivitäten dieses Vereins als gemeinnützig anerkannt sind und er insoweit von der Steuer befreit sei. Die Antwort lautete:»Informationen darüber können nicht mitgeteilt werden, da diese durch das Steuergeheimnis […] geschützt sind und damit eine Offenbarung nicht zulässig ist.« Die Behörde verweise damit auf den Umstand, dass nach dem Gesetz Vereine in Deutschland vollkommen intransparent sind – egal, ob es sich um den Deutschen Fußball-Bund oder einen islamistischen Verein handelt. In diesem und vielen anderen Fällen bedeutet das: Islamistische Vereine werden mit Steuerprivilegien ausgestattet, für die jeder Steuerzahler in Deutschland am Ende mit aufkommen muss.

Die Folgen dieser Politik des Wegschauens bekommen die zu spüren, die von Berufs wegen hinschauen sollten. Ich besuchte eine Grundschule im Nahbereich einer fundamentalistischen Moscheegemeinde. Eine Lehrerin, die bereit war, über ihre Erfahrungen zu berichten, möchte aus Sicherheitsgründen anonym bleiben und bat darum, sogar die Stadt nicht zu nennen.[18] Der Pädagogin erzählte kürzlich eine Zehnjährige, sie habe am Wochenende »gruselige Filme« in der Koranschule gesehen. Auf Nachfrage berichtete sie der Lehrerin von Enthauptungen. Die Lehrerin ist seit Jahrzehnten in der gleichen Stadt beschäftigt und stellt seit einiger Zeit gravierende Veränderungen fest. Die meisten seien alltäglicher Natur. Gebetszeiten würden eingefordert, und das Grillen bei Klassenfesten habe sie ganz abgesagt, weil immer wieder Forderungen kamen, auf einem Grill dürfe niemals zuvor Schweinefleisch gelegen haben. Die Pädagogin hat sich darauf nicht eingelassen, weil sie glaubt, dass ein solches Entgegenkommen falsche Signale an ohnehin fundamentalistische Eltern und Kinder sendet. Aus ihrer Sicht ist die Atmosphäre zwischen Kindern, Eltern und Lehrern angespannt. Vor wenigen Jahren noch habe man kaum Kopftücher in der Grundschule gesehen – jetzt fange das sogar schon bei den Sechsjährigen an. »Im Sport weigern sich Kinder, zu duschen. Da ist eine große Körperfeindlichkeit. Vor dem nackten Apoll im Museum drehen sie sich angeekelt weg.« Manchmal sind aber sogar die Eltern der Kinder negativ überrascht, weil sie selbst einen gemäßigten, nicht strengen Islam leben und nun zusehen, wie ihre Kinder im Sinne eines buchstabengetreuen, konservativen Islam ausgebildet werden. Aber diese Eltern reden nicht mit den Lehrerinnen und Lehrern. »Der Druck der Community ist zu groß«, sagt die Lehrerin. Und so kommt es, dass mittelalterliche Vorstellungen vorherrschen: Die Kinder erleben ein Gottesbild, das vor allem von Angst vor der Hölle geprägt ist. Sie erleben ein Familienbild, das schon zwölfjährige Mädchen dazu bewege, stolz zu erzählen, dass sie im Sommerurlaub in der Türkei oder dem Libanon »ihren Mann« kennengelernt hätten. »Sie kommen aus den Ferien zurück und erzählen von ihrem Cousin, den sie bald heiraten werden«, so die Lehrerin. Das seien Einser-Schülerinnen, die aber von einem Leben als Hausfrau und Mutter träumten.

Meistens werden solche Erfahrungen im öffentlichen Diskurs kleingeredet. Manchmal stellen Abgeordnete aber auch die richtigen Fragen und ernten spannende Antworten. So wollte die FDP im niedersächsischen Landtag Genaueres über die Koranschulen wissen und erhielt folgende offizielle wie alarmierende Antwort: »Dem niedersächsischen Verfassungsschutz liegen Erkenntnisse vor, dass ein Großteil der salafistischen Beobachtungsobjekte in Niedersachsen Koran- und Islamunterricht für Kinder anbietet. Die Unterrichtsangebote können dabei als Plattform dienen, Kindern salafistisches Gedankengut zu vermitteln.«[19]

Mehr als 10 000 Salafisten in Deutschland

Längst hat das von einigen sehr konservativen oder salafistischen Koranschulen geschaffene gesellschaftliche Klima an einigen Orten Deutschlands nicht mehr viel mit freiwilliger Religionsausübung von Heranwachsenden zu tun. Selbstverständlich werden hier noch keine Dschihadisten erzogen, doch das geschlossene Weltbild dieser Schulen, nachdem die Menschheit in Gläubige und Ungläubige aufzuteilen ist, könne eine Grundlage für eine spätere Radikalisierung bieten, sagt Ahmad Mansour.

Mansour arbeitet als Psychologe in der Beratungsstelle Hayat in Berlin. Er versucht, radikalisierten Jugendlichen beim Ausstieg zu helfen. Über seine Erfahrungen schrieb er das Buch *Generation Allah*. Allein durch seine eigene Biographie ist er ziemlich nah an dem Problem der Radikalisierung, denn er hat sie selbst durchlebt. Er wurde 1976 in einem arabischen Dorf in der Nähe von Tel Aviv geboren und beschreibt seine Familienverhältnisse als sehr patriarchalisch, was auch Gewalt durch den Vater mit eingeschlossen habe.[20] Viel habe man nicht auf seine Meinung gegeben in der Familie, schreibt er, und erst durch seinen Kontakt mit dem örtlichen Imam der Muslimbruderschaft habe sich sein Leben schlagartig geändert. Der Geistliche hatte ihm prophezeit, er sei für Größeres vorgesehen. Er sei plötzlich als Person wahrgenommen worden, man habe ihm zugehört. Auch sah Mansour bewundernd zu, wie ältere Mitglieder der Bruderschaft Unterricht erteilten, Jugendliche anwiesen und zurechtwiesen, die sich auf einmal ungeheuer bedeutend vorkamen. Erst nach einiger Zeit habe er bemerkt, dass auch hier vor allem die Machtausübung über andere im Vordergrund stand. Mit der Zeit nabelte er sich nun von der Gruppe ab. Zu seiner Deradikalisierung trugen dann sein Abitur und die Aufnahme des Studiums an der Universität Tel Aviv bei, das mit allen üblichen Annehmlichkeiten des Lebens verbunden war. Umgeben vor allem von jüdischen Studenten und Professoren, lernte Ahmad Mansour diese sehr zu schätzen. Er verliebte sich, trank Alkohol und ging den Muslimbrüdern an das ganz normale Leben im Westen verloren. Er hat Glück gehabt, nicht in die tödliche Spirale von Hass und Gewalt hineingezogen worden zu sein.

Ahmad Mansours persönliche Geschichte prädestiniert ihn neben seiner mehr als zehnjährigen Tätigkeit als Psychologe in der Radikalisierungsprävention und Deradikalisierung zu einem der versiertesten Experten für Islamismus. Wenn einer wie er sagt, dass die Radikalisierung und konservative Islamisierung neuer Generationen aus bislang säkularen Familien voranschreitet, sollte das die Öffentlichkeit wirklich alarmieren. Denn kaum einer hat durch seine Tätigkeit so viel Einblick in die Auswirkungen deutscher Koranschulen wie Ahmad Mansour.

Die offiziellen Zahlen untermauern seine Beobachtungen. Die Zahl der Salafisten im Jahr 2017 ist erstmals auf mehr als 10 000 gestiegen.[21] Zu Beginn der Zählungen durch den Verfassungsschutz 2011 waren es 3800 gewesen. Zwar gilt unter den Salafisten nur eine Minderheit als gewaltbereit. Doch nach Aussagen des Verfassungsschutzes waren sämtliche aufgeflogenen islamistischen Terrornetzwerke oder Einzelpersonen in Deutschland salafistischer Prägung. Von ihnen sind mindestens 700 in das syrische Kampfgebiet ausgereist. Zwar ist die Zahl der Ausreisen 2017 drastisch zurückgegangen, dafür aber steigt die Sorge bei den Sicherheitsbehörden über Hunderte von Rückkehrern: radikalisierte junge Männer mit Gewalt- und Kampferfahrung.

Wer nicht spendet, landet im Höllenfeuer

Die deutschen Verfassungsschutzbehörden wissen, dass es viele radikale Moscheen in Deutschland ohne die Hilfe islamischer Wohltätigkeitsorganisationen aus dem Ausland gar nicht gäbe.[22] Denn die Menschen, die sie besuchen – Arbeitnehmer und zunehmend Flüchtlinge –, verfügen nicht über Einkommen, die mehr als eine Kleinspende nach dem Freitagsgebet ermöglichen. Was sie spenden, genügt bei weitem nicht für die Deckung der Kosten. Trotzdem erinnern die Imame die Gläubigen in der Freitagspredigt häufig an ihre religiöse Pflicht, die *Zakat* zu spenden.

Der Journalist Constantin Schreiber erlebte bei einer Recherche in der arabischsprachigen Umar-ibn-al-Khattab-Moschee in Berlin-Kreuzberg, wie eindringlich ein Imam um Spenden bittet: »Es gibt niemanden, der Gold oder Silber besitzt und dessen Anteil [in Form der Zakāt] nicht entrichtet, ohne dass ihm am Tag der Auferstehung Platten aus Feuer angefacht werden, die im Höllenfeuer erhitzt werden. Dann werden seine Seite, seine Stirn und sein Rücken mit ihnen gebrandmarkt. All dies wird an einem Tag geschehen, dessen Ausmaß fünfzigtausend Jahre beträgt, bis zwischen den Dienern [den Menschen] gerichtet wird und er [der Mensch] sieht, welchen Weg er nehmen muss: entweder zum Paradies oder zur Hölle.«[23]

Da selbst die ständige Ermahnung nicht genügt, sind die Moscheevereine auf fremde Hilfe angewiesen. Experten weisen in diesem Zusammenhang auf die systematische Ausnutzung sogenannter humanitärer oder religiöser Wohlfahrtsorganisationen für den Extremismus-Export in die westliche Welt hin. Nach einer aktuellen Untersuchung durch die Organisation RAND Europe hat sich wegen der nach 9/11 erhöhten Aufmerksamkeit im Westen für die Terrorfinanzierung durch angebliche Wohltätigkeitsorganisationen, deren Transparenz deutlich verschlechtert.[24] Die Regierungen der betroffenen Länder argumentieren in solchen Fällen schon immer, es handle sich um privatrechtliche Stiftungen, die man nicht vollständig kontrollieren könne. Gerade für die komplett überwachten Golfdiktaturen dürfte es sich hierbei wohl eher um eine ziemlich schlechte Ausrede handeln. Bundesnachrichtendienst und Verfassungsschutz kommen bei ihrer Analyse der ausländischen Finanzierung des Salafismus zu dem Ergebnis, diese »seien eng mit staatlichen Stellen in ihren Herkunftsländern verbunden«. In Saudi-Arabien sei überdies »die weltweite Missionierung unverändert Staatsräson und Teil der Außenpolitik«. Die Dienste warnen entsprechend davor, dass diese verdeckten Aktivitäten in Europa und Deutschland weiter ausgebaut würden. Wie der bereits erwähnten Antwort der niedersächsischen Landesregierung auf eine Anfrage der FDP-Fraktion im März 2017 zu entnehmen ist, scheinen diese Aktivitäten in vollem Gang. Allerdings gibt die Landesregierung nur Informationen über die in Kuwait ansässige Revival of Islamic Heritage Society (RIHS) preis, über die Organisationen aus Katar und Saudi-Arabien lägen ebenfalls Informationen vor.[25] Diese seien aber nur im geheimen Teil einer Sitzung des Verfassungsschutzausschusses zu erörtern.[26]

Die meisten der rund 2700 Moscheen in Deutschland haben sich mittlerweile das Wort »Dialog« auf ihre Fahnen geschrieben. Sie dokumentieren das durch »Tage der offenen Tür« oder Podiumsdiskussionen mit Andersgläubigen – sicherlich mit Ausnahme der Salafisten. Rund 960 Moscheen unterhält die Türkisch-Islamische Union der Anstalt für Religion, kurz DITIB.[27] Hier predigen Imame, die direkt vom türkischen Religionsministerium bezahlt werden und die bislang von deutschen Behörden als gemäßigt angesehen wurden. Neben DITIB gibt es weitere rund 300 türkische Moscheen der Islamischen Gemeinschaft Millî Görüş. Mit fast 280 Moscheen ist der Verband der Islamischen Kulturzentren e. V. der zweitgrößte Verband. Außerdem gibt es noch bosnische und albanische Moscheevereine, die sich in Verbänden organisiert haben. Etwa 290 Moscheen sind verbandsfrei.

Die Finanzierung der Moscheevereine
ist eine Blackbox

Sind diese Moscheen aber auch bereit, über ihre Finanziers Auskunft zu geben? Wie gesagt: Nach dem deutschen Gemeinnützigkeits- und Vereinsrecht sind sie – anders als GmbHs oder Aktiengesellschaften – nicht zu einer Veröffentlichung ihrer Bilanzen verpflichtet. Sie müssen sie nur jährlich dem Finanzamt für Körperschaften schicken. Dort sind sie vom Steuergeheimnis geschützt. Ich schicke Anfragen an alle 2700 Moscheevereine beziehungsweise ihre Verbände und frage, ob sie Eigentümer oder Mieter ihrer Räumlichkeiten sind, ob sie jemals Spenden aus dem Ausland erhalten haben und wenn ja, von wem. Ich stelle den Vereinen eine Antwortfrist von zwei Wochen.

Bereits beim Anschreiben der verbandsunabhängigen 252 Moscheen wird klar, dass etwa die Hälfte sich nicht gern kontaktieren lässt, denn sie haben keine E-Mail-Adresse. Folglich erhalten sie Briefe von mir. Den anderen schicke ich eine E-Mail. Bereits nach wenigen Minuten meldet sich ein freundlicher Herr Lahlou, Schatzmeister vom Nordhäuser Moschee e. V.: »Wir sind ein eingetragener Verein, und der wurde im Jahr 2007 gegründet. Die Moschee ist eine große Wohnung, und wir zahlen monatlich Miete. Spenden aus dem Ausland bekommen wir nicht.« Er schreibt sogar, dass man im Jahr etwa 15 000 Euro einnehme und auch wieder ausgebe. Herr Lahlou sollte eine große Ausnahme bei meiner Recherche bleiben.

Insgesamt kommen von den 252 Anfragen 31 wegen Unzustellbarkeit zurück. Auch drei E-Mails stellten sich als unzustellbar heraus. Es bleiben also noch 228 Vereine, die meine Anfrage erhalten haben. Geantwortet haben davon nur fünf. Keiner von diesen fünf hat nach eigenen Angaben ausländische Spenden erhalten.

DITIB und Millî Görüş waren nicht bereit, ebensowenig der Zentralrat der Muslime des ansonsten so redseligen Herrn Mazyek. Ihr versammeltes Schweigen ist übrigens vollkommen legal. Denn obwohl als gemeinnützig anerkannte Vereine in Deutschland steuerbefreit sind, müssen sie der Öffentlichkeit keinerlei Rechenschaft ablegen. Gemeinnützige Vereine genießen in Deutschland Steuervorteile in Milliardenhöhe – was sie mit dem Geld anstellen, bleibt der Öffentlichkeit allerdings verborgen. Was im Fall eines Kaninchenzüchtervereins unproblematisch sein mag, ist es bei der mit Millionensummen geförderten religiösen Indoktrinierung einer ganzen Generation von Kindern und Jugendlichen in Deutschland sicherlich nicht. Neue Transparenzpflichten für alle Vereine in Deutschland gehören sicherlich zu den dringlichsten politischen Aufgaben.

Aber warum schweigen Tausende von Vereinen und Verbänden, die behaupten, gemeinnützig zu sein, zu ihren Finanzen? Der Islamwissenschaftler und Leiter des Fachbereichs Religionspädagogik an der Pädagogischen Hochschule Freiburg, Abdel Hakim Ourghi, hat eine plausible Erklärung: »Sie haben Angst, dass dann auch der ideologische Einfluss aus dem Ausland offengelegt wird, denn die Geldgeber aus dem Nahen Osten hegen selbstverständlich auch Erwartungen.«[28] Ourghi, der als einer der wissenschaftlich profundesten Reformbefürworter des Islam in Deutschland gilt, kritisiert seit langem den Einfluss ausländischer Geldgeber: »Die Muslimische Weltliga in Riad hat es sich zur Aufgabe gemacht, Moscheen weltweit zu finanzieren, auch in Deutschland.« In Ländern wie Deutschland sei das Ziel eine »Re-Islamisierung« von Kindern und Jugendlichen, die in säkularen Familien aufgewachsen sind. Die Finanzierung ist demnach ein willkommener Einflussfaktor. Ourghi ist skeptisch, dass inländische Spenden annähernd genügen würden, eine Moschee zu finanzieren: »Die Leute geben vielleicht drei oder fünf Euro, denn das Geld brauchen die Gläubigen für sich.« Für die meisten arabischen und für viele türkische Moscheen sei die Weltorganisation in Riad die »einzige Quelle«, sich zu finanzieren.

Ich begebe mich auf Spurensuche in Berlin und treffe den Imam Mazlum K.[29] in einem der unabhängigen Moscheevereine. Er sagt, es sei kein Geheimnis, dass arabischsprachige Moscheevereine in Berlin aus Saudi-Arabien finanziert würden. Mit der Finanzierung erhofften sich die Stiftungen »großen Einfluss von oben«. Sehr einflussreich sei die Muslim World League, die Islamische Weltliga. Diese gründe weltweit Moscheen und bezahle die Imame. »Dort werden die Menschen stark in Richtung des Salafismus gelenkt.« Aber kann der Imam seine Aussage auch belegen? Er zuckt mit den Schultern: »Ich habe mit vielen Imamen gesprochen, viele sagen, alle sagen, dass sie finanziert werden, aber ob sie das offen vor der Kamera sagen, glaube ich nicht.«

Mazlum K. arbeitet seit Ende der siebziger Jahre als Imam, hat in Syrien studiert und war sehr lange in der Türkei tätig. Der Mann hat mehr als vierzig Jahre der islamischen Entwicklung intensiv miterlebt, und sein Befund ist besorgniserregend: »Es ist schlimmer geworden. Früher wurde Barmherzigkeit gepredigt, dass man mit kranken oder armen Nachbarn Mitleid haben soll, heute wird die Gegnerschaft zu anderen gelehrt. Das geht so weit, dass sie sich gegen ihren eigenen Vater stellen, gegen die Nachbarn und auch gegen andere Muslime, die nicht genauso denken. Es wird eindimensional radikalisiert, zur Erbarmungslosigkeit erzogen.«

Moscheefinanzierung aus dem Nahen Osten

Bei den Moscheen der DITIB ist bekannt, dass die Imame des Verbands von der türkischen Religionsbehörde bezahlt werden. Dagegen ist die Finanzierung vieler arabischer Moscheen deutschen Behörden völlig unbekannt. Als einen der zentralen Gründe für die immer häufigere Radikalisierung von Kindern und Jugendlichen hat Ahmad Mansour die arabischen beziehungsweise muslimischen Länder ausgemacht, die »gezielt die Missionierung von deutschen Muslimen in Deutschland steuern«.[30] Der türkische Präsident Recep Tayyip Erdoğan betreibe das von der Türkei aus, die Muslimbrüder aus Ägypten oder Katar und die Salafisten aus Saudi-Arabien. Dabei, so Mansour, basiere der Export der islamistischen Ideologie nach Deutschland neben direkten oder indirekten Geldströmen vor allem in der häufigen Entsendung radikaler Prediger, die geradezu auf Tournee durch Europa geschickt werden. Diese Reisen seien aus der Sicht von Staaten wie Saudi-Arabien, Katar oder der Türkei und ihrer religiösen Stiftungen Dienstreisen zur Verbreitung ihrer Ideologie. Hinzu kämen die Satellitenfernsehkanäle und das Internet. Ganze arabisch- oder türkischstämmige Familien werden auf diese Weise seit einem guten Jahrzehnt indoktriniert, und das in unserer unmittelbaren Nachbarschaft. So gilt das arabischsprachige Programm des katarischen Senders Al Jazeera unter Experten wie der Nahost-Journalistin Petra Ramsauer als deutlich radikaler als der englischsprachige Kanal. Der Blogger und Medienexperte Sultan al-Qassemi aus den Vereinigten Arabischen Emiraten bezeichnet ihn sogar als »Propagandainstrument der Muslimbruderschaft«.[31]

Salafismus zum Download

Auch salafistische Machwerke werden in Papierform oder zum Herunterladen deutschlandweit verbreitet. Sie stammen zum Teil von der in der saudischen Hauptstadt Riad ansässigen Organisation World Wide Association for Introducing Islam (WWAII), die Teil der Muslim World League ist.[32] Von dort werden sie nach Erkenntnissen deutscher Verfassungsschutzbehörden kostenlos an islamische Einrichtungen in Deutschland und europaweit versandt oder zum Herunterladen aus dem Internet bereitgestellt. In einer »Lagebeurteilung« des Verfassungsschutzes steht, dass die Urheber es mit der mittelalterlichen Auslegung des Islam bitter ernst meinen: »Es ist zu betonen, dass die in den Publikationen genannten Lehren und Regelungen nicht als historische Gegebenheiten dargestellt werden, die man in der heutigen Zeit in ihren jeweiligen Kontext einordnen und kritisch mit Blick auf ihre Anwendbarkeit in den heutigen Gesellschaften untersuchen sollte, sondern als für alle Orte und Zeiten gültiges und erstrebenswertes Ideal.«[33]

Da uns das Thema der radikalisierten Kinder auch für ein Film-
projekt beim Rundfunk Berlin-Brandenburg interessiert, versuchen meine Kollegen und ich über Monate mit Hilfe eines sehr gut
vernetzten Vertrauensmannes Kontakte zu Eltern zu knüpfen, die
selbst erschrocken über den »schwarzen Islam« sind, der neuerdings an vielen Koranschulen Berlins gelehrt wird. Und nicht nur
Berlins.

Leider scheitert jeder Versuch der Kontaktaufnahme. Die kultu-
rellen Schranken, mit deutschen Journalisten über Probleme in der
eigenen Religion, in der eigenen Community zu sprechen, sind offenbar extrem hoch. Vorerst bleibt es bei Gesprächen mit Menschen wie Ahmad Mansour oder Kazim Erdoğan, einem säkularen
Türken, der in Berlin-Neukölln versucht, Vätern einen vertrauten
Ort zum Gespräch zu bieten. Vätern, die einst selbst in einer Weise
erzogen wurden, dass ein Mann zu dominieren und nicht über sich
zu reflektieren hat. Väter, die weitergaben, was sie gelernt haben,
und die jetzt vor gewaltigen Problemen bei ihren Söhnen oder
Töchtern stehen. Einige von ihnen sind nach Syrien in den Dschihad ausgereist. Die Eltern konnten sie nicht mehr aufhalten, erzählt
Kazim Erdoğan. Er berichtet ganz offen davon, wie sich besorgte
Eltern an ihn gewandt hätten, um zu fragen, ob das, was ihre Kinder am Wochenende in der Koranschule lernen, auch wirklich dem
Islam entspreche.[34]

Bis auf die Moscheebesucher selbst und ab und zu einen unauf-
fälligen Beobachter eines Verfassungsschutzamtes weiß niemand
so recht, was in solchen Moscheen vor Hunderten von Menschen
gepredigt wird. Deshalb hat der ARD-Journalist Constantin
Schreiber kürzlich eine spektakuläre Reise zu unterschiedlichen
Moscheen unternommen und in seinem Buch *Inside Islam* die Predigten zum Freitagsgebet dokumentiert. Er wollte wissen, ob die
Predigten, die viele DITIB-nahe Verbände in deutscher Sprache ins
Netz stellen, auch dem entsprechen, was die Imame vor Ort zum
Besten geben. Bei seiner Recherche bewegten sich die meisten Pre-
digten auf dem Niveau eines extrem konservativen bis radikalen

Islam – selbst eine Predigt in einer DITIB-Moschee, die viele Beobachter bislang für eher gemäßigt hielten.

Am 8. Juli 2016 wollte Schreiber die Ar-Rahman-Moschee in
Wedding besuchen, die im zweiten Stock eines alten Industriege-
bäudes in der Tromsöstraße 6 schräg über einem Lebensmittella-
den lag. Die Moschee war seit längerem aufgelöst, zu häufig berichteten Medien über hier verkehrende Salafisten bis hin zu dem
IS-Terroristen Denis Cuspert. Schreiber notiert: »Die Besucher sind
jung. Viele Kinder, nicht älter als zehn Jahre, Jugendliche. Wer älter
als 35 ist, kann hier schon alt genannt werden.«[35] Die Moschee heißt
neuerdings al-Furqan, und der Imam predigt auf Arabisch. Für
Flüchtlinge dürften solche Predigten eher eine Warnung vor allzu
großer Integrationsbereitschaft darstellen – eine Warnung vor der
neuen Heimat: »Meine Lieben, zweifellos leben wir in dieser Umgebung, die, wie wir immer wieder sagen, eine offene Umgebung
ist, die starken Einfluss hat. Eine Umgebung, die stark auf uns ein-
wirkt. Sie gleicht einem gewaltigen Strom, der dich auflöst, dich
auslöscht, dir deine Werte nimmt und durch seine Werte ersetzt.
Wie kann der Gläubige da fest bleiben?« Statt Annäherung und
Kennenlernen empfiehlt die Predigt Abgrenzung und einen Rückzug auf die Frömmelei, die »Vorzüge des Gottesgehorsams«, Beten,
den Eltern gehorchen, Fasten.

Beispiele dieser Art gibt es viele – aus dem Bereich ansonsten
unauffälliger Moscheen und auch aus schon bekannten. An der
Imam-Riza-Moschee in Berlin-Neukölln hört Schreiber eine Predigt, die wenig mit Religion als vielmehr mit dem weltpolitischen
Machtanspruch der islamischen Ideologie zu tun hat. Es ist eine
der wenigen schiitischen Moscheen. Zur alljährlichen antisemitischen und antiisraelischen Al-Quds-Demonstration versammeln
sich Teilnehmer regelmäßig bei der Moschee, die als Hort von türkischstämmigen Anhängern der vom Iran finanzierten Terrororganisation Hizbullah gilt. Was Schreiber in der mit orientalischem
Fassadenschmuck verzierten Moschee hört, ist deutlich: »Wir sind
verpflichtet, ihnen die Schönheit der Imame und Familie des Pro-

pheten zu erläutern, zu vermitteln. Unsere Imame riefen uns also auf, die Einheit der Muslime zu erreichen. Wem gegenüber soll diese Einheit erreicht werden? Natürlich gegenüber Ungläubigen, Anhängern von Vielgötterei, Christen, Juden und Götzenanbetern. Gegenüber ihnen sollen die Muslime laut der Anweisung der Imame ihre Vereinigung und Brüderlichkeit und die Völker ihre Einheit erreichen.«[36] Bei den Kindern und Jugendlichen, die diesen Predigten beiwohnen, dürfte das Schwarz-Weiß-Denken der Fundamentalisten bereits wirken, bei den politischen Demonstrationen gegen Israel haben sie sich längst zu einem antiisraelischen Weltbild verfestigt. Der Psychologe Ahmad Mansour glaubt, dass die antisemitischen Vorurteile gravierende Folgen haben. Mit jedem Schuss, den jüdische Soldaten zu ihrer Verteidigung gegen palästinensische Attentäter abgeben, radikalisiere sich zugleich der Hass junger Menschen, denn sie litten mit den vermeintlichen »Opfern«, so Mansour.[37]

Das deckt sich mit der Erfahrung, die die bereits erwähnte Lehrerin aus einer großen deutschen Stadt gemacht hat, als sie die Schüler bat, sich kurz zum Gedenken an die Opfer des *Charlie-Hebdo*-Attentats zu erheben. Es blieben etwa zehn Schülerinnen und Schüler zunächst sitzen, dann erhob sich einer und sagte: »Ich gedenke der Märtyrer!« Dann standen die übrigen neun Schülerinnen und Schüler auf.

Der Pädagogikexperte Michael Rump-Räuber vom Landesinstitut für Schule und Medien Berlin-Brandenburg erinnert sich einer Episode, als er vor Jahren noch selbst Lehrer in der Berliner Gropiusstadt war. Es gab da einen palästinensischen Schüler, der erzählte, die israelische Armee habe das Dorf seiner Familie zerstört. Rump-Räuber fragte den Jungen, ob das bedeute, dass jetzt auch Israelis umgebracht werden müssten. Der Junge zuckte mit den Achseln. Rump-Räuber brachte nun eine Diskussion in Gang, ob diese Gewalt nicht wieder die Gegengewalt der Armee provozieren würde. Immer mehr Schüler beteiligten sich rege. Der palästinensische Junge wurde indes immer stiller. Bald schrie er laut dazwischen: »Aber ich muss doch hassen dürfen!« Rump-Räuber machte dieses Erlebnis klar, wie wichtig es ist, die Kinder auch nach ihren Biographien zu fragen, sich für ihr Leben zu interessieren, und welche explosiven Emotionen in den Schülern schlummern. Für ihn ergibt sich nur die Schlussfolgerung: viel reden. Das allerdings ist nicht möglich, wenn Elternhäuser, Koranschulen und arabische Satellitensender gemeinsam für eine Abschottung der Kinder und Jugendlichen von ihrer Umwelt sorgen.

Haben wir es mit einer gänzlich neuen Entwicklung zu tun? Und aus welchen Quellen speist sie sich? Im öffentlichen Diskurs ist vor allem die Rede von der Benachteiligung von Menschen mit Migrationshintergrund. Jahrzehntelang hat Migration nicht zu einer islamischen Radikalisierung der Betroffenen geführt. Warum also ausgerechnet jetzt? Ist die Hinwendung gerade junger Menschen zur Religion womöglich ein Weg zur eigenen Identitätsfindung in einer Gesellschaft, die Migranten noch immer benachteiligt? Oder ist der Einfluss aus dem Ausland stärker geworden? Diese Ursachen schließen sich nicht aus, es spricht sogar vieles dafür, dass sie ineinandergreifen.

Der Psychologe und Islamismusexperte Ahmad Mansour führt einen innerislamischen Kausalzusammenhang in die Debatte ein und ist der Meinung, dass die religiös aktiven Muslime und ihre Verbände selbst eine Modernisierung ihrer Religion in Angriff nehmen müssen. Unsere Gesellschaft muss dafür sorgen, dass Jugendliche durch eine solidarische Bildungsgesellschaft als Persönlichkeiten gestärkt werden, anstatt sie den Islamisten und konservativen Muslimverbänden zu überlassen. Nach dem Anschlag gegen *Charlie Hebdo* schrieb Ernst Hillebrand von der Friedrich-Ebert-Stiftung: »Der Islamismus ist nicht im Pariser Stadtteil Saint-Denis oder Neukölln entstanden, sondern in Riad, Kairo und Islamabad. Er ist ein ideologisches Kind der Modernisierungskonflikte der islamischen Welt selbst.«[38]

Neue Untersuchung belegt Antisemitismus unter Migrantenkindern

Dieser Modernisierungskonflikt bremst Menschen ganz persönlich in ihren Perspektiven aus. Zugleich behindert er auch die für den gesellschaftlichen Zusammenhalt überaus wichtige Integration. Neben der Bewegung hin zu konservativen islamischen Denkmustern zeichnet sich eine Verstärkung der Abgrenzung zu Andersgläubigen und insbesondere zu den Juden ab. Michael Rump-Räuber vom Landesinstitut für Schule und Medien leitet als Vertreter des LISUM gemeinsam mit dem AJC das Projekt »Demokratie stärken – Aktiv gegen Antisemitismus und Salafismus«. In diesem Zusammenhang erhält er regelmäßig Rückmeldungen von Lehrkräften. Diese Berichte sind mehr als alarmierend: Einmal wollte eine jüdische Lehrerin aus Neukölln sogar versetzt werden, weil sie den täglichen Antisemitismus gegen sie nicht mehr aushielt. Im April 2017 sorgte ein Mobbingfall an einer Schule in Berlin-Friedenau für Aufmerksamkeit: Ein jüdischer Schüler verließ die Schule, nachdem er lange Zeit von türkisch- und arabischstämmigen Mitschülern gemobbt worden sein soll.[39]

Um sich ein erstes Stimmungsbild zu machen, hatte das American Jewish Committee (AJC) parallel zum Modellprojekt »Demokratie stärken – Aktiv gegen Antisemitismus und Salafismus« eine Dokumentation von Interviews mit Lehrkräften in Auftrag gegeben.

Laut dieser sehr aktuellen Untersuchung auf Grundlage von Befragungen vom Herbst 2015 bis zum Frühjahr 2016 verstärken sich insbesondere antisemitische Tendenzen an Schulen. Bei der Untersuchung hatte man in Kooperation mit dem »Landesinstitut für Schule und Medien in Berlin-Brandenburg« Lehrkräfte aus 21 Schulen in acht Berliner Bezirken im Sekundarbereich befragt:[40] Schulen mit einem hohen Anteil von Schülerinnen und Schülern mit türkischem oder arabischem Migrationshintergrund – darunter aber auch in sehr »bürgerlichen« Gegenden. Ein Großteil der Lehrkräfte an diesen Schulen berichtet in der Dokumentation, Antisemitismus zu erleben. Es wurde festgestellt, dass antisemitische Stereotype und Feindbilder laut den Aussagen der befragten Lehrkräfte an einigen Schulen stark präsent sind. Auf Schulhöfen sei es gang und gäbe, sich gegenseitig als »du Jude!« zu beschimpfen. Michael Rump-Räuber erinnert sich an Rückmeldungen von Lehrkräften nach dem Anschlag auf dem Berliner Weihnachtsmarkt. Es hätten sogleich Verschwörungstheorien die Runde gemacht, denen zufolge das Ganze eine Inszenierung der Juden und der USA und der Attentäter Amri ein CIA-Agent sei, der Hass auf Muslime schüren wolle. »Ich habe den Lehrerinnen und Lehrern, die wir befragt haben, dann geraten: Reden Sie mit den Schülerinnen und Schülern, erklären Sie die Sachverhalte!«, berichtet Michael Rump-Räuber: »Unser Institut setzt sich seit Jahren mit den Problemen des Antisemitismus und Extremismus auseinander.« Man habe dazu zahlreiche Materialien entwickelt und Fortbildungen durchgeführt.

Pädagoge beklagt »Parallelbildung« durch Moscheevereine

In der AJC-Dokumentation wird berichtet, dass Kinder und Jugendliche mit Migrationshintergrund sich früher eher über ihre ethnische Zugehörigkeit definiert hätten.[41] Lehrer sagten zudem aus, dass sich Schüler verstärkt über den Islam identifizierten und sich dabei gleichzeitig von anderen Gruppen abgrenzten. So hätten einige Pädagogen in den Gesprächen zu dieser Studie sogar wörtlich von »Moralwächtern« gesprochen, die von »religiösen Autoritäten« geschult und in der Schule gelehrte Inhalte später überprüfen würden. Gleichzeitig maßregelten der Aussage eines Lehrers zufolge diese Moralwächter auch andere Schüler, worunter vor allem säkular lebende muslimische Schüler, Andersgläubige und Atheisten litten. In der Dokumentation heißt es zum Einfluss von Moscheevereinen:

»Einige der Befragten berichteten von einer ›Überprüfung‹ des Schulstoffs durch religiöse Autoritäten wie Koranlehrer oder Moscheen. Mitunter würden die Aussagen dieser Institutionen von Schülern höher gewichtet.« Ein Pädagoge habe gesagt: »Wir haben mittlerweile so eine Art Parallelbildung. Wir haben einerseits das, was in der Schule offiziell unterrichtet werden muss, und dann haben wir bei vielen Schülern eben Moschee-Besuche, Moschee-Vereine, die da Einfluss nehmen.« Michael Rump-Räuber wurde auch schon von Pädagogen berichtet, dass Schüler regelmäßig die Tafelbilder abfotografieren und Schulmaterialien einsammeln. Sie fragten am Wochenende den Imam in ihrer konservativen Koranschule, ob das, was der staatliche Lehrer im Biologieunterricht sagt, mit dem Islam vereinbar sei. Am Montag bekomme man dann zu hören: »Mein Imam sieht das aber ganz anders!«

In der AJC-Befragung berichtet ein Lehrer, dass er seit 15 Jahren beobachte, dass einige Schüler regelmäßig die Berliner Al-Nur-Moschee besuchen: »Wir fragen uns, wie geschickt die Gehirnwäsche ablaufen muss, damit die Schüler so schnell so antiwestlich, so antiamerikanisch sowieso, aber auch antisemitisch werden, ja. Und wir müssen da mit aller Kraft dagegen steuern und es gelingt uns auch bei einigen, aber nicht bei allen.«[42]

Mehr als die Hälfte der befragten Pädagogen schilderte in den Interviews zudem, dass Druck besonders auf Mädchen ausgeübt würde, einem bestimmten Religionsbild zu entsprechen. Michael Rump-Räuber erinnert sich an Lehrerinnen und Lehrer, die berichten, dass Homosexualität zum Beispiel als Krankheit gesehen und nicht toleriert werde. Pädagogen hätten zudem berichtet, in Schulatlanten werde häufig Israel übermalt. Manchmal zeichnen Schüler auch die Grenzen eines Kalifats ein.

Diese Schilderungen beruhen auf authentischen Aussagen von Pädagogen aus deutschen Schulen, die sich Sorgen machen und sich hilflos fühlen. Der Dokumentation zufolge wünschen sich die Lehrkräfte in aller Regel mehr Unterstützung und Strategien im Umgang mit diesen Phänomenen im Schulalltag.

Tatsächlich sind sie wie die Kinder der Entwicklung bislang fast schutzlos ausgeliefert, wenn aus reichen Golfstaaten und der Türkei bezahlte Koranschulen Kinder indoktrinieren. Wochenende für Wochenende. Fragt man Verantwortliche bei den zuständigen Ämtern für Verfassungsschutz, räumen diese ein, dass auch sie die Entwicklung stark beunruhige und sie der Entwicklung weitgehend hilflos zusehen. Wie soll auch ein V-Mann aussehen, der sich unter Kinder mischt, um zu erfahren, wie diese indoktriniert werden?

Viele Pädagogen sehen in dieser Entwicklung bereits Ansätze einer Radikalisierung, da ihre Autorität grundsätzlich aus religiösen Gründen in Frage gestellt werde.»Wozu Demokratie? Wir haben doch den Koran«, sei eine weitverbreitete Einstellung.»Und völlig undenkbar wäre es für homosexuelle Schüler, sich an solchen Schulen offen zu bekennen«, sagt Michael Rump-Räuber. Er rät den Pädagogen, sich Autorität zu verschaffen, indem sie offen und gezielt über die Ansichten der Schüler diskutieren. Es gehe um das pädagogische Dreieck von Anerkennung, Verantwortung und Selbstwirksamkeit. Denn Schüler, die sich in ihrer Meinung ernst genommen fühlten, seien möglicherweise auch wiederzugewinnen. Im Übrigen brauche es auch klare Regeln, diese müssten an der Schule gemeinsam mit den Jugendlichen entwickelt werden. Rump-Räuber setzt auf»Demokratiepädagogik«, um Kinder und Jugendliche zu stärken und sie gegen religiöse Radikalisierung zu immunisieren. Die Zusammenarbeit mit Moscheevereinen wäre seines Erachtens dabei sehr wichtig. Es gebe welche, die sich dem Problem stellten und auch Schulen unterstützen, und andere, die sich der Kooperation verweigern. Und das liege nicht am Geld, denn der Bund habe die Mittel für Demokratieprogramme gerade aufgestockt.

Millionen Steuergelder für eine erzkonservative islamische Grundschule

Ist unsere liberale Gesellschaft also machtlos? Im Gegenteil: Manchmal macht sie offensiv mit. Denn es sind nicht nur Gönner aus Staaten des Nahen Ostens oder der Türkei, die die Verbreitung eines extrem konservativen Islam betreiben. Manchmal greifen auch staatliche Behörden in Deutschland tief in die Tasche, um statt Integration Abgrenzung zu fördern.

Seit 1989 gibt es in Berlin die Islamische Grundschule, seit 1995 ist sie als private Ersatzschule anerkannt und wird vom Berliner Senat mitfinanziert – jahrelang mit rund 700 000 Euro im Jahr – mal mehr, mal weniger[43] – 2016 mit 860 000 Euro.

Sie wurde lange vom Verein Islam-Kolleg Berlin e. V. betrieben und 2014 in eine gemeinnützige GmbH umgewandelt. In der Satzung des Trägervereins, die im Vereinsregister einsehbar ist, heißt es:»Zur islamischen Bildung und Erziehung gehört nicht nur der Inhalt der Religion, sondern auch die religiöse Praxis.« Will heißen: Der Auftrag geht weit über die Vermittlung religiösen Wissens hinaus und zielt auf die Einflussnahme auf das private Alltagsleben der Schülerinnen und Schüler.

Die Präambel der Satzung bietet hier ein erstaunlich offenes Bekenntnis zu den gesetzlichen Quellen, nach denen die Schülerinnen und Schüler an dieser Schule erzogen werden:»Das koranische Gebot, ›Gutes‹ zu gebieten und ›Schlechtes‹ zu verbieten, soll als eine lebenspraktische Kompetenz anerzogen werden.« Weiter heißt es in der Satzung:»Die Förderung ihrer islamischen Identität soll auch durch ein besonderes Vertrauensverhältnis zwischen Lehrern und Schülern ermöglicht werden. Dadurch dass die muslimischen Eltern die islamische Schule als ›ihre‹ Schule ansehen und akzeptieren, wird dieses besondere Vertrauensverhältnis zu den Eltern geschaffen.« Diese Sätze kann man zumindest als unterschwellige Generalkritik an staatlichen Schulen deuten, die muslimische Kinder offenbar nicht als »ihre« Schulen ansehen. Nicht nur aus solchen Sätzen spricht die abgrenzende Haltung der Einrichtung: »Sie sollen in der Lage sein, dem Assimilationsdruck der Gesellschaft zu widerstehen und sich trotzdem aufgrund ihrer gefestigten Identität als ein Teil dieser Gesellschaft fühlen.«

Die Berliner Schulverwaltung teilt mir mit, wie bei allen Schulen in freier Trägerschaft würden auch bei der Islamischen Grundschule regelmäßig Schulbesuche abgehalten: Dabei werde im Unterricht hospitiert, es werde ausführlich mit der Schulleitung gesprochen, Unterrichtsmaterialien würden eingesehen und geprüft. Der Unterricht an der Islamischen Grundschule entspreche »inhaltlich den gültigen Berliner Rahmenplänen« und ermögliche die »gleichwertige Erreichung der Bildungs- und Erziehungsziele«.[44]

Hinter dem Verein Islam-Kolleg und der Islamischen Grundschule steht der Verband Islamische Föderation Berlin. Sie darf in allen Schulen Berlins dafür sorgen, dass Islamunterricht erteilt wird. Dafür erhielt sie seit 2003 die stolze Summe von 10,15 Millionen Euro vom Land Berlin.[45] Für dieses Geld besuchten jedes Jahr zwischen 4000 und 5000 Schülerinnen und Schüler diesen Unterricht. Wie der SPD-Abgeordnete Joschka Langenbrinck durch eine schriftliche Anfrage erfuhr, schickt die Schulverwaltung einmal im halben Jahr stichprobenartig jemanden in eine Klasse, um dem Unterricht zu lauschen. Was aber, wenn dort zum Beispiel die oben erwähnten »koranischen Gebote« höher gestellt werden als das Grundgesetz oder Teile daraus? Denn zu den Kriterien des Unterrichts gehört unter anderem die Anerkennung des Grundgesetzes. Der SPD-Mann fragte also ganz konkret: »Verfügt der Senat über Durchgriffsrechte gegenüber den islamischen Religionslehrern für den Fall, dass die Qualität oder Inhalte des islamischen Religionsunterrichts nicht den Kriterien entsprechen?« Die Antwort der Berliner Senatsverwaltung für Bildung, Jugend und Wissenschaft lautete: »Nach § 13 Abs. 3 Schulgesetz übernehmen die Religionsgemeinschaften die Verantwortung dafür, dass der Religionsunterricht gemäß den für den allgemeinen Unterricht geltenden Bestimmungen durchgeführt wird.« Die Antwort auf die Frage nach den Durchgriffsrechten hätte also schlicht »Nein« lauten können. Bislang hatten Landesregierungen wie in Berlin darauf gesetzt, durch Anbindung des Islamunterrichts an die Regelschulen gewisse Standards einführen zu können. Das ist faktisch aber nicht der Fall. Laut Vereinsregisterakte der Islamischen Grundschule übernimmt übrigens der Senat 93 Prozent der Personalkosten.

Funktionäre verschleiern Beziehungen zu Millî Görüş

Für den Islamunterricht zahlte der Berliner Senat Millionen an die Islamische Föderation Berlin und damit an eine Organisation, bei der gleich mehrere vom Verfassungsschutz beobachtete Vereine Mitglied sind: NBS – Neuköllner Begegnungsstätte, Interkulturelles Zentrum für Dialog und Bildung und das Teiba – Kulturzentrum für Bildung und Verständigung. Sogar ein Ortsverein der vom Verfassungsschutz in ganz Deutschland als islamistisch eingestuften Organisation Millî Görüş gehört dazu: der IGMG Ortsverein Wittenau e. V.[46] Auch die Islamische Grundschule erhält beträchtliche Fördermittel, wobei der Trägerverein Islam-Kolleg e. V. sehr darauf bedacht ist, eine allzu große Nähe zu Millî Görüş nach außen zu vermeiden. Dabei gibt es personelle Verflechtungen zwischen dem Verein Islam-Kolleg und der islamistischen Organisation Millî Görüş.[47] Es handelte sich um den Geschäftsführer und Vorstand des Vereins Islam-Kolleg, Irfan Taskiran, der am 28. Januar 2013 seinen sofortigen Rücktritt mitteilte. Lapidar heißt es in einem Protokoll: »Er erklärte ferner, dass der Vorstand Irfan Taskiran aufgrund seiner Übernahme einer anderen ehrenamtlichen Vorstandstätigkeit bei einer religiösen Dachvereinigung zur Einhaltung der Selbstverpflichtung des Vereins zur Neutralität gegenüber religiösen Verbänden […] die fristlose Kündigung […] angenommen hat.« Welcher Posten damit gemeint ist, bleibt bis dato geheim. Drei Monate später wird klar, warum der Verein offiziell auf das Neutralitätsgebot Wert legt. Denn jener Irfan Taskiran

wird am 16. April 2013 zum Vorsitzenden der Islamischen Gemeinschaft Millî Görüş Berlin gewählt. Ein Spitzenfunktionär einer
vom Verfassungsschutz beobachteten Organisation als Geschäftsführer einer Schule würde sich in der Öffentlichkeit nicht gut erklären lassen. In seinem Jahresbericht 2016 attestiert das Bundesamt für Verfassungsschutz dem deutschen Ableger von Millî Görüş
einen »schwächer werdenden Extremismusbezug«.[48] Der Schwerpunkt der Aktivitäten liegt inzwischen eindeutig im religiösen Bereich: »zum Beispiel auf dem Ausbau entsprechender Bildungsein-
richtungen«.

Wie der angeblich nicht politische Einfluss auf seine Anhänger-
schaft aussieht, förderte der Wissenschaftliche Dienst des Deutschen Bundestags ans Tageslicht: In einem Gutachten über die unterschiedlichen Ausrichtungen der Islamverbände in Deutschland
zitiert er zum Beispiel, was Millî Görüş über die Kleiderordnung
von Muslimen schreibt. Der Verband, der immerhin annähernd
300 Moscheen deutschlandweit betreibt, formulierte: »Frauen ist es
geboten, sich bis auf Hände, Füße und Gesicht zu bekleiden sowie
das Haupthaar zu bedecken. Sinn dieses Gebotes ist es nicht, die
Frau in irgendeiner Form zu unterdrücken, sondern sie dem Diktat
des Körperlichen zu entziehen, sie also von den Zwängen eines
Verständnisses, das Frauen allzu leicht nach ihrem Äußeren einen
Wert beimisst, zu befreien. Das Tragen eines Kopftuchs ist ein Teil
dieses Gebotes des Islam, dem es zu folgen gilt.« Gleichzeitig ist der
Verband so freundlich, darauf hinzuweisen, dass das Kopftuch nur
freiwillig getragen werden solle, dass es nicht glaubensentscheidend
sei.

Auch Millî Görüş schweigt über Finanzströme

Ich habe auch die Islamische Gemeinschaft Millî Görüş nach Spenden ausländischer Geldgeber gefragt. Eine Antwort blieb aus. Immerhin sorgt der Verband dafür, Geldströme aus dem Ausland

strikt von den Spenden eigener Mitglieder in Europa zu trennen. Für Spender außerhalb Europas hat die Organisation ein eigenes Konto bei der kuwaitisch-türkischen KT-Bank eingerichtet. Auf Spenden scheint diese Bank spezialisiert. Denn mit 62 Prozent ist die Bank Kuwait Finance House beteiligt – eine Beteiligungstochter der Staatsholding des Scharia-Staates Kuwait. Und neben der kuwaitischen Sozialversicherungsanstalt ist mit einem Anteil von 18 Prozent auch das staatliche türkische »Generaldirektorat der Stiftungen« vertreten. Erst wenn solche Geldströme auch in der europäischen Öffentlichkeit transparent gemacht werden müssen, kann das Problem angegangen werden. Dafür bräuchte es eine ohnehin überfällige Reform des Vereinsrechts in Deutschland. Vereine müssen gezwungen werden, auch der Öffentlichkeit Rechenschaft über ihre Einnahmen abzulegen. Noch gilt: Wer bezahlt, bestimmt die Richtung. Und die Richtung, die türkischen oder arabischen Geldgebern vorschwebt, hat in den meisten Fällen mit Integration in unsere multikulturelle Gesellschaft wenig gemein.

960 DITIB-Moscheen von Erdoğans Gnaden

Steuergelder, Spionagevorwürfe und türkische Kriegspolitik

Über viele Jahre galt die Türkisch-Islamische Union der Anstalt für Religion, deren türkisches Kürzel DITIB lautet, als wichtigster islamischer Ansprechpartner in Deutschland. Der Dachverband wurde am 5. Juli 1984 in Köln gegründet und vertrat anfangs 135 Moscheevereine.[1] Seither ist diese Zahl auf 960 angestiegen. Immerhin ist die Finanzierung der DITIB-Moscheen im Unterschied zu den anderen deutschen Moscheen relativ transparent, weil der größte Geldgeber bekannt ist: Die türkische Religionsbehörde Diyanet finanziert DITIB in Deutschland weitgehend und entsendet auch zurzeit etwa 970 Imame aus der Türkei nach Deutschland, von denen die meisten nur Türkisch sprechen.[2] Die Imame sind Angestellte der staatlichen türkischen Religionsbehörde und werden dort auch ausgebildet. Die Religionsbehörde Diyanet beschäftigt mehr als 120 000 Angestellte und verfügt über ein Jahresbudget von 1,8 Milliarden Euro.[3] Sie ist direkt dem Ministerpräsidenten der Türkei unterstellt und zugleich die oberste islamische Instanz. Schon seit langem sind Stimmen laut geworden, die die finanzielle und administrative Abhängigkeit vom türkischen Staat kritisieren.

Türkei
Die Türkei ist Deutschlands wichtigster Wirtschaftspartner in der
islamischen Welt. Das Außenhandelsvolumen zwischen beiden Län-
dern beträgt 37 Milliarden Euro.[4] *40 Prozent des Handels betreibt die*
Türkei mit der EU. Das Land ist dabei in hohem Maße von auslän-
dischen Kapitalzuflüssen abhängig. 6846 deutsche Firmen sind in
der Türkei engagiert, zum Beispiel: Alba, BASF, Boehringer Ingel-
heim, Bosch, C&A, Deichmann, Edding, Evonik, Hugo Boss, Knorr-
Bremse, Liebherr, Linde, MAN, Mercedes Benz, Metro, Miele, MTU,
Nivea, Osram, Rewe, RWE, SAP, Schenker, Thyssenkrupp, Viess-
mann, Volkswagen.[5]

Diese bekam im August 2016 sogar der Präsident des Deutschen
Bundestags, Norbert Lammert, zu spüren.[6] Er wurde von einem
Besuch der Berliner Şehitlik-Moschee zum Fastenbrechen wieder
ausgeladen. Eine Woche zuvor hatte der Bundestag in einer Reso-
lution den Genozid an 1,5 Millionen Armeniern durch türkische
Truppen während des Ersten Weltkriegs auch als »Völkermord«
bezeichnet. Diese Entscheidung hatte in der Türkei einen Proteststurm entfacht. Die Ausladung Lammerts begründete DITIB mit
Sicherheitsproblemen. Es habe konkrete Drohungen gegen den
Besuch Lammerts gegeben. Die schriftliche Absage enthielt allerdings keine Begründung. Dieser Vorfall zeigt, wie sehr eingebunden DITIB in die türkische Politik ist, belegt aber zugleich, wie angespannt das Verhältnis zwischen dem Verband und der deutschen
Politik gegenwärtig ist. DITIB galt deutschen Behörden, Politikern
und Medien lange Zeit als einer der wenigen gemäßigten Partner
unter den organisierten Muslimen. Aber schon während der
Grundsteinlegung der großen Kölner Zentralmoschee am 16. November 2009 fiel anwesenden US-Amerikanern aus dem Düssel-
dorfer Konsulat der harsche Ton des anwesenden türkischen Ministers für religiöse Angelegenheiten, Faruk Çelik, auf, dessen Rede

die einzige »disharmonische« war und nach Meinung der Amerikaner »eher zu einer Kampagne passte«.[7] Aus Sicht der in der Türkei regierenden AKP ist DITIB mehr ein türkisch-islamischer, denn ein deutsch-islamischer Verband.

Das ist auch zu merken, wenn man zum Beispiel die im Vereinsregister hinterlegten Protokolle des Berliner DITIB-Landesverbands durchliest. Der erste Tagesordnungspunkt bei Mitgliederversammlungen des Vereins lautet: »Koranrezitation und Nationalhymne«.[8] Und so verwundert es auch nicht, dass gravierende politische Ereignisse in der Türkei sich sofort auf die deutschen DITIB-Gemeinden auswirken. Die zunehmende gesellschaftliche und teilweise religiöse Polarisierung spiegelt sich auch in den Moscheen wider.

Die Predigten, die jeden Freitag zentral ausgegeben werden und an allen deutschen DITIB-Moscheen zu hören sind, gelten als gemäßigt – im Vergleich zu Predigten, die in islamistischen Moscheen gehalten werden. Nach den Anschlägen von Paris im November 2015 verurteilte die Predigt den Terror: »Diejenigen, die im Namen der Religion unschuldige Menschen, Frauen, Greise und Kinder erbarmungslos töten, ermorden eigentlich die Menschheit.«[9] Zugleich aber wird behauptet, diese Taten hätten keinen Bezug zum Islam und würden jetzt gegen den Islam verwendet: »Heutzutage wird versucht, die ganze Unmenschlichkeit, Gewissenlosigkeit und Ungerechtigkeit, die in unserer modernen Zeit herrschen, dem Islam und den unschuldigen Muslimen in die Schuhe zu schieben. Es wird ein negatives Islambild und eine negative Wahrnehmung des Islam produziert, indem die islamische Religion mit gemeinen Menschen in einem Atemzug erwähnt wird, deren Gewissen und Menschlichkeit verunreinigt sind und deren Herzen niedergegangen sind und die Terror und Gewalt ausüben.«[10] Von der buchstabengetreuen Koranauslegung der sunnitischen Extremisten allerdings distanziert sich keine der DITIB-Predigten.

Antisemitismus auf DITIB-Internetseiten

Auch in den lokalen Gliederungen der DITIB wird extremistischen oder antisemitischen Vorfällen zu wenig entgegengetreten. In der Sendung »defacto« im Hessischen Rundfunk zeigte die Journalistin Jacqueline Dreihaupt[11] einen Imam von DITIB in Frankfurt am Main, der nach dem Putschversuch über eine jüdisch-amerikanische Verschwörung gegen die Türkei predigte: »Für wen haben die Gülen-Leute wohl die Waffen auf das eigene Volk gerichtet? Nicht für die Muslime. Wer hätte einen Vorteil davon, wenn es in der Türkei so schlimm wäre wie in Irak oder Syrien? Nur die Amerikaner und die Israelis.« Die Journalistin analysierte in diesem Zusammenhang auch Facebook-Seiten verschiedener DITIB-Gemeinden, auf denen sie antisemitische Hetz-Posts fand. Der Vorsitzende des Zentralrats der Juden, Josef Schuster, findet diese Einträge »unerträglich«. Auf anderen Seiten wird vor Beziehungen zu Nichtmuslimen gewarnt, die sich auf diese Weise von Allah trennten. Die DITIB äußerte hierzu, das seien »keine offiziellen Äußerungen der DITIB« und das spiegele auch nicht das »starke Engagement der DITIB als anerkannter Dialogpartner wider«. Die DITIB legt auch Wert auf die Feststellung, die türkischsprachigen Facebook-Seiten seien generell Einzelinitiativen von Mitgliedern, offiziell zählten nur die deutschsprachigen Seiten. Sind also die türkischsprachigen Seiten die antisemitischen und völkerverhetzenden digitalen Schmuddelecken der DITIB, die sich jeder Kontrolle entziehen? Finden sich Hassreden nicht auch zur Genüge auf vielen anderen Internetseiten?

Susanne Schröder, Professorin am Forschungszentrum Globaler Islam, hält diese Einwände für gegenstandslos. Denn DITIB sei eine »hierarchische Organisation«, in der Funktionäre sehr genau wüssten, was in den einzelnen Gemeinden passiert. Im Hessischen Rundfunk sagte sie: »Wenn man bestimmte Dinge nicht zulassen möchte, dann könnte man Direktiven ausgeben, und dann würde das auch befolgt werden.« Auch Josef Schuster meint, dass seitens der DITIB-Leitung »kein so großes Interesse besteht, gegen diese

›Einzelmeinungen‹ – und es sind keine Einzelmeinungen – vorzugehen«.

Es sind aber nicht nur Facebook-Seiten betroffen, sondern selbst auf offiziellen türkischsprachigen Webseiten der DITIB wird gehetzt, wie die *Jüdische Rundschau* bereits am 4. Dezember 2015 berichtete.[12] Danach wurde auf der Seite eines hessischen Ortsverbands unter der Überschrift »Yahudiler« [deutsch: »Juden«] gleich eine ganze Liste veröffentlicht, in der Juden dreißig unangenehme Eigenschaften zugeordnet werden. So heißt es dort unter anderem: »Die Juden predigen Gutes, aber hören nicht auf, Böses zu tun.« – »Die Juden sind gemein/niederträchtig.« – »Juden sind geizig« und »Juden brechen Versprechen/Verträge«. Nikoline Hansen, Autorin des Artikels kommentiert: »Dass diese volksverhetzenden, aus dem Mittelalter stammenden Zuschreibungen aber im Jahr 2015 ausgerechnet auf einer Seite der deutschen DITIB verbreitet werden, einer mit dem türkischen Staat und auch der AKP eng verbundenen islamischen Gemeinschaft, die sich darum bemüht, in Deutschland offiziell als Religionsgemeinschaft anerkannt zu werden und die darauf ausgerichtet den Dialog mit der deutschen Politik führt, ist ein Skandal.«

Özdemir will DITIB-Religionsunterricht verbieten

Für das öffentliche Ansehen der DITIB sind diese und einige andere Vorkommnisse verheerend. In Hamburg, dem ersten Bundesland, das einen Staatsvertrag mit muslimischen Verbänden abgeschlossen hat, erlaubt man DITIB, sogar islamischen Unterricht an Regelschulen abzuhalten. Im Sommer 2016 nahm der Grünen-Vorsitzende Cem Özdemir die wachsende Macht der DITIB zum Anlass für eine umfassende Kritik. Gegenüber *Bild am Sonntag* bezeichnete er türkische Nationalisten als eine »Art türkischer Pegida«.[13]

Der »lange Arm Erdoğans« dürfe nicht nach Berlin, Stuttgart oder München ragen. Özdemir hält das im Bildungswesen für be sonders gravierend: »Wenn wir unsere Schulen für muslimischen Religionsunterricht über DITIB öffnen, lassen wir zu, dass Erdoğans Ideologie im Unterricht in unserem Land verbreitet wird«, sagte Özdemir, »das finde ich unerträglich.«

Dieses Bild bestätigt auch der Imam einer unabhängigen Berliner Moschee, der es vorzieht, namentlich nicht genannt zu werden.[14] Der Mann, der seit Jahrzehnten seinen Dienst in Deutschland und der Türkei versieht, kritisiert vor allem türkische Organisationen, die Moscheen in Deutschland betreiben wie DITIB und Millî Görüş: »Die wollen nicht, dass die Kinder humanistisch, demokratisch und international erzogen werden, die wollen vor allem, dass alle so denken wie sie. Sie wollen, dass die Jugendlichen, ihr Land, ihre Sache, ihre Meinung vertreten und das verbreiten.« DITIB erwiderte auf die Vorwürfe, der Verband wie auch die türkische Religionsbehörde respektiere alle »Glaubensüberzeugungen und Weltanschauungen«. Daher seien die »Religionsdienste von den durch Diyanet entsandten Imamen ein »Garant gegen den Radikalismus«: »Es ist ein deutlicher Verdienst dieser Arbeit, dass extreme Salafisten und radikal Gesinnte keinen Platz in den DITIB-Gemeinden finden.«[15] Aber ist DITIB wirklich fromm und harmlos?

DITIB-Imame sollen für die Türkei bespitzeln

Seit einer Anzeige des Grünen-Bundestagsabgeordneten Volker Beck stehen zumindest einige Vertreter DITIBs in Deutschland, aber auch Diyanet-Vertreter in anderen EU-Ländern im Verdacht, kriminell zu sein. Sie werden verdächtigt, einer Aufforderung aus der Türkei nachgekommen zu sein, nach dem Putsch nach Anhängern der weltweit aktiven Bewegung des Predigers Fetullah Gülen zu suchen. In den Augen Volker Becks ist das eine Aufforderung zur Spionage in einem fremden Land. Erst nach einigen Verzögerungen und nachdrücklichen Nachfragen Becks bei der Karlsruher Generalbundesanwaltschaft, nahm diese schließlich Ermittlungen gegen einzelne DITIB-Imame auf.[16] Die DITIB selbst wies die Vorwürfe in einer Pressemitteilung zurück: Weder der DITIB-Bundesverband noch Landesverbände und Gemeinden hätten eine Anweisung zum Bespitzeln erhalten oder weitergegeben. Auch seien keine solchen Berichte in Abteilungen der DITIB verfasst oder weitergegeben worden: »Im Gegenteil: an alle Moscheen ist die klare Weisung gegangen, dass unsere Moscheen und das Gebet offen sind für Jeden und dass unsere Moscheen Orte der Spiritualität, nicht der Politik/Polemik sind.«[17]

Hinweise auf ein europäisches Spionagenetzwerk

Interne Unterlagen aus dem Diyanet-Netzwerk[18] deuten auf ein ähnliches Vorgehen in mehreren deutschen Städten und aus der Schweiz, Österreich, den Niederlanden, Belgien hin. Wie in geheimdienstlichen Schreiben heißt es zum Beispiel in einem Anschreiben von Yusuf A., dem stellvertretenden Rat für Religionsdienste der türkischen Botschaft an das Präsidium für Religiöse Angelegenheiten: »Wie in obigem Schreiben angefordert, erfolgt hiermit zu Ihrer gefälligen Kenntnisnahme in der Anlage der erstellte Bericht über die FETÖ-[Gülen, d. Verf.] Organisationsstruktur.«[19] Die Berichte im Anhang lesen sich wie klassische Spitzelberichte über die PKK oder über Gülen-Büros. Über eine angebliche Einrichtung der Gülen-Bewegung in Bergneustadt heißt es: »Dieser Hort des Bösen verbreitet völlig gegenstandslose Verleumdungen über die Dienste unserer Moschee und betreibt seine Aktivitäten in enger Tuchfühlung mit den deutschen Behörden und lokalen Medien.«[20] Spitzelberichte dieser Art finden sich von namentlich benannten Moscheebediensteten von Bad Godesberg, Bergneustadt, Fürthen/Sieg, Overath, Waldbröl, Radevormwald, Engelskirchen, Wipperfürth, Lindlar, Eitorf, Betzdorf. Ich habe allen diesen Gemeinden zu den Vorwürfen eine umfassende Anfrage geschickt, die jedoch unbeantwortet blieb.

Die Islamisten werden aus Steuergeldern bezahlt

Für Ministerien in Bund und Ländern ist diese Nachrichtenlage besonders heikel. Denn DITIB erhält Millionensummen für Bildungs- und Flüchtlingsarbeit aus unterschiedlichen Ministerien. Allein auf Bundesebene flossen seit 2012 mehr als sieben Millionen Euro Fördermittel in Projekte unterschiedlicher DITIB-Vereine, darunter vor allem Zuschüsse des Bundesfamilienministeriums für die Flüchtlingsarbeit, für Integrationskurse und Sonderprogramme unter Titeln wie »Menschen stärken Menschen« oder »Muslimische Jugend! Friedliche Zukunft!«.[21] Für 2017 waren Fördermittel von fast 1,2 Millionen Euro bewilligt. Darunter auch folgendes Projekt: »Mein Weg – Jugend vor Ort« – laut Beschreibung ein Modellprojekt, das darauf zielt, »muslimische Jugendliche aus islamischen Gemeinden als Multiplikatorinnen und Multiplikatoren für den Dialog und bei der Bekämpfung antimuslimischer Ressentiments zu gewinnen, fortzubilden und ihre Vernetzung mit kommunalen Akteuren zu gewährleisten«.

Das Ministerium fror die Mittel nach Bekanntwerden der Vorwürfe zunächst ein, um zu prüfen, ob es einen Zusammenhang mit den von den Spionagevorwürfen betroffenen DITIB-Gemeinden gebe.[22] Anfang Mai gab das Ministerium die Mittel wieder frei. Der Grünen-Bundestagsabgeordnete Volker Beck, der die Ermittlungen angestoßen hatte, hält es für einen »sehr schlechten Witz«, wenn ein Verband, der in eine Spionageaktion verwickelt sei, Fördermittel erhalte.[23] Die Abgeordnete Sevim Dagdelen von der Linken hält diese finanzielle Unterstützung für »entweder völlig naiv oder verantwortungslos«, denn es sei bekannt, wie Erdoğan-Kritiker auch hierzulande eingeschüchtert und verfolgt würden.[24] Die DITIB selbst reagierte bereits im Februar 2017. Sie veröffentlicht eine Stellungnahme der Religionsbehörde Diyanet, wonach das Schreiben an die Imame gar nicht für Europa gedacht gewesen sei und diese darum »ihre Verantwortungen überschritten« hätten.[25] Um einer negativen Wahrnehmung in der deutschen Öffentlichkeit vorzubeugen und die seit vier Jahrzehnten bestehenden Beziehungen nicht zu beeinträchtigen, »wurde die Amtsdauer dieser Religionsbeauftragten in Deutschland vorzeitig beendet«. Mit anderen Worten: Diyanet hat die Imame, denen in Deutschland Haftstrafen wegen geheimdienstlicher Agententätigkeit gedroht hätten, vorsorglich außer Landes gebracht. An dem strukturellen Risiko, das von der DITIB ausgeht, ändert das nichts, wie einer Antwort der Bundesregierung auf eine Anfrage der Linke im Bundestag zu entnehmen ist. Sie bestätigt ganz offen die Möglichkeiten des Missbrauchs der DITIB zu Spionagezwecken:[26]

FRAGE: »Inwieweit liegen der Bundesregierung Kenntnisse (auch nachrichtendienstliche) vor, ob öffentliche Stellen der Türkei den Umstand nutzen, dass alle für DITIB in Deutschland tätigen Imame in der Türkei ausgebildet, ausgewählt und von der Türkei bezahlt und nach Deutschland geschickt werden (Bundestagsdrucksache 18/9399), um diese als Agenten zu verpflichten und sie, sofern sie sich nicht an diese Abmachung halten, aus ihrem Dienst zu entlassen und in die Türkei zurückzuschicken?«

ANTWORT DER BUNDESREGIERUNG: »Der Umstand, dass in DITIB-Gemeinden tätige Imame als Beamte oder Angestellte des türkischen Staates zur Wahrnehmung ihrer Tätigkeit nach Deutschland entsandt und durch die türkische Regierung entlohnt werden und zudem gegenüber den Religionsattachés der türkischen Generalkonsulate weisungsgebunden sind, bietet der türkischen Regierung grundsätzlich die Möglichkeit, die Imame für ihre Interessen zu instrumentalisieren und den Zeitpunkt ihrer Rückkehr in die Türkei zu bestimmen.«

Bankrotterklärung der Bundesregierung zu DITIB-Finanzen

Der Grünen-Bundestagsabgeordnete Volker Beck ließ auch nach dem Beginn der Ermittlungen gegen DITIB-Angehörige nicht locker. Er wollte genauer wissen, was die Bundesregierung über den einflussreichsten muslimischen Verband und seine Finanzierung weiß. Die Antwort der Regierung gleicht einem Offenbarungseid: »Die Bundesregierung verfügt daher nicht über detaillierte Informationen zu Finanz- und Vermögensverhältnissen von DITIB entsprechend den vorliegenden Fragen.«[27] Obwohl DITIB und seine 960 Moscheevereine das Privileg der Steuerbefreiung genießen, hat der Staat nicht einmal eine Ahnung, was mit den Millionen angestellt wird. Auch ich habe DITIB so wie alle 2700 Moscheevereine in Deutschland in einer schriftlichen Anfrage nach ihren Finanzen gefragt, um zu erfahren, wie viel Geld aus der Türkei nach Deutschland für Mitarbeiter, Imame, Immobilien oder Bautätigkeiten an Moscheen fließt. Der nach eigenen Aussagen am Dialog interessierte Verband schickte mir auf meine Anfrage hin nicht einmal eine Absage.

Volker Beck wollte auch wissen, wie die Bundesregierung gegenüber der Türkei auf die Spionageermittlungen reagierte. Er fragte: »Was war Gegenstand des Treffens des Chefs des türkischen Geheimdienstes (MIT), Hakan Fidan, beim BND, und welche Aussagen wurden von deutscher und türkischer Seite zu der DITIB-Diyanet-Spionageaffäre getroffen?« Die Antwort der Bundesregierung wiederum ist eine Geheimsache: »Die Beantwortung der Frage 24 kann nicht offen erfolgen.[…] Insofern könnte die Offenlegung der entsprechenden Informationen die Sicherheit der Bundesrepublik Deutschland gefährden oder ihren Interessen schweren Schaden zufügen.«

Schattennetzwerk rüstet mit türkischer Hilfe syrische Dschihadisten auf

Immer, wenn es um die mögliche Verwicklung des NATO-Verbündeten Türkei in die Verbreitung von Extremismus oder Terrorismus geht, wird die Bundesregierung schweigsam. Dabei ist die Rolle der Türkei seit Beginn der militärischen Eskalation in Syrien besorgniserregend. Bereits 2012 stellten CIA-Agenten im Norden

Syriens, die gemäßigte Rebellen gegen Assad organisieren sollten, fest, dass dschihadistische Gruppen über die türkische Grenze mit automatischen Waffen, Granatwerfern, Munition und panzerbrechenden Waffen beliefert werden.[28] Die CIA-Agenten sprachen von einem »Schattennetzwerk«, das den syrischen Teil der Muslimbruderschaft umfasste und aus der Türkei, aus Saudi-Arabien und Katar dafür bezahlt wurde.

2013 häuften sich Berichte, wonach die Türkei verdächtigt wurde, die Durchreise von dschihadistischen Kämpfern und IS-Terroristen zuzulassen.[29] Ein Mitarbeiter der Bundestagsabgeordneten Claudia Roth erinnert sich sogar an einen Besuch in Gaziantep nahe der syrischen Grenze im Jahr 2014, bei dem sich Lokalpolitiker im Gespräch mit Roth über dschihadistische Kämpfer beschwerten.[30] Diese erhielten seit einiger Zeit die Möglichkeit, sich an Wochenenden in der Stadt von Kampfhandlungen zu erholen. Andere seien in Krankenhäusern in Behandlung. Mittlerweile fingen die Extremisten an, auch die einheimischen Frauen wegen ihrer legeren Kleidung zurechtzuweisen.

Im Dezember 2014 war ich mit Kollegen für eine Dokumentation des Rundfunks Berlin-Brandenburg in Istanbul.[31] Wir gingen Berichten nach, wonach es mitten in Istanbul eine Art »Reisebüro für Dschihadisten« gegeben haben soll, das mittlerweile geschlossen sei. So hatte es der regierungskritische Sender IMC gemeldet. Über die Rolle der Türkei im Syrien-Konflikt hatte zuerst der unabhängige Fernsehsender IMC berichtet. IMC lieferte den ersten Filmbeweis, dass mutmaßliche IS-Kämpfer tatsächlich knapp 10 Kilometer von Kobanê entfernt die türkische Grenze zu Syrien passierten – ungehindert von den Panzern der türkischen Armee und unter den Augen der türkischen Grenztruppen. Man sah junge Männer in T-Shirt und Jeans in einem Fußgängertunnel verschwinden. Zehn Minuten später verließen sie den Tunnel bewaffnet und angeführt von IS-Leuten. IMC-Chefredakteur Eyup Burc zeigte uns die Bilder: »Man kann das offen sehen, wie die ISIS-Militanten von türkischer Seite in die syrische Seite laufen. Man kann auch sehen, wie diese Leute mit zivilen Klamotten hierherkommen und sich unter diesem Tunnel umziehen. Und mit syrischen Waffen in syrisches Territorium gehen.«

Die außenpolitische Sprecherin der Linken im Bundestag, Sevim Dagdelen, fragte 2016 nach den Erkenntnissen der Bundesregierung über die Unterstützung von Extremisten und Terroristen durch die Türkei. Ihre Antwort stufte die Bundesregierung als vertraulich ein, doch das ARD-Hauptstadtstudio gelangte in den Besitz einer Kopie. Unverblümt beschreibt das Bundesinnenministerium darin die Einschätzung der Bundesregierung: »Die zahlreichen Solidaritätsbekundungen und Unterstützungshandlungen für die ägyptische MB (Muslimbruderschaft, Anm. d. Verf.), die Hamas und Gruppen der bewaffneten islamistischen Opposition in Syrien durch die Regierungspartei AKP und Staatspräsident Erdoğan unterstreichen deren ideologische Affinität zu den Muslimbrüdern.«[32]

Die Bundesregierung kritisiert die »Islamisierung« der türkischen Politik

Mit dieser Antwort, die eigentlich niemals hätte öffentlich werden sollen, bestätigte die Bundesregierung erstmals öffentlich, dass der NATO-Verbündete Türkei ein doppeltes Spiel spielt. Das Land, das eigentlich den NATO-Statuten und seinen politischen Werten verschrieben sein sollte, unterstützt massiv internationale Islamisten. Laut der vertraulichen Expertise folgt diese Politik von Staatspräsident Erdoğan damit einer langfristigen Strategie: »Als Resultat der vor allem seit dem Jahr 2011 schrittweise islamisierten Innen- und Außenpolitik Ankaras hat sich die Türkei zur zentralen Aktionsplattform für islamistische Gruppierungen der Region des Nahen und Mittleren Ostens entwickelt.«

Und bis heute beginnen die Geldströme für terroristische Organisationen auf türkischem Boden. So soll israelischen Quellen zufolge ein Viertel des Budgets, das der Terrororganisation Hamas in Gaza zur Verfügung steht, von Wohltätigkeitsorganisationen aus der Türkei zur Verfügung gestellt werden.[33] Die religiös orientierten sunnitischen Wohltätigkeitsorganisationen wiederum können nach Ansicht von Beobachtern kaum einen Schritt ohne die Billigung der türkischen Religionsbehörde Diyanet unternehmen, zu deren Machtbereich auch die deutsche DITIB gehört.

Diyanet-DITIB-Chef trifft ehemaligen al-Qaida-Unterstützer

Am 10. Mai 2017 berichtete die türkische Zeitung *Sözcü* von einem Treffen von Diyanet-Chef Mehmet Görmez mit einer irakischen Delegation von Gelehrten unter der Führung von Muthanna Harith al-Dari.[34] Beide sind in sehr entspannter Gesprächsatmosphäre auf Fotos abgelichtet, was signalisiert, dass es sich nicht um ein geheimes Treffen handelte. Vielmehr lobte der Diyanet-Chef dem Pressebericht zufolge al-Daris Arbeit und dessen Urteil, das er sehr schätze. Mit diesem Treffen begab sich der Chef der Diyanet in eine sehr zweifelhafte Gesellschaft. Denn seit dem 25. März 2010 ist al-Dari auf der UN-Sanktionsliste der Unterstützer des al-Qaida-Netzwerkes gelistet.[35] Die UNO wirft al-Dari vor, al-Qaida im Irak finanziell unterstützt zu haben. So habe er im Oktober 2008 eine Million Dollar an ein al-Qaida-Mitglied gezahlt, der irakische Kämpfer in Syrien und in der irakischen Provinz al-Anbar anwarb – übrigens drei Jahre vor dem Beginn der Proteste gegen den syrischen Machthaber Assad. Al-Dari soll laut der UNO dem al-Qaida-Mitglied empfohlen haben, neuen Rekruten 10 000 Dollar zu versprechen, wenn sie ihre Ausbildung vollenden. Auch soll al-Dari 2008 eine al-Qaida-Zelle direkt finanziert haben, die die irakische Armee und ihre internationalen Alliierten ins Visier nahm. Al-Dari soll die »al-Qaida Irak« sogar direkt beraten haben, wie man zivile Ziele im Irak angreift. Mitte August 2008 soll er sogar persönlich dem Training von Attentätern beigewohnt und dort gesagt haben, was notwendig sei, um Attentate im größeren Maßstab zu verüben. Wer diese Ziele im Training nicht erreiche, müsse durch andere al-Qaida-Mitglieder ersetzt werden. Er sagte den Nachwuchskämpfern, dass sie alle Unterstützung der »al-Qaida Irak« hätten, wenn sie sich landesweit für Attentate zur Verfügung stellten. Auch habe er angeboten, notwendiges Material zu beschaffen. Der amtierende Chef der Diyanet Mehmet Görmez sollte angesichts der Fülle dieser UN-Vorwürfe fragen, ob er sich den richtigen Gesprächspartner ausgesucht hat.

17 Tage nachdem die türkische Zeitung über das Treffen berichtet hatte, wurden zwei Journalisten von *Sözcü* festgenommen.[36] Man warf ihnen Unterstützung des Gülen-Netzwerks vor, und zwar wohl wissend, dass *Sözcü* als laizistische Publikation sehr kritisch mit Gülen umgegangen war. Für eine staatliche Religionsbehörde gibt es außer dem Nahen Osten, Syrien, dem innertürkischen politischen Konflikt vor allem eine religiöse Agenda. Diese wirkt sich via DITIB auch direkt auf den Integrationsprozess in Deutschland aus. Dazu gehören auch Fatwas, also Rechtsgutachten der türkischen Religionsbehörde Diyanet, die am Jahresbeginn 2016 publik wurden. Wie *Die Welt* berichtete, hatte Diyanet auf eine Anfrage eines Gläubigen in einer Fatwa[37] geantwortet, dass es aus Sicht »mancher muslimischer Strömungen« keinen Einfluss auf die Ehe habe, »wenn der Vater seine Tochter mit Wollust küsst«. Auch sei es keine Sünde, wenn ein Vater seine Tochter »ansieht und dabei Lust empfindet«. Das Mädchen müsse aber »älter als neun Jahre« sein – also in dem Alter, in dem der Prophet Mohammed seine jüngste Frau Aisha ehelichte. Erst nach einem öffentlichen Proteststurm in der Türkei behauptete die Religionsbehörde, in der Fatwa einen Übersetzungsfehler begangen zu haben. Nicht zurückgenommen hat Diyanet hingegen eine Fatwa, wonach der öffentliche Austausch von Zärtlichkeiten eine Sünde darstelle.[38] Küssen und Händchenhalten wären demnach in der Türkei verboten. Gäbe es nicht den beständigen Finanzstrom von Diyanet zu der

in Deutschland tätigen DITIB und nicht die entsprechenden Weisungsrechte aus der Türkei, müssten uns diese Vorfälle hierzulande nicht interessieren. Bei der hier vorliegenden hierarchischen Struktur jedoch, muss die deutsche Öffentlichkeit sich mit diesen Tatsachen beschäftigen. Abdel-Hakim Ourghi, der Leiter des Fachbereichs Islamische Theologie/Religionspädagoge an der Pädagogischen Hochschule Freiburg, ist häufiger mit kritischen Äußerungen über die muslimischen Moscheevereine in Deutschland an die Öffentlichkeit getreten und hat seiner Sorge um das Zusammenleben in Deutschland Ausdruck verliehen: »Der türkische Islam wird immer islamistischer und nationalistischer. Er bildet sogar die Basis für einen ›Ghetto-Glauben‹ in die Parallelgesellschaft.«[39] Es sei auch nicht verwunderlich, dass ein Drittel aller aus Deutschland nach Syrien und Irak Ausgereisten türkischstämmig sei.

Die Verehrung von Märtyrern, die früher auch im Christentum verbreitet war, findet bei DITIB zuweilen auch mitten in der zentralen Freitagspredigt statt. So heißt es in der Predigt vom 14. 03. 2014 zum Märtyrertum: »Ein weiterer Rang ist der Märtyrer *(şehit, schahīd)*. Der Begriff steht für diejenigen, die für ihren Glauben sterben, für ihr Land und die Werte, die ihnen heilig sind. [...] Der Märtyrer sieht, dass er in das Paradies eintreten wird, dass er hier von Allah besonders umsorgt wird. [...] Nur der *schahid*, er möchte wieder auf die Erde zurück und wieder den Märtyrertod sterben, wenn er sieht, welches Ansehen und welchen Rang er im Paradies genießt.«[40] Und am 11. März 2016 endete die DITIB-Zentralpredigt mit einer Segnung muslimischer Märtyrer: »Während ich meine Predigt beende, wünsche ich Allahs Güte für die Märtyrer, die im jungen Alter für ihre Heimat, ihr Volk, ihre Fahne und gesegnete Werte ihr Leben verloren haben; auch wünsche ich rasche Genesung für unsere Verletzten, Geduld und Beileid für ihre Familien und für unser Volk.«[41] Selbst wenn es sich bei solchen Worten nur um die Verehrung für gefallene türkische Soldaten handeln sollte, spiegelt die Auswahl solcher Predigtinhalte sicherlich nicht die Friedensabsicht im Islam wider.

Nordrhein-Westfalen stoppt Förder- und Finanzierungsmittel

Die deutsche Öffentlichkeit wurde auf diese Problematik 2016 aufmerksam, als der *Stern* und andere Medien über einen ernst gemeinten Kindercomic der Diyanet in türkischer Sprache berichteten, in dem der Märtyrertod mehrfach verherrlicht wurde.[42] Für das Land Nordrhein-Westfalen waren diese Berichte Grund genug zu handeln. Das Innenministerium bat den Landesverband DITIB NRW um eine Stellungnahme zu dem Comic.[43] Denn der Verband ist federführend in dem Präventionsprogramm »Wegweiser« tätig, einem Programm, das junge Menschen vom Märtyrertod abhalten soll. Die DITIB war in ihrer Stellungnahme aber nicht zu einer Distanzierung bereit: »In dieser Stellungnahme konnte keine für einen Träger des Präventionsprogramms ›Wegweiser‹ notwendige klare Neutralität bzw. ausreichende Distanz davon festgestellt werden.« NRW löste daher den Vertrag mit DITIB auf. Sogar die SPD-Ministerpräsidentin Hannelore Kraft äußerte nun Zweifel, »dass die DITIB den Kriterien zur Einstufung als Religionsgemeinschaft entspricht«.[44]

Wie heikel die öffentliche Finanzierung von externen Programmen sein kann, zeigt auch das jüngste Vorgehen der Behörden in Nordrhein-Westfalen. Der *Rheinischen Post* vom 11. April 2017 zufolge ist die Zahl der Gefängnisseelsorger der DITIB von 117 im Jahr 2015 auf derzeit 12 gefallen. Denn die meisten der aus der Türkei bestellten Imame hatten offenbar die Sicherheitsüberprüfung nicht bestanden. Für DITIB ist das keine gute Nachricht und ebenso wenig für Behörden und Politik in ganz Deutschland, die auf gemäßigte und seriöse Partner angewiesen sind. Die religiöse Ausrichtung eines so mächtigen und überdies zentral aus dem Ausland gesteuerten Verbands wie DITIB bleibt selbstverständlich bei den Muslimen hierzulande nicht folgenlos. So kommt eine Studie der Universität Münster nach der Befragung von 1201 Menschen aller Generationen zu dem Ergebnis, dass fast die Hälfte der befragten

Türkischstämmigen in Deutschland die eigene religiöse Lebensführung auch über das weltliche Gesetz stellen würde. Allerdings milderte sich diese Haltung bei den jüngeren Menschen ab: So stimmten aus der ersten Generation der Einwanderer 57 Prozent, aus der zweiten und dritten 36 Prozent aller Befragten zu, dass religiöse Bestimmungen für sie Vorrang vor den Gesetzen des Staates hätten. Fast ein Drittel der Befragten befürwortete außerdem eine Rückkehr zur Gesellschaftsordnung, wie sie zu Lebzeiten Mohammeds herrschte.[45] Während 36 Prozent der türkischstämmigen Menschen der ersten Generation in Deutschland dies befürworteten, waren es bei der zweiten und dritten Generation 27 Prozent. Der Loyalität zu unserer Gesellschaftsordnung sind also dieser Studie zufolge bei einer beträchtlichen Zahl Türkischstämmiger religiöse Grenzen gesetzt. Die Autoren der Studie ließen die Teilnehmer auch zu folgender Aussage Stellung beziehen: »Egal wie sehr ich mich anstrenge, ich werde nicht als Teil der deutschen Gesellschaft anerkannt.« Sie wurde von 54 Prozent der Befragten bejaht.[46] Dieser Teil der Studie belegt zugleich, dass es bis zur Überwindung der Diskriminierung noch ein weiter Weg ist. Um zu verhindern, dass die Gräben zwischen der sogenannten Mehrheitsgesellschaft und den praktizierenden Muslimen noch tiefer werden, müssen diese sich auch gut vertreten fühlen. Je länger aber der Dachverband DITIB als verlängerter Arm des türkischen Staates agiert, desto schwieriger ist es für seine Mitglieder, als Muslime in Deutschland wirklich anzukommen.

Blackbox Moscheefinanzierung

Muslimbrüder, Politiker und andere Netzwerke

Es ist fast auf den Tag drei Monate nach dem ersten großen islamistischen Terroranschlag in Deutschland, als sich am Ort des Massakers einige Geistliche und Politiker aus der Hauptstadt zu einer sogenannten Friedenskundgebung versammeln. Mitorganisiert hat die Veranstaltung der Verein Neuköllner Begegnungsstätte e. V. Trägerverein der Berliner Dar-as-Salam-Moschee. An der Kaiser-Wilhelm-Gedächtniskirche steht auch Berlins Regierender Bürgermeister Michael Müller von der SPD vor etwa 500 – vor allem muslimischen – Teilnehmern. In seiner Ansprache sagt der Imam der Dar-as-Salam-Moschee Mohamed Taha Sabri: »Sie alle haben sicherlich noch den Anschlag kurz vor Weihnachten hier am Breitscheidplatz im Gedächtnis. Ja und ja! Ich verweigere mich, diesen Terror als islamistischen oder islamischen Terror zu bezeichnen. Natürlich nennen sich die Täter selbst Muslime. Sie behaupten im Namen des Islam zu kämpfen. Als Imam, als Moslem, als Mensch kann ich Ihnen versichern, das nichts von dem, was die da anrichten, etwas mit dem Islam gemein hat.«[1] Sabri bezeichnet sie als »Handlanger einer faschistischen Ideologie«. Der Regierende Bürgermeister Berlins steht mit einem Mann am Ort des Grauens, dem er selbst 2015 den Landesverdienstorden verliehen hatte, und zwar weil der Imam die Meinung vertrat, das »Bekenntnis zu demokratischen Werten lasse sich aus dem *Koran* ableiten – Hass, Gewalt und Terrorismus hingegen seien mit dem *Koran* nicht vereinbar«.[2]

Ein Imam, dessen Moscheeverein als gemeinnützig anerkannt ist und somit das Privileg der Steuerfreiheit genießt. Unter der Aufschrift »Religionen für ein weltoffenes Berlin – Friedenskundgebung am Breitscheidplatz« hingen Friedenstauben, ein Halbmond, ein Davidstern und ein Kreuz. Die interreligiöse Veranstaltung, mit der gegen religiös motivierte Gewalt demonstriert werden sollte, war umstritten, weil vier teilnehmende muslimische Vereine vom Verfassungsschutz beobachtet werden. Sie sollen Kontakte zu islamistischen Gruppierungen unterhalten: neben der Neuköllner Begegnungsstätte, dem Moscheeverein Teiba e. V., dem Interkulturellen Zentrum für Dialog und Bildung e. V. und dem Islamischen Kultur- und Erziehungszentrum Berlin e. V., das der Berliner Verfassungsschutz seit langem als »Berliner Treffpunkt von Hamas-Anhängern« einstuft.[3] Ich habe alle vier Vereine um eine Stellungnahme zu den Berichten des Verfassungsschutzes gebeten und nur im Fall der Neuköllner Begegnungsstätte eine Antwort erhalten. Imam Sabri kann nicht verstehen, warum sein Verein vom Verfassungsschutz beobachtet wird: »Wir versuchen unsere Arbeit zu machen, ganz effektiv im Sinne des Wohls der Gesellschaft. Wir fühlen uns als ein Teil der Gesellschaft«, sagt Sabri. Der Imam sagt, er wisse, dass der Verfassungsschutz »einen enormen Job« leiste, »der garantiert oder versucht, unsere Sicherheit zu schützen«, aber keiner der Verfassungsschützer sei jemals zu einem Gespräch mit ihm gekommen.

Neben den vier Vereinen war auch die Initiative Berliner Muslime bei der Gedenkveranstaltung zugegen, zu der auch der Trägerverein der problematischen Al-Nur-Moschee, die Islamische Gemeinschaft Berlin, gehört, gegen die schon länger ein Verbot durch die Senatsverwaltung für Inneres in Berlin geprüft wird.[4] Es dürfte sicherlich ein seltener Fall von erfolgreicher Öffentlichkeitsarbeit sein, einen Regierenden Bürgermeister der deutschen Hauptstadt auf eine Bühne mit lauter vom Verfassungsschutz beobachteten Organisationen zu bekommen. Hätte Michael Müller auf die warnenden Stimmen im Vorfeld der Veranstaltung gehört, wäre

Erol Özkaraca vielleicht doch noch in der SPD geblieben. Den Abgeordneten und eine der wichtigsten Stimmen gegen den Islamismus in der deutschen Hauptstadt hielt es nach der sogenannten Gedenkveranstaltung am Breitscheidplatz nicht mehr in seiner Partei. Auf seiner Facebook-Seite schrieb er, sein Kampf in der SPD für eine klare und eindeutige Abgrenzung vom Islamismus sei »vollkommen erfolglos gewesen«. Er hält den gemeinsamen Auftritt am Breitscheidplatz für ein katastrophales Signal: »Dass wir mit derartigen Handlungen und Reden die Unterstützungen von vielen säkularen Muslimen, Juden und vielen anderen verlieren könnten, die treu zu uns standen und eher unseren Grundauffassungen folgen, wird nicht gesehen.«[5]

Das Phänomen von Berlins bekanntestem Moscheeverein ist von gespaltenen Wahrnehmungen gekennzeichnet. Einerseits ist ihr Imam beliebt und in der Politik gut vernetzt. Andererseits warnen die Experten im Landesamt für Verfassungsschutz: »Die mitgliederstärkste Organisation von MB-Anhängern [Anhängern der Muslimbruderschaft, d. Verf.] in Deutschland ist die ›Islamische Gemeinschaft in Deutschland e. V.‹ (IGD). Die IGD hat Verbindungen zu einer Reihe von Vereinen. In Berlin zählen hierzu das ›Interkulturelle Zentrum für Dialog und Bildung e. V.‹ (IZDB), das ›Islamische Kultur- und Erziehungszentrum Berlin e. V.‹ (IKEZ), die ›Neuköllner Begegnungsstätte e. V.‹ (NBS), auch bekannt als ›Dar as-Salam Moschee‹, und das ›Teiba Kulturzentrum zur Förderung der Bildung und Verständigung e. V.‹ (TKZ).«[6] Aber wer ist diese Muslimbruderschaft überhaupt? Und welche Relevanz hat sie? Das Problem an dieser Geschichte ist: Es gibt in Deutschland keine einzige Organisation, die als offizieller Zusammenschluss von Muslimbrüdern auftritt. Es handelt sich hierzulande um eine Schattenorganisation. Um deren Funktionsweise zu verstehen, ist es notwendig, einen Blick auf die Geschichte ihrer Entstehung zu werfen.

Die Geschichte der Muslimbruderschaft

Die 1928 gegründete Muslimbruderschaft ist die größte und einflussreichste sunnitische islamistische Organisation. In seiner Abhandlung über die *Islamistischen Internationalisten* schreibt Johannes Grundmann, sie habe »die schrittweise Errichtung eines weltweiten islamischen Staates auf der Basis der Scharia zum Ziel«.[7] Ihr Selbstverständnis formulierte die Muslimbruderschaft in wenigen kurzen Sätzen: »Allah ist unser Ziel, der Prophet ist unser Führer. Der Koran ist unser Gesetz. Der Dschihad ist unser Weg. Sterben auf dem Weg zu Allah unsere größte Hoffnung.«[8] Dieses Bekenntnis kann allerdings nicht automatisch mit einem Bekenntnis zum gewalttätigen Dschihad gleichgesetzt werden, da im theologischen Sinne der Dschihad auch als »Kampf« gegen innere Widrigkeiten und Sünden des Menschen bezeichnet wird. Die Nahost-Expertin und Journalistin Petra Ramsauer schreibt in ihrem Buch *Muslimbrüder – ihre geheime Strategie, ihr Netzwerk*, Gelehrte hätten auch den »Großen Dschihad« definiert als eine Anstrengung der Menschen, ein »gottgefälliges Leben« zu führen. Der Gründer der Bruderschaft, Hassan al-Banna, ging deutlich weiter: »Heute sind die Muslime dazu genötigt, sich zu erniedrigen, werden von Ungläubigen regiert. Deshalb ist es Pflicht jedes Einzelnen, seine Ausrüstung vorzubereiten und sich dazu zu entscheiden, am Heiligen Krieg teilzunehmen, um das muslimische Heimatland zu befreien.«[9] Es bleibt bis heute jedem Gläubigen überlassen, seine eigene Definition des Zitats zu wählen. Mitte der fünfziger Jahre glich die Situation der heutigen in Ägypten. Viele Muslimbrüder saßen hinter Gittern. Einer ihrer Führer, Sayyd Outb, radikalisierte sich im Gefängnis.[10] Sein Manifest mit dem Titel *Meilensteine* markiert den ideologischen Beginn der Abspaltung eines dschihadistischen Flügels von der Muslimbruderschaft. Outb propagiert offen den bewaffneten Kampf zur Erreichung der eigenen Ziele. Er wurde 1966 exekutiert, zu seinen zahlreichen Verehrern aber gehörte zum Beispiel ein Jugendlicher namens Ayman al-Zawahiri, der sich mit

14 Jahren kurz vor Outbs Tod der Bruderschaft anschloss. Rund ein halbes Jahrhundert später sollte er Osama bin Laden als Nummer eins von al-Qaida nachfolgen.

Die Muslimbruderschaft ist in vielen Ländern der Welt vertreten und aktiv – allerdings selten mit offenem Visier. Sie verfügt über ein großes Netz an Sympathisanten und über viele Kontakte auch in der Politik. Im Unterschied zu dschihadistischen Ansätzen einer schnellen militärischen Unterwerfung der Ungläubigen, zielt die Muslimbruderschaft auf einen mehrere Generationen dauernden Prozess ab. In ihren zahlreichen Organisationen versucht sie sich in der Politik, in der Wirtschaft, vor allem im Bildungsbereich, aber auch im Gesundheits- und Sozialwesen zu vernetzen. So beschreibt es Petra Ramsauer: »Dazu wird nicht bloß versucht, in den jeweiligen Nationalstaaten ein eigenes Schulsystem parallel zur öffentlichen Infrastruktur aufzubauen, sondern auch Brüder in relevanten Positionen im jeweiligen Bildungssystem zu haben. Dazu werden gezielt Lehrer, Universitätsprofessoren und Ministeriumsmitarbeiter als Mitglieder angeworben.«[11] Der langjährige Chefideologe der Bruderschaft, Yusuf al-Qaradawi, bestätigte den Schwerpunkt der Bruderschaftsaktiviäten im Bildungswesen: »Einer der größten Erfolge unserer Organisation war es, für die islamkonforme Erziehung ganzer Generationen gesorgt zu haben.«[12]

Die Muslimbruderschaft wirbt finanzstarke und einflussreiche Mitglieder an

Die Muslimbruderschaft nimmt gutverdienende Eliten in ihre Reihen auf und verfügt über ein breit aufgestelltes internationales Finanzwesen. Der stellvertretende geistliche Chef der Bruderschaft und zugleich für die Finanzen zuständige Kheirat al-Shater betreibt ein Wirtschaftsimperium aus Textilfabriken[13] und sitzt aber wie die gesamte Führungsriege der ägyptischen Muslimbruderschaft gegenwärtig im Gefängnis.[14] In Deutschland organisierten sich 1982 ägyptische Muslimbrüder, die in ihrer Heimat unter Druck standen, in der Islamischen Gemeinschaft in Deutschland (IGD). Sie gilt als die wichtigste Organisation von Anhängern der Muslimbruderschaft in Deutschland mit bundesweit mindestens fünfzig Moscheevereinen.[15] Das Bundesamt für Verfassungsschutz fasste in seinem Bericht 2016 zusammen, sie verfolge »eine an der MB-Ideologie [Muslimbruderschaft, d. Verf.] ausgerichtete Strategie der Einflussnahme im politischen und gesellschaftlichen Bereich. […] Bei öffentlichen Auftritten werden Bekenntnisse zur MB und verfassungsfeindliche Äußerungen vermieden. Gleichwohl sind die Aktivitäten der IGD-Zentren aufgrund ihrer ideologischen Ausrichtung an der MB geeignet, eine ablehnende Haltung gegenüber westlichen Werten zu verstärken und eine Distanz zur Demokratie zu fördern.« Das Landesamt für Verfassungsschutz Nordrhein-Westfalen äußert sich über die Muslimbruderschaft in Deutschland wie folgt:»Ziel der MB ist die Umgestaltung der Länder mit islamischer Mehrheitsbevölkerung in Staaten mit islamistischem Regierungssystem auf der Grundlage der Scharia sowie der islamischen Rechts- und Lebensordnung. Gewalt wird zur Durchsetzung dieses Ziels nicht ausgeschlossen. Sie ist aber kein vorrangiges Mittel. Die MB lehnt demokratische Staatssysteme ab beziehungsweise akzeptiert sie nur als Übergangslösung.«[16] Die bayerischen Verfassungsschützer formulierten 2014:»Die IGD versucht, durch politisches Engagement in Deutschland ihre von der Ideologie der Muslimbruderschaft (MB) geprägten Ziele zu erreichen. Die Anhänger der IGD sind bemüht, ihre Verbindung zur MB in öffentlichen Verlautbarungen nicht zum Ausdruck zu bringen. Die Bestrebungen der IGD richten sich gegen die freiheitliche demokratische Grundordnung der Bundesrepublik Deutschland.«[17]

Als ich den IGD-Präsidenten Samir Falah nach der Muslimbruderschaft fragte, verwies er auf eine Stellungnahme der IGD zu diesem Thema:»Die Islamische Gemeinschaft in Deutschland e. V. wurde 1958 unter anderem auch durch islamische Persönlichkeiten aus dem Umfeld der Muslimbruderschaft, die aus verschiedenen arabischen und islamischen Ländern nach Deutschland gekommen sind, gegründet. Nichtsdestotrotz war und ist die IGD keine Institution, die eine organische oder organisatorische Bindung mit islamischen Bewegungen in der islamischen Welt unterhalten hat oder unterhält. Die IGD und deren Mitglieder setzen sich seit Jahren differenziert mit dem Gedankengut des Islams und den islamischen Bewegungen auseinander und interpretieren den Islam entsprechend des jeweiligen Zeit- und Raumkontext für sich neu. Aufgrund der zahlreichen Verweise auf die Muslimbruderschaft und die angeblichen Verstrickungen der IGD zu ihr in den Medien und einigen Bewertungen von Sicherheitsbehörden, betonen wir an dieser Stelle explizit und unmissverständlich, dass wir kein Teil der Muslimbruderschaft waren und sind.«[18] Damit bestreitet die IGD auch, sich gegen die Grundordnung der Bundesrepublik zu richten und mögliche Verbindungen zur Muslimbruderschaft zu vertuschen.

Die Muslimbrüder-nahe IGD wiederum kooperiert zum Teil mit der Islamischen Gemeinschaft Millî Görüş, die ebenfalls mehr als 300 Moscheen unter sich vereinigt und laut dem Verfassungsschutzbericht 2016 rund 10 000 als islamistisch eingestufte Anhänger hat, allerdings bei einem »schwächer werdenden Extremismusbezug«.[19] Dort heißt es: »Insgesamt verfügt die ›Millî-Görüş‹-Bewegung über einige Zehntausend Anhänger. Die Zahl der extremistischen Anhänger wird dabei auf bis zu 10 000 Personen geschätzt.«[20] Die IGD gehört zu den zahlenmäßig gewichtigen Mitgliedern im Zentralrat der Muslime. Die Neuköllner Begegnungsstätte (NBS) wiederum ist Mitglied in der Islamischen Föderation Berlin,[21] die als eine Art Landesverband der islamistischen Millî-Görüş-Bewegung gelten kann.[22]

Taktik der Verschleierung, um öffentlich gefördert zu werden

Längst scheint aber auch die IGD selbst die Problematik der Gemeinnützigkeit entdeckt zu haben. Der Organisation selbst wurde sie bereits 1999 entzogen, viele ihr nahestehende Vereine genießen sie noch immer. In Bayern etwa sind der IGD das Islamische Zentrum München und die Islamische Gemeinde Nürnberg zuzuordnen. Doch nach Erkenntnissen des bayerischen Verfassungsschutzes betreibt die IGD eine »Verselbstständigung der ihr nachgeordneten Islamischen Zentren«.[23] Damit entstünden »Vereinsstrukturen, die nur schwer kontrollierbar sind und die die tatsächliche Anbindung an die IGD verschleiern«. Dieses Vorgehen ermögliche den neugegründeten selbständigen Vereinen, für sich die Gemeinnützigkeit und alle damit verbundenen Steuerprivilegien zu beantragen. Die Gemeinnützigkeit ist nicht nur mit der Steuerbefreiung des Vereins verbunden, sondern öffnet viele Türen – auch zu staatlichen Fördermaßnahmen.

Die Spur des Geldes führt zu den Unterstützern des Vereins

Aber was ist dran an den Vorwürfen des Berliner Verfassungsschutzes? Steht die Neuköllner Begegnungsstätte mit ihrer Dar-as-Salam-Moschee tatsächlich der Muslimbruderschaft nahe? Um das zu ergründen, begebe ich mich zum Vereinsregister im Amtsgericht von Berlin-Charlottenburg sowie zum Grundbuchamt im Berliner Bezirk Neukölln. Ich hoffe, hier herauszufinden, mit wem dieser Verein finanziell in Beziehung steht. Meine Fragen sind einfach: Wem gehört die Moschee-Immobilie? Wer zahlt die Miete und wie viel? Vielleicht ist es die Spur des Geldes, die den Blick auf die politische Relevanz des Vereins vervollständigt. Bei solchen Anfragen ist man als Journalist leider auf das Wohlwollen der

Amtsgerichte angewiesen. Um einen Blick in ein Grundbuch zu erhaschen, muss der Journalist das öffentliche Interesse glaubhaft machen. Nicht selten habe ich eine Abfuhr erhalten, im Fall der NBS erhielt ich einen positiven Bescheid.

Im Vereinsregister ist die Geschichte der Neuköllner Begegnungsstätte in einer mittelstarken Akte niedergelegt. Sie begann am 18. September 2007 mit der Gründung des gleichnamigen Vereins. In den Räumen des Vereins beschlossen acht Teilnehmer die Gründung des Vereins und wählten Mohamed Taha Sabri zum Vorsitzenden. In ihrer ersten Satzung heißt es über den Zweck des Vereins: »Neuköllner Begegnungsstätte (NBS) identifiziert sich mit Projekten, die auf sozialem und interkulturellem Gebiet mit Migranten arbeiten.«[24] Die Behörden hätten getrost annehmen können, dass dieser Verein nichts mit einer bestimmten Religion zu tun habe, denn in der Satzung hieß es wörtlich: »In unserer Begegnungsstätte sollen viele Menschen abgesehen von ihren Nationalitäten, Religionen oder Sprachen sich treffen und kommunizieren.« Als Zweck des Vereins sah die Satzung »interkulturelle Arbeit«, »integrationsfördernde Projekte«, soziale Beratung und Betreuung, Berufsorientierungskurse und Dolmetscherservice für Migranten vor. Weder von Islam noch von einer Moschee war damals die Rede.

Grundstückskauf mit Hilfe einer hochrangigen IGD-Funktionärin

Das Grundstück in der Flughafenstraße 43 hatte sieben Tage vor der Vereinsgründung der Verband Interkultureller Zentren e. V. für 550 000 Euro erworben. Den Kaufvertrag schloss auf Käuferseite eine gewisse Houaida Traji aus Neuss ab, die vor dem Notar angab, als Bevollmächtigte im Auftrag des Verbands Interkultureller Zentren zu handeln. Frau Traji war zu dieser Zeit allerdings bereits auch die Vizepräsidentin der Islamischen Gemeinschaft in Deutschland IGD[25] – zur selben Zeit, als Ibrahim El-Zayat Präsident war. El-Zayat, der über beste Beziehungen nach Saudi-Arabien verfügt, wird nachgesagt, bei der Finanzierung und Abwicklung von bis zu 100 Moscheeprojekten in Deutschland über seine damalige Immobilienentwicklungsfirma beteiligt gewesen zu sein. Auf meine diesbezügliche Anfrage reagierte er nicht.[26]

Verkäufer des Grundstücks war die Neuapostolische Kirche im Bezirk Berlin, die angesichts der humanistischen Namensgebung keinerlei Verdacht schöpfen konnte, wem sie ihr Kirchengrundstück übereignete. Erst in ihrer geänderten Vereinssatzung 2011 liest sich der Zweck des angeblichen Integrationsvereines plötzlich ganz anders: »Zweck des Vereins ist die Förderung der islamischen Religion. Er soll allen in Berlin lebenden Muslimen, die den Koran und die Sunna des Gesandten Muhammed – Friede und Segen Allahs auf ihm – als gemeinsame Grundlage des Islam anerkennen, das religiöse Leben in unserer Gesellschaft durch Bildung einer Religionsgemeinschaft ermöglichen.« Auch heißt es: »Der Verein ist ausschließlich auf dem Gebiet der Förderung des Islam tätig.«[27]

Die plötzliche Umwandlung vom nicht religiösen Integrationsverein zum lupenreinen Moscheeverein passt zur Einschätzung, die sich Islamexperten in anderen Fällen gebildet haben. So schreibt Johannes Grundmann in seinem Buch *Islamische Internationalisten* zum Beispiel über die Muslimbruderschaft: »Die Muslimbruderschaft selbst ist gemäß ihrem Gründer eine politische Organisation, die die Veränderung des politischen Systems ›von innen‹ anstrebt.«[28] Was die Transparenz ihrer Mitgliedschaft angeht, ähnelt die Muslimbruderschaft eher den Scientologen denn einer barmherzigen Religionsgemeinschaft.[29]

Bei einem Interviewtermin fragte ich den Imam und den bereits damals amtierenden Vereinsvorsitzenden Mohamed Taha Sabri, ob es Absicht war, das Moscheevorhaben in den Satzungen zu verschweigen. Taha Sabri antwortete, das Gebäude sei schon damals sofort als Moschee genutzt worden und bereits damals hätten Politiker und Journalisten die NBS besucht: »Wir waren von Anfang an eine Moschee, und jeder konnte das sehen.«[30] Ich konfrontierte

Sabri auch mit der Geschichte des Kaufs der Immobilie, bei der für den Käufer eine IGD-Funktionärin als Bevollmächtigte unterschrieben hatte, und mit der Tatsache, dass die IGD personell mit dem Vermieter der Immobilie, dem Verband Interkultureller Zentren verbunden sei. Sabri antwortete gelassen, das sage nicht viel aus, und brachte dafür einen Vergleich:»Unser Verein hat damit nichts zu tun.« Wenn ein Mensch in einer Immobilie lebe, die der CDU oder SPD gehöre, sei er nicht automatisch Parteimitglied. Die IGD jedenfalls scheint den Berliner Imam sehr wertzuschätzen, denn 2015 sprach sie ihm ausdrücklich während ihres Jahrestreffens Glückwünsche zur Verleihung des Landesverdienstordens Berlin aus.[31] Für Erol Özkaraca, den Islamismusexperten und ehemaligen SPD-Abgeordneten in Berlin, zeigt diese Recherche, warum die NBS zu Recht im Verfassungsschutzbericht Berlins steht:[32] »Das belegt Personenüberschneidungen zwischen dem Vermieter und Eigentümer der NBS und der IGD. Und die IGD ist nichts anderes als die Vereinigung der Anhänger der Muslimbruderschaft.« Özkaraca war lange genug Abgeordneter in Berlin-Neukölln, um zu wissen, was Muslimbruderschaft für Deutschland heißt:»Sie wollen eine andere Werteordnung nach der Scharia, sie wollen nicht, dass hier alle Menschen freitheitlch leben und damit behindern sie die Integration.«

Der Imam kritisiert in der Predigt Mobbing gegen jüdischen Schüler

Mein erster Besuch in der Dar-as-Salam-Moschee, bei dem ich Imam Sabri persönlich kennenlernte, war ein spontaner, unangekündigter Besuch. Ich kam kurzfristig zum Freitagsgebet und wurde freundlich in Empfang genommen. Mit einem Kopfhörer für die deutsche Übersetzung und einem Tee saß ich in einem Nebenraum voller Akten und hörte zu. Sabris Predigt bezog sich vor allem auf den nahenden Ramadan, auf den sich die Muslime frühzeitig vorbereiten sollten. Er berichtete auch von einer Episode im Supermarkt, die er kürzlich erlebt hatte. Ein offenbar muslimischer Mann habe vorgehabt, eine Flasche mit einem alkoholischen Getränk zu kaufen. Ein anderer habe ihm sanft und in einem herzlichen Ton gesagt, dass »wir Muslime« keinen Alkohol trinken. Während seiner Predigt ging es um das Abstreifen schlechter Eigenschaften, um Gott näherzukommen. Am Ende der Predigt kam Sabri noch auf ein aktuelles Geschehen zu sprechen, das weltweit Schlagzeilen gemacht hatte. Ein jüdischer Schüler hatte eine Schule in Berlin-Friedenau verlassen, nachdem er systematisch und dauerhaft von arabischstämmigen Mitschülern gehänselt und gemobbt worden war. Sabri sagte, dass wir »unseren Kindern sagen müssen, dass das falsch ist«. Der Prophet habe gesagt, ein Muslim, der einen anderen Menschen beleidige, beleidige auch den Propheten. »Wir haben nicht zu entscheiden, ob ein Mensch Jude, Christ oder Muslim ist, das entscheidet allein Allah«, sagte Sabri sinngemäß. Es waren klare Worte gegen antisemitische Vorfälle der letzten Zeit.

Sabri ermunterte seine Gemeinde zur Toleranz. Neuköllns Integrationsbeauftragter Arnold Mengelkoch, der den Imam der NBS schon seit Jahren kennt, sagt, Sabri sei »sehr geschätzt« und ein »verlässlicher Partner«. Er habe in Krisensituationen dafür gesorgt, dass gewalttätige Auseinandersetzungen ausblieben, etwa, als bei einer Großbeerdigung Salafisten versucht hätten, die Menge mit »Allahu Akbar«-Rufen anzuheizen. Sabri habe sogar Scheidungen in der arabischen Community gegen den Willen der Ehemänner durchgesetzt und dafür selbst Prügel bezogen. Auch habe der Imam persönlich bei der Verlegung von Stolpersteinen für jüdische Holocaust-Opfer bei der NBS teilgenommen. Mengelkoch sagt, Sabri sei sicherlich konservativ und sorge nicht unbedingt dafür, seine Gemeinde neugieriger auf unsere Welt zu machen. Zum Beispiel greife man bei Beratungsseminaren lieber auf eigene Leute als auf die des Bezirksamts zurück. Der Integrationsbeauftragte traut Sabri, der den sogenannten Islamischen Staat frühzeitig verurteilte, aber zu, im Notfall Schlimmeres abzuwenden. Mit seiner

Autorität sei er in der Lage, sich radikalisierende Jugendliche zur Umkehr zu bewegen. Und die Finanzierung?, frage ich. Arnold Mengelkoch sagt, dass er auch gern wüsste, wer die Moschee finanziere, aber die arabische Community sei in diesen Dingen sehr verschwiegen.

Berlins beliebtester Imam predigt gegen Erneuerung und Ketzerei

Es scheint aber auch einen Sabri mit einem ganz anderen Gesicht zu geben, einen, der andere Religionen herabsetzt. Im Oktober 2016 war sogar ein Fernsehteam des katarischen Sender Al Jazeera in seiner Moschee, um seine Predigt aufzuzeichnen und zu senden.[33] Nach der Lobpreisung Allahs kam er auf das Thema »Neuerung« zu sprechen – arabisch *Bid'a*: »Die schlimmsten Dinge sind die Erneuerungen und jede Erneuerung ist eine Ketzerei und jede Ketzerei ist eine Irrleitung und jede Irrleitung führt in das Höllenfeuer.« *Bid'a* bezeichnet Neuerungen in der Glaubenspraxis, die sich nicht aus den Überlieferungen Mohammeds ableiten lassen. Die *Bid'a* in derartiger Weise ins Zentrum zu rücken, entspricht nach Einschätzung von Islamexperten sogar eher dem salafistischen Spektrum, Sabri fuhr mit überraschenden Ausführungen fort: »Wahrlich, Gott erhöht Nationen mit diesem Koran und erniedrigt andere damit. [...] Unter den anderen, Christen, Juden, Zoroastriern, Buddhisten oder irgendeiner anderen *Umma* [Glaubensgemeinschaft d. Verf.], wirst du keinen finden, der sein Buch so auswendig kann wie Mohammeds *Umma* das tut.« Später kam Sabri auf andere Bücher zu sprechen: »Der Koran trägt seine Besitzer empor und seine Rezitatoren in einem solchen Maß, dass es alle anderen Bücher übertrifft. Welches Buch du auch immer liest, in welchem Buch du auch immer blätterst und welches Buch du auch immer als Rechtleitung für dein Leben nimmst, das wird dich vor Allah, gepriesen und erhaben sei er, nicht hoch ehren.« Wer also andere Bücher in die Hand nimmt als den Koran, handelt in diesem Sinne – und angeblich auch Allahs – ehrenrührig. Eine erstaunliche Aussage für einen Imam, der im politischen Berlin als Integrator gefeiert wird.

Ich verabredete mich mit Mohamed Taha Sabri zu einem ausführlichen Interview, um ihm viele Fragen zu stellen, zur Vereinsgründung, zur Finanzierung und zu der Frage, warum in seiner Moschee trotzdem immer wieder radikale Prediger eingeladen wurden. Ich möchte ihn auch fragen, ob und in welcher Beziehung sein Moscheeverein mit der Muslimbruderschaft steht.

Mein erstes Indiz ist ein Foto aus dem Jahr 2013, das Mohamed Taha Sabri mit einer erhobenen Hand mit vier Fingern und einem eingeknickten Daumen zeigt – und es ist nicht das einzige Foto, das ihn so zeigt. Genau aus dieser symbolischen Geste einer schwarzen Hand vor gelbem Grund bestand das Protestlogo der ägyptischen Muslimbrüder nach dem brutalen Massaker von Regierungstruppen an Muslimbrüdern 2013. Nicht nur in Ägypten, sondern auch auf internationaler Ebene mobilisierte die Muslimbruderschaft mit diesem Symbol.[34] Ich fragte ihn: »Was halten Sie von der Muslimbruderschaft?« Und er antwortete: »Was heißt, was halte ich davon. Das ist eine Gruppierung, die außerhalb von Europa und Deutschland ist, das sind Parteien, das sind Gruppierungen, das sind Vereine überall in der arabischen Welt. Wir leben in einer anderen Realität, in einer anderen Gesellschaft, in einer anderen Situation, wir haben andere Probleme. Wir haben nicht diesen politischen Islam im Sinne. Wir leben in einem demokratischen Land.« Was er von der Muslimbruderschaft hält, erfuhr ich trotz meiner Fragen nicht. Also konfrontierte ich ihn mit dem Foto, das ihn mit dem vermeintlichen Gruß der Muslimbrüder zeigt. Er sagte: »Das ist nicht das Zeichen der Muslimbrüder, das ist Rabia, die vier, das hat nichts mit Muslimbruder zu tun.« Rabia stehe für den Platz in Kairo, an dem Hunderte von Demonstranten von ägyptischen Sicherheitskräften umgebracht wurden. »Das ist ein Protest gegen den Schrecken, der da passiert ist.« Sabri verwies auf den Nahen Osten. Es deutete sich an, dass das lange Gespräch schwierige, wenig fassbare Ergebnisse zeitigen könnte. Um den Hintergrund besser zu verstehen, muss man einen weiteren Blick in die jüngste Geschichte der Muslimbruderschaft werfen.

Chefideologe rechtfertigt Selbstmordattentate

Mit der Wahl Mohammed Mursis zum ägyptischen Präsidenten gelang es der Bruderschaft, erstmals in ihrem Stammland die Macht zu übernehmen. Anstatt allerdings die demokratischen Regeln einzuhalten, offenbarte sich von Beginn an der radikale Ansatz der neuen Regierung der Muslimbruderschaft. Unter Hinweis auf die Tatsache, dass sich die Muslimbruderschaft nicht zufällig vier Jahre nach dem Ende des osmanischen Kalifats gegründet habe, leitete der Prediger Safwat Hegazy am 13. Mai 2012 eine Wahlkampfrede Mursis mit folgenden Worten unter tosendem Applaus ein: »Wir stehen knapp davor zu erleben, dass das Islamische Kalifat durch die Hände Mohammed Mursis Realität wird: Und mit Gottes Willen wird die Hauptstadt dieses vereinigten Reiches Jerusalem sein.«[35]

Das Ziel der Zerstörung Israels durchzieht die internationale Muslimbruderschaft. Kurz vor Mursi war in Tunesien der Chef der Ennadah-Partei, des politischen Arms der Muslimbruderschaft, Rachid al-Ghannouchi zum Präsidenten gewählt worden. Ghannouchi hatte bereits im Mai 2001 im katarischen – und Muslimbrüder-nahen – Fernsehkanal Al Jazeera den Terror der Hamas legitimiert. Dazu muss man wissen, dass die Hamas 1987 von den Palästinensern unter anderem von Ahmadi Yasin als Zweig der palästinensischen Muslimbruderschaft gegründet wurde.

Insbesondere der langjährige Chefideologe der Muslimbruderschaft, der in Katar ansässige Yusuf al-Qaradawi, machte keinen Hehl aus seinem Judenhass. Seit Jahren tritt al-Qaradawi regelmäßig mit Predigten bei Al Jazeera auf und indoktriniert weltweit Millionen Muslime mit seiner menschenverachtenden Ideologie.

2007 wurde er gefragt, ob palästinensische Frauen gegen die islamischen Kleiderregeln verstoßen dürfen, wenn sie eine »Märtyreroperation« in Israel durchführen wollen. Die Fatwa al-Qaradawis fiel umfassend aus, denn er stellte sie auch von anderen islamischen Regeln frei: »Frauen, die einen solchen Akt begehen wollen, haben das Recht, das Haus ohne männlichen Beistand (*mahram*) zu verlassen. Sie müssen auch nicht ihren Ehemann oder Bruder oder Vater um Erlaubnis fragen. Und sie haben auch das Recht, wenn nötig zur Täuschung des Feindes ihr Haar zu zeigen, weil sie es ja nicht tun, um ›ihre Schönheit zu zeigen‹, sondern um für Gott zu töten.«[36] Die öffentliche Kritik an dieser Aussage, er habe damit den Mord an Zivilisten gerechtfertigt, entkräftete Qaradawi später mit der Bemerkung, in Israel gebe es keine Zivilisten.[37] Zu dieser Aussage befragte ich auch den Imam der Neuköllner Begegnungsstätte, Mohamed Taha Sabri, der antwortete: »Was ich genau von meinem Islam verstehe, ist, sich in die Luft zu sprengen, das ist ein großes Verbot, das ist eine Art von Selbstmord, und Selbstmord ist gegen die Bestimmung Gottes. Und unschuldige Menschen mit in den Tod zu reißen, das ist noch ein doppelter Schrecken. Der ist nicht nur *haram*, sondern eine große Sünde.« Sabri verurteilt den Terror, wo er kann, und er tut es auch dann, wenn er dabei herausragende Persönlichkeiten der arabischen Islamszene kritisieren muss. Lange Zeit ließ es sich trefflich über die Muslimbruderschaft und ihre Ziele debattieren – aber vor allem spekulativ. Mit dem Wahlsieg Mursis und der Machtübernahme der Bruderschaft in Tunesien änderte sich das, denn die Bruderschaft schuf politische Fakten: Im Oktober 2012 zeigte ein heimlich aufgenommenes Video den tunesischen Präsidenten Ghannouchi mit einer Gruppe Salafisten, denen er sagte: »Ich rate euch jungen Salafisten, geduldig zu sein: Warum die Eile? Nehmt euch die Zeit, um zu festigen, was ihr erreicht habt. Schafft Fernsehkanäle, Radiostationen, Schulen und Universitäten.« Ghannouchi selbst sitzt im Vorstand des höchsten Gremiums islamischer Rechtsprechung in Europa vor: dem European Council for Fatwa and Research (ECFR).

Fließende Grenzen zwischen Muslimbrüdern und Salafisten

Während also in Deutschland Verfassungsschutzbehörden, Politik und Medien häufig einen Unterschied zwischen der Muslimbruderschaft und den Salafisten ziehen, zeigen die Beispiele aus der Regierungspraxis dieser Organisation, dass die Grenzen durchaus fließend sein können. Petra Ramsauer fällt jedenfalls ein eindeutiges Urteil über die Mursi-Herrschaft: »Der konservative Flügel der Muslimbruderschaft war schlussendlich kaum noch ideologisch von Salafisten zu unterscheiden.«[38] Denn der Entwurf der neuen Verfassung »trug deutlich die Handschrift der Salafisten«. Die Fassade von Toleranz und Demokratiefreundlichkeit bröckelt. Die Bruderschaft hat, wie Johannes Grundmann schreibt, ihr Verhältnis zur politischen Gewalt keineswegs geklärt – anders als von Politikern gern behauptet. Diese Behauptung entspricht eher dem Bemühen, endlich adäquate Gesprächspartner der Muslime in Deutschland zu gewinnen. Dabei sollten die Politiker jedoch genauer hinsehen.

Johannes Grundmann analysiert die Frage der Gewalt bei den Muslimbrüdern: »In ihren Medien finden sich Gewaltverherrlichung und Märtyrerkult, und, wie wir wissen, gibt es führende Ideologen wie al-Qaradawi, die terroristische Aktionen in Israel, den palästinensischen Gebieten und dem Irak rechtfertigen.« Dort, wo ihre Anhänger im Westen leben, lehnt die Muslimbruderschaft Gewalt ab. Muslimbrüder »müssen sich auf eine friedliche Strategie des Wandels verpflichten und sich an die Gesetze ihres Landes halten«.[39]

Muslimbrüder geben 5 bis 8 Prozent ihres Einkommens ab

Die Netze der Bruderschaft sind jedoch weitgehend unsichtbar, und darauf werden ihre Mitglieder auch eingeschworen. So dürfen sie in der Regel öffentlich nicht einräumen, Mitglied zu sein – ähnlich wie wir es von den Scientologen kennen.

Die innere Struktur der Bruderschaft ähnelt eher der einer Sekte mit einer klaren Hierarchie und vielen kleinen Zellen. Die Journalistin Petra Ramsauer beschreibt das engmaschige Netz dieser Zellenstruktur, das sich durch »totale soziale und politische Kontrolle der Mitglieder« auszeichne.[40] Alles beginne mit der Bildung einer »Usra«, in der sich sechs bis acht Brüder einmal in der Woche treffen. Man betet, bespricht die politische Lage und die persönliche Situation jedes Bruders. Dabei gibt es einen konkreten Lehrplan, der die Befassung mit Normen und Werten des Islam und das Auswendiglernen von Suren sowie die rhetorische Ausbildung vorsieht. Über den gesamten Zeitraum gibt es für jeden einen »Vorsteher« als Mentor. Nach fünf bis acht Jahren Ausbildung wird aus dem Sympathisanten ein »Unterstützer«. Erst am Ende einer mehrjährigen Ausbildung durch Predigten und Mitarbeit in Moscheevereinen darf der sogenannte Angeschlossene selbst an Schulen der Bruderschaft unterrichten. Bei der Berufsfindung ist man sich gegenseitig behilflich. Am Ende sollen die Brüder bis zu fünf bis acht Prozent ihres Einkommens abführen, schreibt Ramsauer.

Das Finanzimperium der Bruderschaft beruht auf Spenden

Zu ihrer Finanzierung macht sich die Bruderschaft weltweit eine der »Fünf Säulen des Islam« zunutze: Zakat, arabisch »Reinheit, Lauterkeit oder Zuwachs«, meint das Spenden. Danach muss jeder Muslim etwa 2,5 Prozent seines Einkommens oder Gewinns an

Wohltätigkeitsorganisationen oder an arme Menschen spenden. Daʿwa- die islamische Missionierung – profitierte enorm von einer Neuerung, die sich die islamischen Rechtsgelehrten al-Shafiʿi as-Shafiʿi haben einfallen lassen: Fortan dürfen Gelder aus der Zakat auch für die Verbreitung des Islam, die Daʿwa, ausgegeben werden.[41]

Die Muslimbruderschaft verfügt zwar über eine offizielle Organisation, die Internationale Organisation der Muslimbruderschaft (IOMB) mit Sitz in London. Die Wissenschaftler Julius Dihstelhoff und Ivesa Lübben folgern in ihrer Studie über die Organisation der Muslimbruderschaft, dass diese im herkömmlichen Sinne nicht existiere, sie sei eher ein Koordinierungsgremium.[42] Dafür scheinen die Muslimbrüder allerdings Meister im Flechten weitgehend unsichtbarer Netzwerke zu sein, die bei der Finanzierung eine große Rolle spielen: »Mehr noch als durch Organisationen ist diese Bewegung durch die gemeinsame Idee verbunden.«[43] Muslimbrüder haben nach dem Schneeballprinzip sowohl in islamischen Ländern wie in der Diaspora Kontakte zu immer wieder neuen lokalen und nationalen Vereinen und Organisationen geknüpft: »Dazu gehören Wohltätigkeits- und Moscheevereine, Interessenvertretungen, Hilfsorganisationen und internationale Netzwerke wie die in Birmingham ansässige Islamic Relief, der in den USA ansässige Thinktank Institute of Islamic Thought (IIT), die International Union of Muslim Scholars (IUMS), die Federation of Islamic Organizations in Europe (FIOE), der International Islamic Council for Woman and Childhood (IICMC), der Europäische Fatwa-Rat und viele mehr.«[44] Die meisten Initiatoren dieser Organisationen seien Muslimbrüder gewesen, schreiben die Wissenschaftler, viele hätten sich auch wieder gelöst und neue Netzwerke gegründet.

Ein Multifunktionär an den finanziellen Schnittstellen

Um zu verstehen, wie schwer durchschaubar das Geflecht der der Muslimbruderschaft nahestehenden Organisationen und ihre Kooperationspartner sind, genügt es manchmal, sich mit einer einzigen Person zu befassen. Denn mit einer ganzen Reihe der vorgenannten Organisationen steht oder stand der islamische Multifunktionär und Geschäftsmann Ibrahim El-Zayat in engem Kontakt, oder er erfüllt sogar offizielle Funktionen. El-Zayat ist an den finanziellen Schnittstellen diverser Organisationen tätig. Er war jahrelang Direktor der globalen Organisation Islamic Relief Worldwide, einer britischen Firma von Islamic Relief und bei Islamic Relief Deutschland als Kassenwart für die Finanzen zuständig. Andere Ämter waren oder sind: Mitglied im Vorstand der Federation of Islamic Organizations in Europe (FIOE) sowie in der von ihm mitgegründeten Gesellschaft Muslimischer Sozial- und Geisteswissenschaftler/innen e. V.[45] Für die Islamic Educational, Scientific and Cultural Organization in Europe fungierte er als Berater[46] und als »Trustee« bei der Muslimbruder-nahen Kaderschmiede Institut Européen des Sciences Humaines bei Chateau-Chinon.[47] Eine Zeitlang war El-Zayat überdies Europa-Vertreter der finanzkräftigen World Assembly of Muslim Youth (WAMY), die der saudi-arabischen Regierung nahesteht. Eine umfangreiche Anfrage zu diesen vielen Aktivitäten ließ El-Zayat unbeantwortet.

Ab und an verband El-Zayat auch seine persönliche Geschäftstätigkeit mit seinen Funkionen. Er war geschäftsführender Gesellschafter der »SLM Liegenschaftsmanagement GmbH«, die mittlerweile gelöscht ist. Und als Vertreter der in Großbritannien ansässigen Firma European Trust erwarb er für 370 000 Euro ein Baugrundstück für den Berliner Muslim-Verein Inssan e. V., der übrigens nicht vom Verfassungsschutz beobachtet wird und auch öffentliche Fördermittel erhält. In der Neuköllner Pflügerstraße wollte Inssan ein großes Kulturhaus als Begegnungszentrum einrichten, inklusive gastronomischen Betriebs, Jugendclubs, eines

Frauenzentrums, einer Bibliothek, Räume für Schulungen und einer Moschee.[48] Das Geld für den Kauf, so sagte El-Zayat damals, stamme aus »arabischen Quellen«. Immerhin räumte bei einem geplanten Ersatzprojekt in Berlin-Charlottenburg ein Vorstandsmitglied von Inssan e. V. 2008 ein, dass 60 Prozent des mit 6 Millionen Euro veranschlagten Vorhabens von religiösen Stiftungen aus den Golfstaaten Kuwait, Katar und den Vereinigten Arabischen Emiraten kämen.[49] Auch wegen der fehlenden Transparenz bei der Finanzierung dürften die Projekte am Ende an der öffentlichen Kritik gescheitert sein.

Ibrahim El-Zayat hingegen zog eine andere Lehre aus diesem Vorgang. Dem investigativen Journalisten Ian Johnson gab er in diesem Zusammenhang eine eindeutige Antwort: »Nein, die Lösung heißt Geheimhaltung. Solange man es nicht öffentlich macht, kann man jede Moschee bauen, unabhängig davon, wer dahinter steht. Man muss es nur geheim halten.«[50]

Ist Ibrahim El-Zayat selbst ein Funktionär der Muslimbruderschaft? Dies durfte bislang nur die ehemalige Bundesfamilienministerin Kristina Schröder so formulieren. Sie hatte den islamischen Multifunktionär Ibrahim El-Zayat als »Funktionär der Muslimbruderschaft« bezeichnet, als sie noch einfache Bundestagsabgeordnete der CDU war. Aber mit einer Klage gegen sie scheiterte El-Zayat, weil das Gericht Schröders Äußerung als »Meinungsäußerung« in der politischen Auseinandersetzung mit der Wiesbadener SPD, die El-Zayat eingeladen hatte, wertete und daher erlaubte. El-Zayat hatte bestritten, ein Funktionär der Muslimbrüder zu sein und von »Fehlinformation« gesprochen, die den Dialog behindere.[51] Im Verfassungsschutzbericht 2015 des Landes Baden-Württemberg wird Zayat übrigens als ehemaliger »Präsident des MB-Zweigs [Muslimbruderschaft, d.Verf.] ›Islamische Gemeinschaft in Deutschland‹« bezeichnet.[52]

In einem Interview mit der Plattform Islam.de versuchte El-Zayat zu erklären: »Die Muslimbruderschaft ist eine gesellschaftliche Bewegung in vielen islamischen Ländern, die eigentlich nie eine

Vertretung oder einen offiziellen Ableger in Deutschland gehabt hat. Es gibt auch Mitglieder der Muslimbruderschaft, die sich intensiv an der Gründung und Errichtung islamischer Zentren beteiligt haben. Das heißt noch lange nicht, dass am Ende eine Steuerung durch die Muslimbruderschaft erfolgt ist. Dies ist ganz klar zu verneinen.«[53] Das soll wohl heißen: Die Frage einer Mitgliedschaft ist unwichtig. Shadi Hamid, der Leiter des Brookings Doha Center in Katars Hauptstadt und Kenner der Muslimbruderschaft, bringt ihr Wesen mit wenigen Sätzen auf den Punkt: »Man muss sich immer vor Augen führen: Die Muslimbruderschaft ist nicht einfach eine Organisation. Sie ist vielmehr die Verkörperung einer Idee. Und es ist schwierig, eine Idee zu töten.«[54]

Wichtiger als die Frage der institutionellen Zugehörigkeit ist vielmehr der wachsende politische und wirtschaftliche Einfluss von Funktionären wie El-Zayat. Und der wächst national und international. Ibrahim El-Zayat ist einer der umtriebigsten Funktionäre der deutschen Muslime, der sich allerdings in den vergangenen Jahren aus einer Reihe Funktionen zurückgezogen hat. Vor mehr als zehn Jahren standen laut *Spiegel* große dubiose Zahlungen aus dem arabischen Raum auf seine Konten im Raum.[55] Ibrahim El-Zayat verfügt auch über gute Beziehungen nach Saudi-Arabien. Für viele Millionen unterhält das Königreich in Bonn die König-Fahd-Akademie, die bereits mehrfach durch Hetzpredigten und mögliche Kaderschmiede für Dschihadisten auffällig wurde. Für den Fall seiner Auflösung hat der Trägerverein verfügt, sein Vermögen auf die Islamische Gemeinschaft Deutschlands zu übertragen, deren Vorsitzender Ibrahim El-Zayat bis 2015 war. Für außergewöhnlich gute Beziehungen spricht auch die Tatsache, dass Ibrahim El-Zayat 2008 als Mitglied der Delegation des Prinzen Saud al-Faisal I. beim damaligen Ministerpräsidenten von Rheinland-Pfalz, Kurt Beck, erschien.[56]

Fast unbemerkte Gründung des deutschen Fatwa-Ausschusses

Ibrahim El-Zayat gehört auch zu dem kleinen Kreis von Männern, die an den weltweiten Hauptkonferenzen des European Council of Fatwa and Research (ECFR) teilnehmen dürfen. Vom 6. bis 10. Oktober 2015 hielt sie ihr 25. Treffen in Istanbul ab.[57] Neben Scheich Yusuf al-Qaradawi und dem gegenwärtigen Vorsitzenden der International Union of Muslim Scholars, Ali al-Qaradaghi sowie dem Gelehrten Khalid Hanafi hielt auch Ibrahim El-Zayat einen Vortrag mit dem Titel »Die Verbindung von Staat und Religion in Europa und ihr Einfluss auf die Koexistenz«. Der Fatwa-Rat verabschiedete auf dieser Konferenz auch Grundsätze zur sogenannten Koexistenz: Darin forderten die Versammelten Respekt aller Muslime gegenüber Andersgläubigen wie Juden und Christen.

Seit dem 12. März 2016 hat der European Council of Fatwa and Research ein deutsches Pendant. Denn an jenem Tag fanden sich – von der Öffentlichkeit weitgehend unbemerkt – jede Menge islamischer Prominenter aus dem In- und Ausland zusammen, um den Fatwa-Ausschuss Deutschland zu gründen.[58] Zum Ort der historischen Versammlung – und auch das blieb öffentlich unbemerkt – wurden die Neuköllner Begegnungsstätte und ein Hotel erwählt. Fatwas sind von islamischen Gelehrten getroffene Rechtsurteile. Muslime können sich Rat und Hilfe suchend an solche Organisationen wenden. Vor allem im Internet erfreuen sich Fatwa-Webseiten großen Interesses hauptsächlich bei Jugendlichen. Um den Wirrwarr unterschiedlichster Gelehrtenrichtungen und Fatwa-Seiten zu beenden und zu einer zumindest in Deutschland einheitlichen islamischen Rechtsprechung zu gelangen, trafen sich in der Neuköllner Begegnungsstätte des Imams Mohammed Taha Sabri die Topstars der Szene. Auf seiner Facebook-Seite verkündet der neugegründete Fatwa-Ausschuss: »Mit Beteiligung von Gelehrten und Imame aus dem In- und Ausland wurde der Fatwa-Ausschuss Deutschland am 12. 03. 2016 ins Leben gerufen!« Die Liste der Teilnehmer war beeindruckend, zumal erstmals auch der – lange Zeit von der deutschen Politik als offener Dialogpartner geschätzte – türkische DITIB-Verband einbezogen war: Neben Ilhan Belgu (Islamische Gemeinschaft Millî Görüş), Mustafa Dadas (DITIB), Khaled Hanafi, Vorsitzender des neuen Fatawa-Ausschusses, Ali al-Qaradaghi, Vorsitzender der International Union of Muslim Scholars IUMS aus Katar, wurden Abdullah al-Godeia (Europäischer Fatwa-Ausschuss), Omar Abdel-Kafi aus Ägypten, Scheich Nehat Abdul Quddus (IGMG) und Hussein Halawa (Europäischer Fatwa-Ausschuss) in der Facebook-Meldung zu diesem Ereignis verzeichnet. Neben dem langjährigen deutschen Multifunktionär Ibrahim El-Zayat nahmen auch die Berliner Prediger Ferid Heider von der Teiba-Moschee sowie der als »Quassel-Imam« in die Fernsehgeschichte eingegangene Prediger Abdul Adhim Khamous an der historischen Veranstaltung in Berlin teil. Mit anderen Worten: Politisch und finanzstarke Partner waren zugegen. Als ich Imam Mohamed Sabri, der ja Gastgeber war, nach dem Fatwa-Ausschuss-Deutschland fragte, antwortete er immer wieder ausweichend:

FRAGE: Im Frühjahr letzten Jahres ist hier der Fatwa-Ausschuss Deutschland gegründet worden.

SABRI: Hier bei uns? Nein!

Dann erklärte er, das hochkarätige Treffen habe der Koordination von Gebetszeiten gedient: »Das war eine Veranstaltung zur Einhaltung der Gebete in Deutschland. Es geht darum, dass nicht eine Moschee das Mittagsgebet um 10 nach eins, die andere es um halb zwei hält. Die Nachtgebete die einen um elf, die anderen um halb zwölf. Dass wir eine Linie zusammen finden.« Dass dort auch der Chef der islamistischen International Union of Muslim Scholars aus Katar angereist war, erklärte Sabri ebenso unspektakulär: »Was die theologischen Fragen betrifft, ist das ein Spektrum, wo sich die Muslime überschneiden. Mit vielen Organisationen haben wir keine politische oder organisatorische Zusammenarbeit, aber am Ende, wenn es die Theologie betrifft, haben wir eine theologische Linie, wo wir uns überkreuzen.«

Welche Wirkung hat dieses mit hohem Aufwand betriebene Netzwerken in Deutschland? Sigrid Herrmann-Marschall analysiert seit langem islamistische Netzwerke. Sie kommt dank ihrer Vorträge für Fortbildungsveranstaltungen viel herum. Die Ergebnisse ihrer Analysen publiziert sie auf ihrem Blog »Vorwärts und nicht vergessen«. Sie stieß als Erste auf das hochrangige Treffen in Berlin-Neukölln und schrieb: »Mittelfristig darf man von diesem Zusammenschluss Weisungen für durchaus erhebliche Teile der muslimischen Community erwarten. Liberale Ansätze werden das nicht sein. Es wird eher dazu dienen, genau den liberalen Islam in Deutschland und Europa mit vereinter Kraft zurückzudrängen.«[59] Dass die Analytikerin mit dieser Einschätzung richtigliegen könnte, darauf deuten bereits die ersten Einträge auf der neuen Webseite des deutschen Fatwa-Ausschusses fatawa.de hin. In einer Fatwa geht es um die Frage, ob ein Muslim sich am Weihnachtsfest beteiligen sollte oder nicht. Die Antwort der Gelehrten fällt eindeutig aus: »Wir sind derselben Meinung wie sie, was die Abwehr des Mitfeierns von Muslimen der religiösen Feste der Polytheisten und Leute des Buches angeht, ebenso wie wir es (leider) beobachten, dass einige unachtsame Muslime Weihnachten feiern.«[60] Integrationsfördernd sind solche Fatwas jedenfalls nicht.

Finanzierung auf verschlungenen Wegen

Durch internationale Treffen wie die Gründung des deutschen Fatwa-Rats wurden die Neuköllner Begegnungsstätte und ihr Imam Mohamed Taha Sabri deutlich aufgewertet. Wer aber finanziert die sehr umtriebige Moschee in Berlin, eine Moschee, die besonders am Freitagsgebet von Hunderten Flüchtlingen besucht wird, Menschen also, die zu besonders ausgeprägter Spendenleistung nicht in der Lage sind?

Als ich Mohamed Taha Sabri um Einblick in Finanzberichte bat, willigte er spontan ein. Er war einer der ganz wenigen unter den

Vertretern und Verbänden von insgesamt 2700 Moscheevereinen, die ich um Antworten zu ihren finanziellen Verhältnissen gebeten hatte, der dazu bereit war. Ich erhielt nur einen vom Steuerberater geprüften Abschluss aus dem Jahr 2014. Auffällig ist die Netto-Kaltmiete von nur 700 Euro. Da das große Moscheegebäude auf einem mehr als 1000 Quadratmeter großen Grundstück liegt, ist sie sehr gering. Sie wird entrichtet an den Verband Interkultureller Zentren (VIZ), dessen Vorsitzender Samir Falah zugleich Präsident der IGD ist. Samir Falah bestätigte, dass es sich hier und in anderen Fällen um eine »symbolische Miete« handle:[61] »Für die Unterhaltskosten muss der Verein selbst aufkommen.« Und woher bezieht der VIZ das Geld? Samir Falah sagte: »Die Spenden, die der VIZ im Land einnimmt, stammen zu 99 Prozent von Muslimen, vor allem von Moscheegängern. Ausländische Spenden sind nicht dabei.« Schließlich fragte ich ihn, wie denn die NBS ihre Kosten decke, da die Spenden niemals kostendeckend sein könnten. Er antwortete, da müsse ich die NBS fragen. Die wiederum sah sich ebenso wenig in der Lage, eine Antwort zu geben. Die jüngsten Jahresabschlüsse für 2015 und 2016 seien auch noch nicht fertig, hieß es. Und wie finanziert sich die IGD, fragte ich Falah: »Erhält die IGD Spenden aus dem Ausland?« Er antwortete: »Selten. In der Regel finanzieren wir uns durch Spenden von Muslimen in Deutschland. Moscheen und Gemeinden, die keine Verbandszugehörigkeit haben, also freie Moscheevereine, haben weniger Unterstützung durch Verbände und müssen häufiger um Spenden auch aus dem Ausland ersuchen.« Meine umfassende Anfrage nach der konkreten Art der Moscheefinanzierung hatte die IGD zuvor wie fast alle anderen Verbände unbeantwortet gelassen.

Immerhin hat der IGD-Präsident eingeräumt, dass es sich bei der Miete um eine »symbolisch« geringe handelt, sprich: um eine Subvention eines Vereins, der vom IGD-Präsidenten geleitet wird. Die NBS war auch bereit, mir ihre Spendeneinnahmen für 2014 mitzuteilen: 55 000 Euro. Diese Summe ist angesichts hoher Kosten erstaunlich gering. Ich versuchte dann, über Imam Sabris Verbindungen etwas über weitere, vielleicht unbekannte Geldquellen herauszufinden. Wer auf seinen arabischsprachigen Accounts und denen seiner nahöstlichen Freunden surft, wird überrascht. So zeigt ein YouTube-Video Sabri gemeinsam mit dem Kuwaiti Mohammed al-Awadi beim Singen eines »Nasheeds«, eines islamischen Kampfgesangs. Mohammed al-Awadi ist ein 1959 in Kuwait geborener, weltweit einflussreicher islamischer Prediger und Gelehrter, der schon lange wichtige religiöse Posten bekleidete. Auf Twitter folgen ihm 4,3 Millionen Menschen. Er ist aktives Mitglied des International Funding Committee of the Islamic Media, die zur Muslim World League mit Sitz in Saudi-Arabien gehört, sowie Generalmanager der Organisation Rekaaz, die versucht, ethische und spirituelle Werte besonders Jugendlichen zu vermitteln. Er hat verschiedene Stellen als Prediger und Gelehrter inne und arbeitete als Berater des kuwaitischen Ministers für Angelegenheiten des Islam.[62] Al-Awadi hält während der Videoaufnahme eine Broschüre der Neuköllner Begegnungsstätte in Händen. Der erwähnte Twitter-Account zeigt ihn übrigens mit einem Kind in Militäruniform.[63] Sabri erklärt, er habe al-Awadi einmal nach Berlin eingeladen, aber er sei nicht gekommen. Das Gesangsvideo sei entstanden, als er al-Awadi in Kuwait besucht habe. Grund der Reise sei vielmehr die Hochzeit des Sohnes eines Freundes gewesen. Sabri fügte hinzu, er wisse nicht einmal, »ob der ein reicher Mann sei oder nicht«. Er habe jedenfalls nie einen Cent von al-Awadi bekommen.

Eine andere, historisch weit wichtigere Persönlichkeit ließ sich gern mit dem Berliner Imam Mohamed Taha Sabri ablichten: der ehemalige sudanesische Putschist und Präsident Abd ar-Rahman Swar ad-Dahab. Das Foto findet sich auf Sabris Instagram-Account. 1987 wurde Swar ad-Dahab Vorsitzender der Islamic Call Organization – auch bekannt als Islamic Dawa Organization IDO, eine Organisation, die ihrerseits Mitglied in der Union of Good (UG) ist. Swar ad-Dahab gilt als bestens vernetzt, war als junger Mann sogar Assistent der katarischen Polizeiführung[64] und wird bei öffentlichen Terminen auch gern der »Feldmarschall« genannt. Er ist der zweite Mann in der als Terrorunterstützer gelisteten Union of Good nach Scheich Yusuf al-Qaradawi.[65] Die im saudischen Jeddah ansässige Organisation wurde im Jahr 2000 von der Hamas gegründet, um weltweit Geld einzutreiben, und steht wegen ihrer Terrorunterstützung seit 2008 auf den Sanktionslisten der USA.[66] Dort heißt es: Die Union of Good arbeitet wie ein »Broker« für die Hamas, indem sie Finanztransfers zwischen unterschiedlichen Wohlfahrtsorganisationen abwickle. Ihr Hauptzweck sei es, die politische und militärische Position der Hamas in der Westbank und in Gaza zu stärken, indem sie Spendengelder verteilt, um Hamas-Mitglieder und die Familien von Attentätern – auch die Hinterbliebenen von Selbstmordattentätern – zu unterstützen.

Der sogenannte Feldmarschall Swar ad-Dahab reiste mit dem Chefideologen der Muslimbruderschaft, Yusuf al-Qaradawi, im Mai 2013 nach Gaza, um den Hamas-Premier Ismail Haniyeh zu treffen. Und 2014 nahm er an einem Treffen der Muslim World League teil und wurde dort freundlich mit der Zusage der weiteren Zusammenarbeit empfangen.[67] Der Imam der Neuköllner Begegnungsstätte erinnert sich. Er sei dem Sudanesen auf einem Kongress begegnet. Die beiden hätten sich persönlich nicht gekannt. Für ihn sei ad-Dahab eine große Persönlichkeit gewesen. Zu den Vorwürfen der Terrorfinanzierung sagte Sabri: »Nein, das wusste ich überhaupt nicht. Zum ersten Mal höre ich so etwas.« Auch mit anderen Persönlichkeiten schmückte Sabri seinen Instagram-Account. So gibt es ein Foto von ihm, Arm in Arm mit dem saudischen Abdallah al-Muslih, der Chef der religiösen Abteilung zur Auslegung von Koran und Sunnah in der Muslim World League war und den Selbstmord per Attentat unter der Bedingung gutgeheißen hat, dass dabei möglichst viele Ungläubige ums Leben kamen.[68] Sabri sagte schlicht, er habe keine Zeit, zu beobachten, was Leute im Nahen Osten »reden oder nicht reden«.

Zum Salafismus ist es nicht weit

Frank Jansen vom Berliner *Tagesspiegel* schrieb bereits 2016 über »extremistische Aktivitäten« in der Dar-as-Salam-Moschee.[69] Mehrmals seien islamistische Prediger in der Moschee aufgetreten. Nach Jansens Recherchen hielt der aus Israel stammende arabische Prediger Raed Fathi im November 2014 an zwei Tagen Vorträge. Der Prediger stehe der Hamas nahe und habe in einem Video bei YouTube »einen der Ideologen des Heiligen Krieges und einstigen Mentor von Osama bin Laden, Abdullah Azzam, als ›Helden‹ gelobt«.[70] Jansen schreibt auch über die Predigt, die im Jahr 2013 der radikale saudische Gelehrte Muhammad al-Arifi in der Neuköllner Begegnungsstätte gehalten hat. Der Prediger, der für seine Attacken auf Juden, Schiiten und Homosexuelle und für seine Auffassung, dass Frauen geschlagen werden dürfen, bekannt ist, hatte sich sogar gegen die saudische Führung gestellt, die gegenwärtig das Autofahrverbot für Frauen aufgehoben hat. Ich wollte genauer wissen, welche Massenwirkung der extremistische Star aus Saudi-Arabien erzielt. In einer ägyptischen Fernsehsendung 2012 sagte der Prediger, dem in sozialen Medien viele Millionen Menschen folgen: »Es besteht kein Zweifel daran, dass die Hingabe an den Dschihad um Allahs willen und um den eigenen willen, Blut zu vergießen, Schädel zu zertrümmern und Körperteile abzuschlagen, um Allahs willen und zur Verteidigung seiner Religion eine Ehre für den Gläubigen ist. Allein diese Vorstellung in deinem Herzen ist ein Zeichen der Ehre, auch wenn du nicht wirklich zum Dschihad schreitest.«[71] In einer Fernseh-Livesendung wurde al-Arifi von einem Anrufer gefragt, ob Ungläubige in Deutschland generell in die Hölle kämen. Der Gelehrte begann wortreich zu erklären, es gebe drei Kategorien von *kuffar*: die einen, die nie im Leben vom Islam gehört hätten, weil sie zum Beispiel in den Wäldern des Amazonas lebten. Diese seien selbstverständlich unschuldig. Ebenso die zweite Kategorie von Ungläubigen, die durch irregeleitete Medien im Fernsehen oder im Internet mit einem falschen Islambild konfrontiert würden. Auch diese seien unschuldig, und es sei die Pflicht der Muslime, diese Gruppe intensiver mit dem Islam vertraut zu machen. Erst wer genau um den Islam wisse und trotzdem ungläubig bleibe, für den verkündete al-Arifi:»Für diese sagen wir klar, diese gehören zu den Bewohnern des Höllenfeuers.«[72]

Al-Arifi ist enorm populär. Auf Twitter folgen ihm 17,7 Millionen Menschen, ebenso viele auf Facebook. Seine Videos werden hunderttausendfach auf YouTube geklickt. Außer in der Neuköllner Begegnungsstätte des Imams Taha Sabri predigte al-Arifi auch in der von vielen Salafisten besuchten Al-Nur-Moschee. Sabri widerspricht der Behauptung, man habe al-Arifi eingeladen. Tatsächlich sei dieser durch den Besuch eines Krankenhauses ohnehin in der Stadt gewesen.»Der war hier in Berlin, und er ist ein Star in der arabischen Welt. Die Leute kennen ihn überall, hier auch über Satellitensendungen. Dann haben die Leute gesagt, wir wollen den hier haben, und ich habe gesagt: Das ist kein Problem.« Er habe allerdings gefordert, dass keine politische Predigt gehalten werden dürfe.

Trotz Einreiseverbot in Neuköllner Begegnungsstätte

Viele Moscheen sind heutzutage froh, sogenannte Stars der Islamszene aus den arabischen Staaten bei sich auftreten zu lassen. Ebenso froh sind sie, wenn diese Besuche zahlreich in sozialen Medien Verbreitung finden. Das animiert vor allem junge Gläubige zu kommen. Je prominenter die Gastprediger, desto bedeutender erscheint der Moscheeverein zugleich für in- und ausländische Spender, insbesondere, wenn der Gastprediger selbst Spenden verteilt. Mit anderen Worten: Jedes neue Video erhöht die Chance auf Spendeneinnahmen. Und noch besser ist es für Vereine, wenn ein Video zugleich Nichtmuslime anspricht, sich möglicherweise für den Islam zu interessieren. Ein Video, das in der Neuköllner Begegnungsstätte aufgenommen wurde, erfüllt alle genannten Zwecke. Es illustriert überdies die höchst brisante psychologische Wirkung. Das Video mit dem Titel »Nicht-Muslim konvertiert bei Sheikh al-Arifi« zeigt die Aufnahmefeier in den Islam eines deutschen Konvertiten.[73] Neben dem jungen Mann steht der radikale saudische Gelehrte Muhammad al-Arifi im Mittelpunkt. Während der Gastgeber und Imam Mohamed Taha Sabri hinter al-Arifi verweilt, verdingt sich der Prediger Abdul Adhim Kamouss als Übersetzer. Der junge Mann erklärt, er habe schon als Kind nicht verstanden, warum er auch Heilige anbeten solle, wo es doch nur einen Gott gebe. Ein Freund habe ihn dann mal gefragt, was denn Christen eigentlich für ihren Glauben täten? Er hat gesagt, »wir beten nämlich fünfmal am Tag. Und da bin ich noch mehr ins Nachdenken gekommen.« Khamouss übersetzt es ins Arabische, was der Scheich mit großem Wohlgefallen aufnimmt.

Vor der Zeremonie möchte der berühmte saudische Scheich noch wissen: »Welche Vorurteile hattest du früher gegenüber dem Islam?« Der junge Mann verweist auf die Sure 2/191 »erschlagt sie, wo immer ihr auf sie stoßt«.[74] Nachdem er den Koran gelesen habe, wisse er, »dass man Frauen, Kinder und alte Menschen, also Greise, wie ich es gelesen habe, verschonen soll, weil sie ja gar nicht kampffähig sind, die haben gar nichts damit zu tun, weil sie unschuldig sind«. Den Scheich freut, was der junge Deutsche gesagt hat: Kamouss übersetzt weiter: »Wenn er eine Tochter hätte, die noch nicht verheiratet ist, er hätte sie mit dir verheiratet!« Stattdessen erhalten nun beide jungen Freunde eine Reise nach Mekka geschenkt, worauf alle »Allahu akbar« rufen. Imam Sabri sagt heute zu diesem Besuch, dass er al-Arifi nicht wieder auftreten lassen würde: »Das war ein Fehler.«

Fließende Grenzen zum Salafismus auch bei der Finanzierung

Der freundliche Umgang mit dem extremistischen Scheich aus Saudi-Arabien in der Neuköllner Begegnungsstätte zeigt einmal mehr, wie fließend der Übergang zwischen den Protagonisten der salafistischen Szene und den sogenannten legalistischen Islamisten ist. Dies betrifft auch die Finanzierung von Moscheeaktivitäten. Nach Auskunft von Mohamed Taha Sabri hat Muhammad al-Arifi zwar nichts für die Neuköllner Begegnungsstätte gespendet, aber immerhin hat er 2013 insgesamt 31 Moscheen in Deutschland besucht[75] und ihnen damit eine hohe Aufmerksamkeit in der Community beschert.

Solche »Dienstreisen« sind aufwendig und werden aus Mitteln religiöser Stiftungen im Ausland bezahlt. Imam Mohamed Taha Sabri hegt schon lange den Wunsch, aus dem Verfassungsschutzbericht in Berlin gestrichen zu werden. Doch solange die NBS ihre Verbindungen zu IGD-Kreisen nicht konsequent kappt und sich nicht von ihren radikalen Kontakten aus dem Nahen Osten distanziert, wird ihr Eintrag im jährlichen Bericht des Verfassungsschutzes erhalten bleiben.

Hat Terror nichts mit dem Islam zu tun?

Die Recherche rund um die Neuköllner Begegnungsstätte und ihr Netzwerk belegt die Schwierigkeit, die Funktionsweise von Organisationen im Dunstkreis der Muslimbruderschaft oder ihr nahestehenden Organisationen zu durchschauen. Solange es keine Mitgliederlisten gibt, wissen wir nicht einmal, wer dazugehört und wer nicht. Aber stellt allein das eine Bedrohung für die freiheitliche Gesellschaft dar? Immerhin verurteilen viele der Muslimbruderschaft nahestehende Vereine ganz offen Terroranschläge in der westlichen Welt. Weniger leicht tun sich hingegen zumindest einige damit, den

Terror in Israel zu verurteilen oder dort, wo ihrer Meinung nach ungläubige Besatzer am Werk sind. Was die Muslimbruderschaft selbst angeht, untergräbt vor allem der Geheimcharakter einer solchen Organisation die demokratischen Spielregeln.

Der Diskurs um das Thema Islamismus und Islam erfuhr diesbezüglich spätestens mit den Anschlägen 2015 in Paris auch in Deutschland eine Wende. So stellten erstmals gleich zwei Amtsträger der obersten Verfassungsorgane, der Bundestagspräsident und die Bundeskanzlerin, die These in Frage, der Terror habe nichts mit dem Islam zu tun. Das Magazin *Focus* widmete dem Thema sogar eine Titelgeschichte und zitierte Norbert Lammert: »Die gut gemeinte Erklärung, man dürfe den Islam nicht mit dem Islamismus verwechseln, der religiös gründete Terrorismus habe mit dem Islam nichts zu tun, reicht nicht aus. Sie ist auch nicht wahr, ebenso wenig wie die beschwichtigende Behauptung, die Kreuzzüge hätten nichts mit dem Christentum zu tun und die Inquisition auch nicht und die Hexenverbrennung natürlich auch nicht.«[76] Angela Merkel teilte diesen Gedanken in ihrer Regierungserklärung: »Die Menschen fragen, wie man dem wieder und wieder gehörten Satz noch folgen kann, dass Mörder, die sich für ihre Taten auf den Islam berufen, nichts mit dem Islam zu tun haben sollen.«

Aber machte die Regierung Merkel damit den sogenannten legalistischen Islamisten das Leben auch ein wenig schwerer? Das Gegenteil ist der Fall: Um zu verhindern, dass extremistische Vereine staatliche Fördermittel erhalten, hatte die damalige CDU-Bundesfamilienministerin Kristina Schröder die sogenannte Demokratieerklärung, von ihren Kritikern auch Extremismusklausel genannt, eingeführt. »Ich wollte nicht die Fehler wiederholen, die bei Initiativen gegen Rechtsextremismus gemacht wurden. Ich wollte nicht alles kritiklos fördern, was mit dem Label gegen Islamismus antritt«, sagte Kristina Schröder.[77] Sie wollte Initiativen fördern, die auf dem Boden des Grundgesetzes stehen. »Es wäre schlimm, wenn sich herausstellt, ich fördere eine Initiative, die am Ende vernetzt ist mit irgendwelchen Islamhassern, die könnten ja auch auf die Idee kommen, staatliche Gelder abzugreifen, weil sie auch gegen Islamismus sind.« Wer auch immer staatliche Fördermittel erhalten wollte, musste nicht nur seine Verfassungstreue erklären, sondern zusätzlich unterschreiben, dass dies auch für etwaige Projektpartner gelte. Im Notfall konnte ein Ministerium auf dieser Grundlage sogar Fördermittel zurückfordern, so Schröder. Doch löste sie mit diesem Instrument dauerhafte Proteste vor allem linker Politiker und Netzwerke aus. Eine ganze Reihe Initiativen aus dem Spektrum der Antifa weigerte sich schlicht, die Erklärung zu unterschreiben. »Im Bundestag wurde ich als Abgrund des Bösen gebrandmarkt«, erinnert sich Kristina Schröder, und dabei sei gern unterschlagen worden, dass die Erklärung sich auf alle extremistischen Richtungen bezog. Am Ende wurde die Erklärung 2014 von der Großen Koalition wieder abgeschafft.

Kassiert Verband mit islamistischen Mitgliedern Fördermittel?

Vorfälle, wie der Hessische Rundfunk sie im Juli 2016 schilderte, hätten mit der Erklärung vielleicht verhindert werden können.[78] Im Rahmen des Bundesprogramms »Demokratie leben« sollte der Deutsch-Islamische Vereinsverband Rhein-Main (DIV) jährlich 86 000 Euro für das Projekt »Aktion contra Radikalisierung muslimischer Jugendlicher« erhalten – und zwar über fünf Jahre. Der DIV wiederum hat Mitglieds-Moscheevereine, die nach Aussagen des hessischen Verfassungsschutzes dem Netzwerk der internationalen Muslimbruderschaft zuzuordnen seien. Wäre die Demokratieerklärung noch in Kraft gewesen, hätte dieser Verband kein Geld erhalten dürfen, solange solche islamistische Vereine zu seinen Mitgliedern zählten. Die Förderung wurde 2016 gestoppt.

NBS erwartet Millionenspende aus Kuwait

Am 23. Juni 2017 waren Imam Sabri und Vertreter der Neuköllner Begegnungsstätte in der Berliner Senatskulturverwaltung zu Gast. Sie präsentierten Staatssekretär Gerry Woop (Die Linke) Ausbaupläne für das Moscheegebäude und baten ihn um Hilfe. Der Anbau soll einem internen Senatsschreiben zufolge bis zu 2,2 Millionen Euro kosten. Den Löwenanteil der Kosten soll eine Religionsstiftung aus Kuwait übernehmen, was überrascht, denn wenige Wochen zuvor hatte Imam Sabri noch kategorisch bestritten, Spendengelder aus dem Ausland zu erhalten. Einer solchen Spende muss allerdings die Religionsbehörde Kuwaits zustimmen. Deshalb wünschte sich die NBS von den Berliner Behörden eine Unbedenklichkeitsbescheinigung, die dann der kuwaitischen Botschaft übermittelt wird, was angesichts der Erwähnung im Berliner Verfassungsschutzbericht nicht einfach ist. Staatssekretär Woop half dennoch bereitwillig und bat prompt das Bezirksamt Neukölln förmlich um eine Stellungnahme zu dem Vorhaben. Der Ausgang dieser Bitte bleibt bei Drucklegung dieses Buches unklar. Brisant ist aber die Information aus dem Senatsschreiben, wonach die NBS selbst 500 000 Euro für den Bau aufbringen will. Angesichts der Spendeneinnahmen von 50 000 bis 60 000 Euro im Jahr ist vollkommen unklar, aus welchen Quellen sich die plötzliche Finanzkraft der NBS speist. Eine Anfrage dazu ließ die NBS unbeantwortet.

Imam Sabri hatte in unserem Gespräch zuvor beklagt, zwischen vielen Stühlen zu sitzen. Da seien konservative Gemeindemitglieder, die kritisieren, dass er zu liberal agiere. Da seien wir Journalisten, und da sei der Verfassungsschutz. Immerhin wissen wir jetzt, dass auch die Religionsbehörde des Scharia-Staates Kuwait über die Neuköllner Begegnungsstätte mitentscheidet.

Der Fall Islamic Relief

Humanitäre Hilfe, Islamistensponsoring und dubiose Geldflüsse

Die Organisation Islamic Relief Deutschland (IRD) startete Ende 2016 ihre bundesweite Hilfsaktion »Speisen für Waisen«: Einen Monat lang veranstalteten Muslime und Nichtmuslime Essen, um syrische Waisenkinder im Libanon zu unterstützen. Der damalige Bundesaußenminister und heutige Bundespräsident Frank-Walter Steinmeier war bereits im Jahr zuvor begeistert von der Aktion gewesen und hatte sich bereit erklärt, mit seinem Gesicht und seinem Amt für die Spendenaktion zu werben: »Die Aktion ist ein wichtiger Beitrag zum respektvollen Miteinander.« Das Konzept war bestechend einfach: Menschen sollten Bekannte und Freunde zum Essen einladen mit der Bitte, für die Aktion zu spenden. Steinmeier schwärmte auf der Webseite: »Das gemeinsame Essen für den guten Zweck bietet Gelegenheit zu Gesprächen und fördert so das Verständnis zwischen Menschen mit ganz unterschiedlichem kulturellem Hintergrund.«[1] Er wünschte sich, »dass sich noch viele Menschen, ob Muslime oder nicht, der Aktion anschließen«. Auch Steinmeiers Kabinettskollegin Aydan Özoğuz, Staatsministerin für Migration, Flüchtlinge und Integration, machte mit: »Ich unterstütze die Aktion ›Speisen für Waisen‹ sehr gerne. Die Aktion sammelt Spenden für Waisenkinder in Not.« Islamic Relief hatte auch die Unterstützung von Hannelore Kraft, damals Ministerpräsidentin des Landes Nordrhein-Westfalen: »Es kommt auf die Menschen an – und darauf, dass sie ihre Gemeinsamkeiten entdecken und pflegen.«»Speisen für Waisen« helfe Kindern, ihr schweres Schicksal ein Stück erträglicher zu machen. Neben dem ehemaligen Bundespräsidenten Christian Wulff erklärte sich auch Berlins Senatorin für Arbeit, Frauen und Integration, Dilek Kolat, für die Werbung bereit. Die ehemalige Ratsvorsitzende der Evangelischen Kirche in Deutschland Margot Käßmann schwärmte ebenfalls werbeträchtig: »Wer sich miteinander zum Essen an einen Tisch setzt, lernt sich kennen, kommt ins Gespräch über Gott und die Welt. Dass dadurch Kinder in Not unterstützt werden, ist eine wunderbare Idee.« Für Islamic Relief war also »Speisen für Waisen« ein öffentlichkeitswirksamer Coup.

Islamic Relief gilt in Israel als »Terrororganisation«

Die seit ihrer Gründung am 4. Oktober 1996 in Köln ansässige Organisation Islamic Relief ist Teil des eines Netzwerkes, das in mehr als vierzig Ländern der Welt aktiv ist und zur Dachorganisation Islamic Relief Worldwide (IRW) mit Sitz in Birmingham gehört. Islamic Relief gibt an, mit ihren Nothilfe- und Entwicklungsprojekten bedürftige Menschen in Afrika, Asien, Nahost und Osteuropa zu erreichen. Seit langem pumpen diverse Islamic-Relief-Organisationen auch Millionensummen in den von der Terrororganisation Hamas regierten Gazastreifen. Deshalb hat Israel Islamic Relief in einer 2008 formulierten und erst 2014 erneuerten Richtlinie die Betätigung verboten. Das Dokument vom 19. Juni 2014 ist von Verteidigungsminister Moshe Ya'lon unterschrieben und in seiner Aussage eindeutig: »Es handelt sich um eine illegale Organisation, die entsprechend den Richtlinien des Verteidigungsministeriums als Teil des Finanzsystems der Hamas angesehen wird.«[2] Ausdrücklich gilt die Richtlinie für – so wörtlich: »Islamic Relief Worldwide oder Islamic Relief oder unter welchem anderen Namen diese Organisation bekannt ist, einschließlich ihrer Haupt-

Zweige« in 13 nun aufgezählten Staaten, einschließlich Deutschland sowie die Zweige in der Westbank und im Gazastreifen.

Es sind schwerwiegende Vorwürfe, die Islamic Relief Deutschland und ebenso die Dachorganisation Islamic Relief Worldwide vehement zurückweisen. Selbstverständlich werde man niemals eine Organisation wie die Hamas unterstützen, beteuert der deutsche Verein. Aber wohin fließen die von Islamic Relief Deutschland eingenommenen Spendengelder? Und wohin fließen die Millionen Steuermittel, mit denen die Bundesregierung IRD unterstützt? Brisante Fragen. Denn die Bundesregierung unterstützt den Verein nicht nur durch den persönlichen Werbeeinsatz von Bundesministern, sondern auch mit Geld. Insgesamt hatte Islamic Relief Deutschland allein seit 2011 Einnahmen von gut 69 Millionen Euro durch direkte Spenden und zusätzliche öffentliche Förderung. Sowohl das Auswärtige Amt als auch das Bundesministerium für wirtschaftliche Zusammenarbeit und Entwicklung haben über Jahre insgesamt mehr als sechs Millionen Euro direkte Steuermittel an den Verein überwiesen, um konkrete humanitäre Hilfsprojekte vor allem in Syrien zu unterstützen.

Laut den Jahresberichten von Islamic Relief Deutschland unterstützt der Verein vielerlei Hilfsprojekte vor allem in Ländern mit mehrheitlich muslimischer Bevölkerung. In der Selbstverpflichtungserklärung des »Deutschen Spendenrates«, die Islamic Relief Deutschland unterzeichnet hat, heißt es unter anderem: »Sofern Spenden an andere Organisationen weitergeleitet werden, weisen wir in unserem Jahresbericht darauf hin und geben deren Höhe an.« Im Jahresbericht von IRD 2015 werden viele Transfers an ausländische Sektionen von Islamic Relief von Bangladesch über Bosnien, Jordanien, Mali bis nach Palästina angegeben. Hinzu kommen Projekte, bei denen die Dachorganisation Islamic Relief Worldwide als »Implementierungspartner« verzeichnet ist.

Laut den Jahresabschlüssen von Islamic Relief Deutschland flossen zwischen 2011 und 2015 insgesamt fast 31,96 Millionen Euro an die Dachorganisation Islamic Relief Worldwide, die als »Weiterleitung« für humanitäre Projekte in Drittländern verbucht wurden. Relevant sind diese Zahlen, weil sie belegen, wie eng der deutsche Verein an die Dachorganisation in Birmingham angebunden ist und wie viel Spendengeld an diese Dachorganisation weitergereicht wird. Für den Steuerzahler und den Fiskus ist diese Frage relevant, weil jede Spende an Islamic Relief Deutschland beim Spender steuerlich abzugsfähig ist. Denn der Verein ist vom Finanzamt als gemeinnützig anerkannt und wird regelmäßig von diesem geprüft. Gemeinnützigkeit bedeutet insofern einen doppelten Steuerverzicht des deutschen Fiskus: Der Empfänger der Spende bezahlt keine Körperschaftsteuer, und der Spender macht seine Zahlung als Sonderausgabe beim Finanzamt geltend.

Fast die Hälfte der in Deutschland eingenommenen Spendengelder wird also an die Dachorganisation weitergeleitet. Aber wie kann Islamic Relief Deutschland überprüfen, ob diese Gelder von der Weltorganisation auch im Sinne der gemeinnützigen Satzung des deutschen Vereins ausgegeben werden? Der Berliner Wirtschaftsjurist Hans-Peter Schwintowski hält es für zwingend, dass ein gemeinnütziger Verein sämtliche Ausgaben vor seinem Finanzamt nachweisen kann. Hierzu liefern die Jahresabschlussberichte des Steuerberaters für Islamic Relief Deutschland eine interessante Information. Denn dieser schreibt über die nach Großbritannien überwiesenen rund 32 Millionen Euro: »Die wesentliche Grundlage für die Prüfung der satzungsgemäßen Verwendung dieses Teils der Spenden war der Bestätigungsvermerk der englischen Wirtschaftsprüfer für den Jahresabschluss der Dachorganisation.« Mit anderen Worten: Diese Formulierung legt nahe, dass die satzungsgemäße Verwendung deutscher Spendengelder von dem gemeinnützigen Verein selbst gar nicht im Einzelnen geprüft wird und man sich im Wesentlichen auf die Prüfung der Dachorganisation verlässt. Dafür spricht auch die folgende Formulierung in dem Prüfbericht: »Das englische Testat ist eine Art Konzernbestätigungsvermerk und umfasst auch die Bestätigung der Ordnungsmäßigkeit der Rechnungslegung von Islamic Relief in Deutschland e. V., soweit es die

Verausgabung dieses Teils der Spenden für humanitäre Zwecke betrifft.«

Um Missverständnisse auszuschließen, habe ich Islamic Relief eine weitere Anfrage geschickt: »Bedeutet diese Formulierung, dass die satzungsgemäße Verwendung der Spendengelder bei diesem Teil der Spenden selbst gar nicht im Einzelnen (sprich Einzelbelege) geprüft wird und man sich im Wesentlichen auf die Prüfung der Dachorganisation verlässt?« Islamic Relief antwortete wie folgt: »Die Prüfung erfolgt dementsprechend zunächst durch eine unabhängige und anerkannte englische Wirtschaftsprüfungsgesellschaft bei unserem Implementierungspartner. Diese Prüfung stellt einen Teil der deutschen Prüfung dar und ist in dem Bericht des deutschen Wirtschaftsprüfers wiederzufinden.«[3]

Ich legte die Unterlagen auch dem Chef der Deutschen Steuer-Gewerkschaft (DSTG), Thomas Eigenthaler, vor. Seiner Meinung nach »exkulpiert« sich der Steuerberater mit dieser Formulierung, was er auch darf. Dass ein gemeinnütziger und damit steuerprivilegierter Verein allerdings nicht genau sagen kann, was mit dem Geld der Spender im Ausland passiere, verstoße eindeutig gegen die Abgabenordnung und stelle insofern die Gemeinnützigkeit in Frage. Für Thomas Eigenthaler bedeutet diese Passage, dass dem Verein bei einer Unklarheit über seine Verwendung der Mittel im Ausland sofort die Gemeinnützigkeit entzogen werden müsste. Auch Professor Hans-Peter Schwintowski wunderte sich über die enormen Geldsummen, die von Islamic Relief Deutschland zum Dachverband Islamic Relief Worldwide wandern und fragte: »Wie sollen deutsche Finanzbehörden überhaupt nachvollziehen, ob diese Millionen satzungsgemäß gemeinnützigen Zwecken zukommen?« Daraufhin fragte ich, ohne den Verein zu benennen, beim Bundeszentralamt für Steuern an: »Genügt es für die Gewährung der Gemeinnützigkeit in diesem Fall, für die Prüfung der satzungsgemäßen Verwendung dieser weitergeleiteten Summen den Bestätigungsvermerk des ausländischen Empfängers der Spenden heranzuziehen?«

Das Bundeszentralamt für Steuern antwortete prompt: »Hier reicht allein der Nachweis einer Mittelweitergabe an die Empfängerkörperschaft nicht aus, sondern auch die satzungsgemäße Mittelverwendung im Ausland ist durch geeignete Unterlagen (z. B. Verträge mit der Empfängerkörperschaft, Belege und Bestätigung des Zahlungsempfängers, Tätigkeitsbeschreibungen, Mittelverwendungsrechnungen etc.) nachzuweisen.«[4] Überdies unterlägen Vereine mit Auslandsaktivitäten sogar erhöhten Mitwirkungs- und Beweisvorsorgepflichten.

Dieser Problematik kann sich aber nur das zuständige Finanzamt für Körperschaften in Köln annehmen, wo Islamic Relief Deutschland seinen Sitz hat. Der zuständige Sachbearbeiter entscheidet über die Gemeinnützigkeit und dürfte bislang stets beruhigt auf die hochrangigen Fürsprecher aus der Politik geschaut haben. Er wird nicht umhinkönnen, angesichts dieser Recherche die Gemeinnützigkeit des Vereins erneut einer sehr kritischen Prüfung zu unterziehen.

Sponsert der Hilfsverein islamistische Veranstaltungen?

Der angeblich rein humanitäre Verein beteiligt sich rege an Veranstaltungen diverser islamistischer Organisationen. Aus seinen Spendeneinnahmen nutzt Islamic Relief Geld, um zum Beispiel Jahrestreffen der »Islamischen Gemeinschaft Deutschlands«[5] zu sponsern, des Verbands, den Verfassungsschutzbehörden als die wichtigste und zentrale Organisation von Anhängern der Muslimbruderschaft in Deutschland klassifizieren.

Das Bundesamt für Verfassungsschutz beantwortete meine Anfrage kurz und unmissverständlich: »Das Bundesamt für Verfassungsschutz kann Verbindungen, insbesondere ideologischer und organisatorischer Art, der Hilfsorganisation Islamic Relief Deutschland e. V. (IRD) zur Islamischen Gemeinschaft in Deutschland e. V. (IGD) nicht ausschließen. So trat IRD als Hauptsponsor des Jahrestreffens der IGD am 13. Dezember 2015 auf und war dort mit einem Redebeitrag vertreten.«[6]

Nuri Köseli, Sprecher von Islamic Relief Deutschland, antwortete mir zunächst nur telefonisch, und zwar für eine erste Berichterstattung im Rundfunk Berlin-Brandenburg.[7] Er sagte, man sei bei vielen muslimischen Veranstaltern wie zum Beispiel auch der türkischen DITIB und dem Zentralrat der Muslime in Deutschland zu Gast, um Gläubige als Spender zu gewinnen. Hierzu gehörten auch geringe Ausgaben für Standmieten. Standmieten? Diese Methode kennen wir von den Parteien: Große Konzerne mieten Standflächen, um zum Beispiel ihre Autos vorzustellen und zahlen dafür an die Parteien Beiträge. Die Zahlungen können sie wiederum als Betriebsausgaben von der Steuer absetzen. Islamic Relief selbst beharrt allerdings darauf, es handle sich nur um kleine Summen, die im Grunde nur der Eigenwerbung dienten. Also werfen wir einen Blick in die Ausgabenbilanz des als gemeinnützig anerkannten Vereins Islamic Relief Deutschland: Es fällt auf, dass die Ausgaben für Werbung und Verwaltung von Jahr zu Jahr steigen. Insgesamt gab der Verein seit 2011 rund 3 092 879 Euro für die eigene Verwaltung aus und 10 460 732 Euro für Werbung. Trifft die mündliche Aussage von Nuri Köseli zu, würden Sponsoringausgaben aus diesem Millionenbetrag bestritten – nur wie viel, bleibt unklar. Wenig später hatte sich der Verein seine Antwort offenbar anders überlegt. Schriftlich teilte er uns nun mit: »Islamic Relief Deutschland war auf der IGD-Jahrestagung 2015 kein Hauptsponsor und hatte somit keine Sponsoring-Ausgaben.«[8]

Um sicherzugehen, kontaktierte ich noch einmal das Bundesamt für Verfassungsschutz. Es blieb bei seiner Auskunft und wies auch darauf hin, dass die Spendenorganisation 2016 »diverse Veranstaltungen der Organisation Muslimische Jugend in Deutschland e. V. (MJD)« gesponsert habe, »einer formal unabhängigen Jugendorganisation, die zugleich enge Verbindungen zur IGD unterhält«.[9] Um welche Summen es sich handelt, und ob diese über einfache Standmieten hinausgehen, blieb auch nach der Auskunft des Verfassungsschutzes unklar. Eine kurze Netzrecherche ergab zudem, dass Islamic Relief das Jahrestreffen der IGD 2016 mit gesponsert hatte. Ich wollte nun von Islamic Relief Deutschland wissen, wie sie die Einschätzung der Verfassungsschützer sahen und fragte deshalb schriftlich an: »Die IGD wird vom Verfassungsschutz als wichtigste und zentrale Organisation von Anhängern der Muslimbruderschaft bezeichnet. Wie vereinbart sich das Sponsoring mit Ihrer Rolle als Hilfsorganisation?« Auf diese Frage ging Sprecher Nuri Köseli nicht ein und antwortete: »Als eine unabhängige und neutrale Hilfsorganisation inspiriert von islamischen Werten und geleitet von tiefer humanitärer Überzeugung ist die muslimische Community unsere Spenderzielgruppe. Wir nehmen Kunst- und Kulturveranstaltungen der muslimischen Community und von verschiedenen Moscheeverbänden oder Moscheevereinen als Gelegenheit wahr, um durch reine Werbemaßnahmen unsere Bekanntheit als humanitäre Hilfsorganisation zu erhöhen und über unsere humanitäre Arbeit die Community zu informieren.«[10]

Kunst- und Kulturveranstaltungen? Wer herausfinden möchte, wo überall die angebliche Hilfsorganisation mit Sponsoringgeldern vertreten ist, braucht nicht sehr lange im Internet zu recherchieren.

Auf ihrer Facebook-Seite wirbt die Islamische Gemeinschaft Deutschlands für ihr 33. Jahrestreffen in Bochum unter dem Motto: »Gesichter Deutschlands – das neue Wir!«. Angekündigt sind Prediger-Stars aus der Szene: Ferid Heider, Khaled Hanafi, Ali Omari, Ahmad al-Khalifa. Als Sponsor werden Islamic Relief Deutschland sowie die Firmen Cappadocia Frische Center, Boustan und die KT Bank angegeben.[11] Bei der islamischen KT-Bank mit Sitz in Frankfurt am Main handelt es sich um eine Tochter der Kuveyt Türk Katılım Bankası, die kuwaitisch-türkische Beteiligungsbank mit Sitz in Istanbul. Wie bereits vom Bundesamt für Verfassungsschutz erwähnt, sponsert die Spendenorganisation auch Veranstaltungen der IGD-nahen Jugendorganisation Muslimische Jugend Deutschland (MJD). Das Treffen »Fit fürs Leben« – anlässlich des 20-jährigen Bestehens der MJD 2014 in Bad Orb – fand laut Einladung »mit freundlicher Unterstützung« von Islamic Relief Deutschland statt.[12] Im Dezember 2016 veranstalteten muslimische Jungfunktionäre an prominenter Stelle am Brandenburger Tor die Verleihung eines Islam Kunstpreises, versehen mit der vollmundigen Ankündigung, bei den Preisträgern handle es sich um die »nächste Generation von Kulturschaffenden dieses Landes«.[13] So berichtete der Islamismuskritiker Hamed Abdel Samad. Samad schrieb, dass in der Jury »einige Personen« waren, »die der Millî-Görüş-Organisation oder den Muslimbrüdern nahestehen« und wunderte sich auch über die Finanzierung der ideologischen PR-Aktion durch die »Hilfsorganisation Islamic Relief, die immer wieder als Tarnorganisation des weltweit operierenden Muslimbrüder-Netzwerkes zugerechnet wird«.

Am 24. und 25. Dezember 2016 von jeweils 11 bis 20 Uhr fand im Berliner Stadtteil Wedding die »Youcon«, die Islamische Jugendkonferenz, statt. Diesmal stand die Veranstaltung unter dem Motto: »Generation Muslim – Sei die Veränderung!« Wieder war der Prediger Ferid Heider an Bord. Und wieder wurde als Sponsor Islamic Relief Deutschland angegeben, übrigens neben der Islamischen Gemeinschaft Deutschlands. Auch die sehr beliebte Plattform »Vereint im Islam« bedankte sich bei Islamic Relief Deutschland für die Unterstützung.[14]

Bei diesen beinahe gänzlich politisch-ideologischen Veranstaltungen bleibt fragwürdig, welcher humanitäre Zweck hier mit Geldern der Spendenorganisation Islamic Relief Deutschland verfolgt wird. Bei unserem Treffen mit Geschäftsführer Abdelalem, bot dieser nun eine weitere Erklärungsvariante: Hinter dem Begriff »Sponsor« würden sich nur kleine Summen verbergen, um Spendentische zu mieten. In der islamischen Community habe das Wort Sponsor eine andere Bedeutung als anderswo, und man habe diesen Begriff nun einmal in der Community etabliert. Nuri Köseli teilt später nochmals schriftlich mit, Islamic Relief unterstütze

»mit keinerlei finanziellen Zuwendungen andere Organisationen und Vereine«.[15] Während unseres persönlichen Gesprächs wollte ich auch wissen, warum Islamic Relief sich zur Spendenwerbung ausgerechnet an Organisationen wende, die vom Verfassungsschutz beobachtet würden. Die Antwort von Abdelalem fiel karg aus:»Das ist eine Herausforderung.« Schließlich seien doch seines Wissens alle Verbände außer DITIB Gegenstand von Verfassungsschutzberichten.

Verfassungsschutzbericht erwähnt Islamic Relief

Der Verfassungsschutz von Baden-Württemberg führte in seinem Bericht 2009 im Kapitel »Islamismus« ausführlich personelle und organisatorische Zusammenhänge auf. Dabei schreibt er über die Muslimische Jugend Deutschlands und die Unterstützung des MJD durch Islamic Relief:»Auf der MJD-Website wird Stellung zum politischen Tagesgeschehen genommen und zu ›Solidarität mit Gaza‹ aufgefordert. 76 Spendenaufrufe erfolgen über zwei muslimische Wohlfahrtsorganisationen, unter anderem über ›Islamic Relief Deutschland‹ mit Sitz in Köln. Die Dachorganisation ›Islamic Relief Worldwide‹ (IRW) gilt als wichtige wohltätige Organisation aus dem Umfeld der MB. Die Aktivitäten der IRW sollen in den palästinensischen Autonomiegebieten personell und ideologisch mit der Hamas verknüpft sein.«[16]

Tarnen und tricksen

In welchen internationalen Netzwerken steckt Islamic Relief Deutschland? Wer unterstützt die Organisation? Die Bloggerin und Islamismus-Analytikerin Sigrid Herrmann-Marschall hat am eigenen Leib zu spüren bekommen, wie der gemeinnützige Verein vorgeht, wenn er öffentlich kritisiert wird. Sie hatte bereits im Sommer 2016 auf die Verbindungen zur Dachorganisation Islamic Relief Worldwide und möglicherweise zur internationalen Muslimbruderschaft hingewiesen und war prompt verklagt worden. Im Prozess gegen die Bloggerin versuchte der Geschäftsführer von Islamic Relief Deutschland, Tarek Abdelalem, sogar Verflechtungen des deutschen Vereins mit der Dachorganisation zu leugnen. In einer eidesstattlichen Erklärung, die er vor Gericht einbrachte, schrieb Abdelalem:»Von der Organisation Islamic Relief Worldwide sind wir rechtlich gesehen vollkommen unabhängig. Es existieren keine personalen Verflechtungen.«[17] Diese Behauptung des IRD-Geschäftsführers ist juristisch waghalsig. Denn bereits ein Blick in die Gründungssatzung vom 4. Oktober 1996 belegt das Gegenteil: Hier unterschreibt zum Beispiel Ibrahim El-Zayat als neuer »Kassenwart« von Islamic Relief Deutschland, der zugleich und bis 2015 im »Board of Trustees« von Islamic Relief Worldwide saß. Das Amt des Vorsitzenden bekleidete Hany Abdel Gwad El-Banna, der zugleich Gründer und langjähriger Vorsitzender von Islamic Relief Worldwide war. Eigentlich hätte Tarek Abdelalem sogar in seine eigene Vita beim Vorstand des Deutschen Spendenrates schauen können,[18] um sich zu erinnern, dass er selbst seit 2005 Geschäftsführer von Islamic Relief Deutschland ist und eine Weile Mitglied im Ausschuss für Governance und Managemententwicklung bei Islamic Relief Worldwide war.

Zudem gibt es weitere personelle Verflechtungen mit dem Weltverband: Der Vorstandsvorsitzende von Islamic Relief Deutschland heißt Almoutaz Tayara und ist zugleich Direktor beim Dachverband IRW. Im Vorstand sitzt auch ein Mann namens Heshmat Khalifa, der zugleich einen Posten im »Board of Trustees«, einer Art Aufsichtsrat von Islamic Relief Worldwide, bekleidet. Und auch der stellvertretende Vorsitzende von IRD, Hossam Said, war bis März 2013 Direktor für internationale Programme des IRW. So jedenfalls steht es im Urteil des Oberlandesgerichts Frankfurt am Main zugunsten der Bloggerin Sigrid Herrmann-Marschall.

Auch die Berliner Innenverwaltung teilte auf eine parlamentarische Anfrage des CDU-Abgeordneten Sven Rissmann im Dezember 2016 mit: »Personelle Verflechtungen zwischen dem IRD und der IGD ergeben sich über den Vorstandsvorsitzenden des IRD. Dieser bekleidete das Amt des Vorsitzenden des IGD-Schura-Rates. Zudem ist der ehemalige Präsident der IGD einer der Initiatoren und Gründungsmitglieder des IRD. Er war im Vorstand des IRD und bekleidete den Posten des Vorsitzenden des ›Board of Trustees‹ der IRW.«[19] Gemeint ist in diesem Fall der bereits erwähnte Multifunktionär Ibrahim El-Zayat. Er gehört zu den Gründern von Islamic Relief Deutschland und war bis 2015 für die Finanzen von Islamic Relief Worldwide zuständig. In Großbritannien leitete er zudem laut dem britischen Handelsregister bis zum 11. März 2017 die Firma Islamic Relief WAQF.[20] Deren Aktivitäten werden im Register nur knapp formuliert: Aktivitäten von Investment Trusts. Auf ihrer Homepage erfährt der Spender von der Möglichkeit, schariakonforme Fondsanteile zu zeichnen, die am Ende humanitären Zwecken in aller Welt zugutekämen.[21] Viel mehr Verflechtung geht also kaum.

IR Deutschland ist nur ein »Fundraising-Büro« der Weltorganisation

Bei ihren Recherchen stieß die Analystin Sigrid Herrmann-Marschall auch auf die bereits erwähnte Spendengala vom 22. 05. 2015. Bei der Vorstellung ihrer Organisation sagt Sevgi Kuvanoglu: »Islamic Relief Deutschland ist ein Teil von Islamic Relief Worldwide.« So ähnlich steht es – wie gesagt – auch in den Wirtschaftsberichten des Steuerberaters von Islamic Relief Deutschland.[22] Darin wird Islamic Relief Worldwide unmissverständlich als »Dachorganisation« bezeichnet, wobei das englische Testat eine Art »Konzernbestätigungsvermerk« darstellt. Beide Begriffe klingen nach einer organisatorischen Verbindung. Ganz offenkundig wird das Binnenverhältnis im folgenden Satz: »Hauptsitz der Bewegung ist Birmingham/England, die Organisation wird dort unter Islamic Relief Worldwide (IRW) geführt, ist in der Charity Commission amtlich registriert. Der Jahresabschluss wird regelmäßig von einem Wirtschaftsprüfer geprüft. Die Jahresabschlüsse aller Islamic Relief Fundraising-Büros werden von Wirtschaftsprüfern geprüft.« Es ist eine einigermaßen erstaunliche Erkenntnis, dass der deutsche Verein hier nur als »Spendensammelstelle« für den Weltverband bezeichnet wird. In seiner Öffentlichkeitsarbeit versucht Islamic Relief Deutschland allerdings, das genaue Gegenteil zu insinuieren. In einer Stellungnahme auf unsere rbb-Berichterstattung stellte der Verein klar: »Islamic Relief Deutschland ist keine Teilorganisation von Islamic Relief Worldwide. Richtig ist, dass es sich bei Islamic Relief Deutschland um eine völlig unabhängige Rechtspersönlichkeit und Organisation handelt.«[23] Der Trick an dieser Wortwahl ist einfach: Selbstverständlich ist der Verein selbständig, sonst wäre er kein Verein. Über die zahlreichen personellen und finanziellen Verflechtungen zur Weltorganisation können die Sätze nur Uneingeweihte hinwegtäuschen.

Brisant ist das zudem, weil die Organisation Islamic Relief die Jahresabschlüsse auch benutzt, um beim zuständigen Finanzamt Köln eine jährliche Bestätigung ihrer Gemeinnützigkeit zu erhalten. Noch brisanter wird es, wenn dort falsche Angaben stehen: Im Jahresabschluss 2015 heißt es zum Beispiel: »Der Jahresabschluss von Islamic Relief in Deutschland e. V. wurde aufgrund der eingegangenen Selbstverpflichtung gegenüber dem Deutschen Zentralinstitut für soziale Fragen Berlin (DZI) geprüft.« Das DZI ist seit Jahrzehnten das einzige unabhängige und hochseriöse Prüfinstitut, das Siegel für Spendenorganisationen vergibt. Ich frage dort an, ob eine derartige Selbstverpflichtung von Islamic Relief existiert. Burkhard Wilke, der Geschäftsführer des DZI, antwortete: »Islamic Relief ist in dem genannten Zeitraum, also 2015, keine Selbstverpflichtung gegenüber dem DZI eingegangen und war zu keiner Zeit Inhaber des DZI-Spendensiegels.«[24]

Jedenfalls leitete der »Deutsche Spendenrat« nach der Veröffentlichung unseres rbb-Beitrags eine Untersuchung ein, zumal die Bloggerin Sigrid Herrmann-Marschall die Organisation von der eidesstattlichen Versicherung Abdelalems in Kenntnis setzte, wonach es keine personellen Verflechtungen zu Islamic Relief Worldwide gebe. Derselbe »Deutsche Spendenrat« hat allerdings am 30. Mai 2017 ein eigenes »Transparenz-Zertifikat« eingeführt und es prompt Islamic Relief verliehen. Die Prüforganisation mit Abdelalem im Vorstand vergibt ein Zertifikat an die Spendenorganisation mit Abdelalem als Geschäftsführer Ich habe auch den Deutschen Spendenrat gefragt, inwieweit sich die großen Überweisungen von Islamic Relief Deutschland an die Dachorganisation und die Beteiligung an Veranstaltungen vom Verfassungsschutz beobachteter Organisationen mit den Statuten des Rates vertragen. Leider erhielt ich keine Antwort.

Ein undemokratischer und streng hierarchischer Verein

Wie relevant ist der angeblich rein humanitäre Verein für das Spektrum islamistischer Gruppen? Zwischen der deutschen Islamic Relief und der weltweiten Dachorganisation gibt es noch eine weitere, sehr relevante personelle Vernetzung. Im Vereinsregister der Stadt Köln liegt die Gründungsakte von Islamic Relief Deutschland, deklariert als Wohltätigkeitsorganisation, die allerdings nicht jedem Bürger freisteht. Mitglied werden kann seither »jeder Muslim und jede Muslima, der oder die Zweck oder Ziel der Gemeinschaft« unterstütze. Unter »§ 6 Beitrag« heißt es: »Spenden für die Gemeinschaft werden aus dem In- und Ausland entgegengenommen.«

Zu den Finanziers der fragwürdigen Spendenorganisation gehörte auch das Land Berlin. Das wollte der CDU-Abgeordnete Sven Rissmann genau wissen und fragte beim Berliner Senat an. Die Antwort des Senats, dessen Integrationssenatorin Dilek Kolat für Islamic Relief wirbt, fiel überraschend offen aus: »Dem Berliner Senat ist bekannt, dass die Organisation Islamic Relief Worldwide (IRW) von israelischen Behörden im Juni 2014 verboten wurde, da die Organisation dem Finanzierungsapparat der Hamas zugehörig sei.« Der Senat gab auch offen zu, einen Zweig der Organisation zu unterstützen: »Für den Bereich der Hauptverwaltung ist dem Senat bekannt, dass die ehemalige Senatsverwaltung für Justiz und Verbraucherschutz seit 2012 in der Umsetzung der religiösen Betreuung muslimischer Inhaftierter mit dem Verein ›Arbeitsgemeinschaft Muslimische Gefängnisseelsorge e. V.‹ (AGMGS) zusammenarbeitet. Der Verein hat sich am 22. Juni 2012 gegründet und ist ein Zusammenschluss verschiedener muslimischer Vereine und Verbände. Der IRD gehört zu den Mitgliedsverbänden der AGMGS.«[25]

Der damalige CDU-Justizsenator Heilmann stellte die Zusammenarbeit mit dem Verein aufgrund von Einwänden des Berliner Verfassungsschutzes ein.[26] Vom CDU-Abgeordneten Sven Rissmann gefragt, ob die Aktivitäten von Islamic Relief nach Paragraph 14 Absatz 3 des Vereinsgesetzes »Bestrebungen außerhalb des Bundesgebiets fördert, deren Ziele oder Mittel mit den Grundwerten einer die Würde des Menschen achtenden staatlichen Ordnung unvereinbar sind«, verweigerte der Berliner Senat die Antwort und verwies auf die Kompetenz des Bundes. Islamic Relief hingegen verweist stets auf seine humanitäre Ausrichtung, die unabhängig von Weltanschauungen, Herkunft und Religionszugehörigkeit sei.

In Paragraph 4 der gültigen Satzung des Vereins heißt es: »1. Es ist grundsätzlich zu unterscheiden zwischen außerordentlichen Mitgliedern und ordentlichen Mitgliedern. Die Gründungsmitglieder sind ordentliche Mitglieder.«[27] Die Vereinsregisterakte vom Amtsgericht Köln ist von sechs Mitgliedern unterschrieben, darunter vom damaligen IRD-Vorsitzenden Hany Abdel Gawad El-Banna aus Großbritannien und von Ibrahim Farouk El-Zayat aus Köln. Unter den Gründungsmitgliedern finden sich noch ein Radiologe aus Hemer, ein Veterinärmediziner aus Bad Vilbel und ein Physiker aus Garching. Neben El-Banna finden sich noch zwei weitere britische Staatsbürger im kleinen Kreis der Gründungsmitglieder. »Nur ordentliche Mitglieder haben das Recht, Anträge zu stellen und das Stimmrecht auszuüben.« Die Macht verbleibt auf diese Weise für alle Zeiten bei den Gründungsmitgliedern von Islamic Relief. Gewählt und abgewählt werden, sich Mehrheiten stellen – alle diese Gepflogenheiten der Demokratie sind in dem vom Finanzamt Köln als gemeinnützig anerkannten Verein ausgeschaltet. Auch in dieser Hinsicht deckt sich das Innengefüge der Spendenorganisation mit der Ablehnung von demokratischer Teilhabe durch Angehörige der Internationalen Muslimbruderschaft.

Christen, Juden, Hindus oder Atheisten sind als Mitglieder der deutschen Hilfsorganisation unerwünscht.[28] Dabei versucht der Verein, in seiner viele Millionen Euro verschlingenden Eigenwerbung stets auf eine angebliche Weltoffenheit anzuspielen. Im Leitbild von Islamic Relief heißt es: »Wir handeln ungeachtet politischer Überzeugungen, nationaler oder ethnischer Herkunft, Geschlecht und Religion sowie ohne Erwartung von Gegenleistung.«

Die Spendenorganisation ist selbst bei Verfassungsschutzbehörden nicht unbekannt. In Hannover und anderen niedersächsischen Städten hat sich Islamic Relief an sogenannten Cake Days beteiligt, um Spenden für die angeblich gute Sache zu akquirieren. Nach einem Bericht des Norddeutschen Rundfunks[29] behält der niedersächsische Verfassungsschutz diese harmlos erscheinenden Aktionen im Auge, da an den Ständen unter anderem auch für Organisationen aus dem islamistischen Spektrum geworben werde. Eine Aktion in Hannover, an der sich auch Islamic Relief beteiligte, sollte einem Brunnenbau im Tschad, einem Waisenkinderprojekt von Islamic Relief und einem »Bruder im Kosovo« zugutekommen. Laut Verfassungsschutz sei hierbei kaum zu unterscheiden, ob das Geld beispielsweise Zivilisten in Syrien zugutekomme oder an islamistische Gruppen gehe. Dem Bericht zufolge stehe dabei aber nicht Islamic Relief als Verein im Mittelpunkt, denn Anmelder der Straßenaktionen seien Einzelpersonen, die zum Teil mit islamistischen Vereinen in Verbindung stünden, die bereits vom Verfassungsschutz beobachtet würden. Bereits 2014 hätten Salafisten die

Kuchen-Aktionen genutzt. So vermuteten die Behörden, dass diese Salafisten Geld für den Kampf in Syrien sammeln wollten. Die Schattenseiten der »Cake Days« kamen übrigens durch eine Anfrage eines lokalen dpa-Journalisten ans Tageslicht und nicht aufgrund einer routinemäßigen Überwachung der Vereinsaktivitäten. Im Dschungel scheinbar karitativer Vereine in Deutschland ist der Weg vom Kuchen zum Krieg zuweilen nicht weit.

Der Bundesrechnungshof prüft Zweckentfremdung von Fördermitteln

Trotz dieser Ungereimtheiten und vor allem einer eindeutigen Expertise des Bundesamtes für Verfassungsschutz, das eine organisatorische Verbindung zur islamistischen IGD nicht ausschließen kann, fördert die Bundesregierung Islamic Relief Deutschland weiterhin.

Sigrid Herrmann-Marschall wollte, dass die deutschen Behörden dem Verdacht, den sie gegenüber dem Finanzgebaren von Islamic Relief Deutschland hegte, nachgingen. Also informierte sie den Bundesrechnungshof in Bonn. Der leitete eine Prüfung wegen der Millionenförderung des Vereins durch das Auswärtige Amt ein wegen einer »möglichen Zweckentfremdung von Fördergeldern«, wie eine Sprecherin zu Jahresbeginn 2017 auf eine Anfrage mitteilte.[30] Im Visier waren vor allem die Zahlungen für zwei Syrienprojekte von Islamic Relief, wie eine Sprecherin dem rbb bestätigte. Islamic Relief hat vom Auswärtigen Amt allein 2014 fast drei Millionen Euro Fördermittel für Hilfsprojekte in Syrien erhalten und das Geld seinem »Implementierungspartner«, dem Deutsch-Syrischen Verein zur Förderung der Freiheiten und Menschenrechte e. V. in Darmstadt überwiesen. Insgesamt bekam dieser Verein über Islamic Relief fast fünf Millionen Euro. Dabei würde ein privater Spender eher Abstand nehmen, wenn er sich auf den Internetseiten des renommierten Deutschen Zentralinstitutes für so-

ziale Fragen (DZI) kundig machen würde. Das DZI vergibt an seriöse Organisationen ein Spendensiegel. In diesem Fall ist der
kleine deutsch-syrische Verein beim DZI sogar gelistet, allerdings
nicht positiv:»Die DZI-Spenderberatung hat sich mehrfach bemüht, zuletzt im April 2015, von den Verantwortlichen der Organisation im Sinne der Transparenz gegenüber dem Spender konkrete
aussagekräftige Informationen über ihre Arbeit zu erhalten. Dem
Auskunftsersuchen hat die Organisation aber nicht entsprochen.«
Rein rechtlich ist dazu auch keine Spendenorganisation verpflichtet, die Angaben gegenüber dem DZI sind stets freiwilliger Natur.
Das DZI fährt in seinem Bericht fort, der Internetseite des DSV
seien die erbetenen Informationen nicht vollständig zu entnehmen.
Deshalb folgert das DZI:»Eine umfassende Einschätzung der Organisation ist dem DZI damit nicht möglich. Es kann unter anderem nicht beurteilen, ob die von der Organisation veröffentlichten
Werbe- und Informationsmaterialien klar, wahr, sachlich und offen gestaltet sind und die Werbe- und Verwaltungsausgaben im
vertretbaren Rahmen liegen.«[31] Ohne diese Informationen sei es
jedoch nicht möglich, Einschätzungen über die »Vertrauenswür-
digkeit« zu treffen. Trotz dieser Tatsachen griffen gleich zwei Bundesministerien tief in die Tasche – obwohl es jede Menge alternativer Hilfsorganisationen auch für Syrien gibt.

Auch ich versuchte dort, Genaueres über die Verwendung der
Hilfsgelder aus dem Auswärtigen Amt zu erfahren und bat um eine
Projektbeschreibung und einen Evaluationsbericht. Zur Antwort
erhielt ich wiederholt die Auskunft, man dürfe Projektbeschrei-
bungen nicht herausgeben, dafür sei Islamic Relief zuständig. Islamic Relief sagte mir bei unserem Treffen im Mai 2017 zu, mir Unterlagen über die Verwendung der Hilfsgelder zur Verfügung zu
stellen, hat aber in dieser Angelegenheit nicht wieder von sich hören lassen. Stattdessen übersandte mir die Organisation detaillierte
Auflistungen von konkreten Hilfsprojekten im Ausland und den
zugehörigen Ausgaben. Die halfen aber im Fall des syrischen Vereins nicht weiter.

Aus dem Auswärtigen Amt hieß es zu den Millionenförderungen, Islamic Relief Deutschland werde »nicht institutionell gefördert«. Die gewährten Zuwendungen seien »uneingeschränkt zweckgebundener Natur und sind ausschließlich in Syrien durchgeführten Projekten zugutegekommen«[32]. Auf eine weitere Nachfrage zu der Gesamtförderung von Islamic Relief antwortet das Ministerium: »Das Auswärtige Amt hat IRD ausschließlich über projektbezogene Förderungen unterstützt. IRD ist verpflichtet, über die Verwendung der zur Verfügung gestellten Mittel lückenlos Bericht zu erstatten. Seinen Berichtspflichten ist IRD bislang vollumfänglich nachgekommen.«[33]

Auch das Bundesministerium für wirtschaftliche Zusammenarbeit und Entwicklung, das Syrienprojekte von IRD bereits 2013 mit mehr als 600 000 Euro förderte, teilte mit, man habe für sämtliche Ausgaben für medizinische Hilfen von Islamic Relief Verwendungsnachweise, darunter der vorgeschriebene Sachbericht von Islamic Relief. Überdies liege dem Ministerium eine tabellarische Belegliste sowohl über die Ausgaben als auch über die Scans der entsprechenden Quittungen vor.[34] Bei dem vom BMZ geförderten Projekt deutet somit nichts auf eine problematische Verwendung des Geldes hin. Unter den Hilfen sei die Versorgung von 217 Schwerverletzten mit Prothesen sowie die Behandlung von 236 traumatisierten Menschen aufgeführt. Aber wie genau prüft der weltweit vernetzte Verein, inwieweit Gelder, die im Ausland landen, auch satzungsgemäß ausgegeben werden? Das Testat des Steuerberaters von Islamic Relief für den Jahresbericht 2014 trifft hierzu eine eindeutige Aussage: »Die Durchführung sonstiger substanzieller Prüfungshandlungen erfolgte in Stichproben.«[35] Im Klartext: Es bleibt offen, ob der Verein in allen Fällen die Verwendung von Geldern im Sinne der Gemeinnützigkeit lückenlos belegen kann. Geschäftsführer und Pressesprecher von Islamic Relief bejahten diese Frage bei einem Treffen und sagten eine Einsicht in Unterlagen zu. Trotz einer weiteren schriftlichen Nachfrage hörte ich nichts mehr.

Die Untersuchung durch den Bundesrechnungshof zur öffentlichen Förderung von Islamic Relief ist für das Auswärtige Amt auch aus einem anderen Grund brisant. Denn schon vor sechs Jahren hatten die Rechnungsprüfer gravierende Mängel festgestellt: »Vielfach stellte er [der Bundesrechnungshof] fest, dass das Auswärtige Amt die Steuerung und die Erfolgskontrolle seiner Fördermaßnahmen vernachlässigte. So legte es oftmals keine messbaren Ziele fest, bildete keine Indikatoren und fasste den Zweck der Förderung so allgemein, dass eine wirksame Erfolgskontrolle kaum möglich war.«[36] Unabhängig von der Frage, wie die Prüfung beim Bundesrechnungshof diesmal ausgeht, wird sie nur begrenzte Aussagekraft haben. Denn es wird nur die staatliche Förderung des kleinen Deutsch-Syrischen Vereins über den Umweg von Islamic Relief geprüft. Die Zahlungsströme zwischen Islamic Relief Deutschland, dem Dachverband und den weltweiten Islamic-Relief-Vereinen werden dabei vom Bundesrechnungshof nicht geprüft, weil er nur für die Kontrolle öffentlicher Fördermittel zuständig ist.

Das Auswärtige Amt gelobte jedenfalls bei der letzten Kritik durch den Rechnungshof Besserung. Sigrid Herrmann-Marschall, die selbst SPD-Mitglied ist, kann über das SPD-geführte Haus nur den Kopf schütteln. Denn sie hatte bereits im Frühsommer 2016 öffentlich auf ihrem Blog vor der öffentlichen Förderung gewarnt. Spätestens seit Herbst 2016 habe sie sowohl über die Bundesministerien als auch über eine Bundestagsabgeordnete versucht, auf die finanziellen Ungereimtheiten aufmerksam zu machen.

Gemeinnützigkeit von Islamic Relief muss geprüft werden

Vor dem Hintergrund der Vorwürfe aus Israel, Islamic Relief beteilige sich an der Finanzierung der Hamas, sind die Ungereimtheiten politisch brisant. Und außer Israel haben auch die Vereinigten Arabischen Emirate Islamic Relief neben anderen Muslimbrüder-

nahen Organisationen als Terrororganisation verboten[37] – im Fall
der Emirate sicherlich auch aus politischen Gründen. Überdies
hatte bereits 2012 die Schweizer Großbank UBS keine Spendengelder mehr auf die Konten von Islamic Relief angenommen und die
Geschäftsbeziehung später aufgekündigt. Letztlich wurde das aber
als rein geschäftliche Entscheidung erklärt.[38] Ende 2014 sperrte
auch die britische Großbank HSBC alle Konten von Islamic Relief.[39]

Islamic Relief Worldwide erklärt hierzu auf meine Anfrage, die
UBS habe die Kündigung nicht erklärt, obwohl man die Bank
darum gebeten habe. HSBC habe darauf verwiesen, dass man
enorme Aufgaben durch Kunden in Hochrisikobereichen zu be-
wältigen habe: »Mit anderen Worten scheinen Fehlentwicklungen
bei der Bank selbst zu dieser Entscheidung beigetragen zu haben
und nicht Handlungen von Islamic Relief«, schreibt mir die Organisation.[40] Thomas Eigenthaler, Vorsitzender der Deutschen Steuer-
Gewerkschaft, sieht auch bei diesem Aspekt das Finanzamt Köln in
der Pflicht, das die Gemeinnützigkeit gewährte. Denn Paragraph 51
der Abgabenordnung regele, dass die Verwendung von Spenden im
Ausland nur dann mit der Gemeinnützigkeit in Einklang stehe,
wenn diese Tätigkeit »auch zum Ansehen der Bundesrepublik
Deutschland im Ausland beitragen kann«. Insgesamt hat Islamic
Relief Deutschland von 2011 bis 2015 insgesamt fast 32 Millionen
Euro an den Dachverband überwiesen, eine Organisation, die in
Israel verboten ist und die von den Vereinigten Arabischen Emira-
ten als Terrorfinanzier gelistet ist. Allein der Verdacht, dass etwas
von diesem deutschen Geld im Wirkungsbereich der Hamas, den
Todfeinden Israels, gelandet sein könnte, dürfte dem Ansehen
Deutschlands nicht nützlich sein. Laut Eigenthaler müsste das Fi-
nanzamt deshalb sorgfältig prüfen, ob die Millionensummen für
eine derartig umstrittene Organisation wirklich dem Ansehen der
Bundesrepublik dienen. »Wenn nicht, dann wäre allein das ein
Grund, die Gemeinnützigkeit abzuerkennen.«

Sigrid Hermann-Marschall hat auf die Zahlungen aus öffentlichen Kassen bereits Mitte 2016 aufmerksam gemacht, indem sie

eine dreiteilige Serie unter dem Titel »Öffentliche Gelder für Israel-feinde« auf ihrem Blog »Vorwärts und niemals vergessen« veröf-fentlichte.[41] Islamic Relief verklagte Herrmann-Marschall, weil sie die Aussagen der israelischen Botschaft weiterverbreitete. Sie ge-wann den auch für Islamic Relief und seine Spender kostspieligen Prozess.

Herrmann-Marschall versuchte dann, auch das Auswärtige Amt und eine SPD-Bundestagsabgeordnete für das Thema zu sen-sibilisieren – allerdings ohne Erfolg. Auch das Bundesinnenminis-terium kontaktierte sie in der Hoffnung, dass es an die Vereinsver-bote gegen die Hamas-Unterstützervereine Al-Aqsa e. V. und die Internationale Humanitäre Hilfsorganisation (IHH) anknüpfte. Darin beruft sich das Bundesinnenministerium auf eine Entschei-dung des Bundesverwaltungsgerichts von 2004, wonach die Hamas ein einheitliches Gebilde sei, »bei dem die sozialen Aktivitäten nicht von dem terroristischen und politischen Vorgehen der Orga-nisation getrennt werden können«. Das Ministerium ging aller-dings noch weiter in seiner Argumentation: Durch soziale Hilfen werde »das Gesamtbudget der Hamas entlastet, sodass ihr mehr Mittel für terroristische Aktivitäten zur Verfügung stehen«.[42]

Selbstverständlich muss den von Kriegen geschundenen Men-schen in Gaza geholfen werden, allein die Wege dieser Hilfe und die genauen Verwendungen der Mittel müssen im Machtbereich einer terroristischen Vereinigung wie Hamas jederzeit nachvollziehbar sein. Davon kann angesichts der vielen Querfinanzierungen im Sys-tem von Islamic Relief nicht die Rede sein. Im Gegenteil: An kaum einer Stelle distanziert sich die Organisation vom Terror der Hamas.

Und wie reagieren deutsche Stellen? Sigrid Herrmann-Mar-schall versuchte monatelang, die Politik zu sensibilisieren, doch es geschah nichts.

Zurück zu Islamic Relief. Nach der ersten Berichterstattung im Rundfunk Berlin-Brandenburg über die Prüfung durch den Bun-desrechnungshof bediente sich die gemeinnützige Spendenorgani-sation eines eher unüblichen Mittels. Pressesprecher Nuri Köseli verschickte an den rbb, an eine Kollegin der *Bild*-Zeitung sowie an den Evangelischen Pressedienst eine »Stellungnahme«: »In den Beiträgen dazu werden über Islamic Relief unwahre und rufschädigende Behauptungen aufgestellt und Zahlen falsch und unzureichend sowie aus dem Zusammenhang gerissen zitiert. Wir weisen diese Behauptungen zurück.« Welche Informationen unwahr oder falsch gewesen sein sollen, ließ sich in der mehrseitigen Stellungnahme jedoch nicht entnehmen. Stattdessen zog der PR-Mann ein anderes Register: »Wir sind besorgt, dass in einem Klima der allgemeinen Verunsicherung und des beginnenden Wahlkampfes solche rufschädigenden Berichte zusätzliche Vorbehalte gegen die in Deutschland lebenden und gesellschaftlich engagierten Musliminnen und Muslime schüren.«[43]

Auf Anfrage schickte die israelische Botschaft am 25. Januar 2017 ein brisantes Statement zu den Recherchen: »Die Organisation ›Islamic Relief‹ gilt in Israel als Terrororganisation. Damit sind auch alle Aktivitäten der Organisation illegal. Die Anwälte der besagten Organisation haben sich an das Höchste Gericht in Israel gewandt, um diesen Status zu verändern. Vor einem Monat hat das Gericht entschieden, dass es nicht zuständig ist und an den Sonderberatungsausschuss des Verteidigungsministerium verwiesen, in dessen Zuständigkeitsbereich Terrororganisationen fallen.«[44] Hintergrund ist allerdings keine Neubewertung von Islamic Relief, sondern ein novelliertes Gesetz, das nunmehr auch die Terrorfinanzierung zum Terror erklärt. Bei unserem Treffen behauptete Tarek Abdelalem, es gebe längst ein unabhängiges Gutachten eines Wirtschaftsprüfers aus Israel, der Islamic Relief von allen Vorwürfen der Hamas-Finanzierung freispreche. Das Gutachten sei auf Basis eines umfassenden Audits, also einer Untersuchung, erstellt worden, und man habe es auch der israelischen Botschaft und dem Auswärtigen Amt in Berlin zur Verfügung gestellt. Meine Bitte, mir das Gutachten zu überlassen, wurde mit der Antwort quittiert, das gehe nur, wenn die Gutachternamen nicht veröffentlicht würden. Trotz dieser Zusage rührte sich auch Wochen später nichts. Im

Auswärtigen Amt scheint eine solche Expertise unbekannt zu sein, wie ich aus sicherer Quelle erfahren habe. So wie mir keine Unterlagen zur Aufklärung der Unstimmigkeiten über den Geldfluss von Islamic Relief Deutschland zur Zentrale in Birmingham vorgelegt wurden, folgte auch auf die Zusage, mir einen Islamic Relief entlastenden Audit-Bericht zu übersenden, Funkstille. Deshalb habe ich auch Islamic Relief Worldwide umfassend nach den Vorwürfen der Terrorfinanzierung gefragt und erhielt eine ausführliche Antwort.[45] Islamic Relief Worldwide weist sämtliche Anschuldigungen sowohl aus Israel als auch aus den Vereinigten Arabischen Emiraten zurück. Diese Anschuldigungen seien unwahr und nicht belegt: »Wir bestreiten kategorisch jegliche Verbindung zum Terrorismus oder zur Terrorfinanzierung.« Man sei dabei, in Israel und den Emiraten die Anschuldigungen anzufechten. Islamic Relief habe sich dem weltweit gültigen Verhaltenskodex des Roten Kreuzes unterworfen und habe sogar einen Beraterstatus bei den Vereinten Nationen. Islamic Relief sei eine »rein humanitäre« Organisation, die sich der Armutsbekämpfung in 30 Ländern verschrieben habe – unabhängig von Rasse, Geschlecht, politischer Auffassung, oder Religionszugehörigkeit. Und wie bereits Islamic Relief Deutschland verweist IRW auf einen »Auditbericht« einer der »führenden« Wirtschaftsberatungsfirmen weltweit«. Der sei zwar nicht überall verfügbar, aber er sei der staatlichen britischen Kontrollinstitution Charity Commission zur Verfügung gestellt worden: »Diese hat keine Maßnahmen ergriffen.« Wie bereits der deutsche Verein verweigert IRW mir Einsicht in den Audit-Bericht.

Gibt es Hamas-Links von Islamic Relief?

Sind Israels Vorwürfe gegen Islamic Relief begründet? Gibt es belastbare Beweise oder nur Geheimdienstwissen? Diesen Fragen ging die *Jewish Chronicle* 2014 in einem ausführlichen Bericht nach.[46] Sie listete Hinweise auf, die seit Jahren eine mittelbare Unterstützung der Hamas nahelegen. So soll Islamic Relief gelegentlich bei Spendengalas Hamas-Unterstützer wie den britischen Hassprediger Haitham al-Haddad eingeladen haben. Der forderte öffentlich die Juden auf, Palästina, womit er ganz Israel meinte, zu verlassen und in die Länder zurückzukehren, aus denen sie gekommen seien: »Sonst werden die Juden nie in Frieden leben.«[47] Al-Haddad soll Juden auch schon als »Nachfahren von Affen und Schweinen« bezeichnet haben.[48] Er gilt bei den Sicherheitsbehörden in ganz Europa als »ein beliebter Redner bei salafistischen Großveranstaltungen«, heißt es im Verfassungsschutzbericht des Landes Berlin.[49] Er soll auch die Züchtigung von Ehefrauen, die Tötung von Glaubensabtrünnigen und die Anwendung der Hadd-Strafen befürworten. Osama bin Laden verherrlichte er als »Märtyrer«.

Immerhin findet sich eine große Hamas-nahe Einrichtung in Gaza, die Islamic Relief gefördert hat:[50] die Islamische Universität. An der rechtgläubigen Hochschule herrschen strenge religiöse Regeln, und in den universitätseigenen Predigten ist das Lob des Dschihad üblich, wie die *taz* unter der Überschrift »Der Hass gehört zum guten Ton« berichtet hat.[51] Die Universität, die rund 17 000 Studierende besuchen, wurde auch missbraucht, um in ihren Laboren Sprengstoffe für Angriffe der Hamas-Brigaden auf Israel zu entwickeln und herzustellen.[52]

Israel ist bereits seit mehr als einem Jahrzehnt wegen der Aktivitäten von Islamic Relief besorgt. So sei 2006 ein 36-jähriger britischer Mitarbeiter von Islamic Relief von den israelischen Behörden festgenommen worden.[53] Der Mann pakistanischer Abstammung habe nach israelischen Angaben Dokumente bei sich getragen, die eine Verbindung zu illegalen Hamas-Gründungen in Großbritannien und Saudi-Arabien zeigten. Auch sei der Mann im Besitz von Fotos von militärischen Aktivitäten der Hamas, von Osama bin Laden und Abu Musab al-Zarqawi gewesen. Der Beschuldigte äußerte hingegen öffentlich, an den Vorwürfen sei nicht ein Deut Wahrheit. Islamic Relief sprach von einer »Schmierenkampagne«.

Hinzu kommt, dass Israel bislang keine weiteren öffentlich zugänglichen Beweise für eine direkte Hamas-Finanzierung durch Islamic Relief vorgelegt hat. Auch weisen sämtliche Islamic-Relief-Verlautbarungen in Deutschland und auch von IR Worldwide darauf hin, dass die Hilfsaktivitäten in der Westbank sowie in Gaza trotz des ausgesprochenen Verbots weiter fortgesetzt werden.

Islamic Relief bestreitet zwar finanzielle Zuwendungen, hat sich im Übrigen aber weder von der Muslimbruderschaft noch der Hamas öffentlich und politisch völlig eindeutig und kritisch abgegrenzt. Im Gegenteil: Am 31. August 2014 fand im Teiba Kulturzentrum e. V. in Berlin-Spandau eine »Benefizveranstaltung zugunsten von Gaza« statt. Der Aufruf an mögliche Spender lautete: »Gaza Needs YOU! Sie rufen um Allahs Beistand, aber auch um deine Hilfe!« Das Teiba Kulturzentrum, das Berliner Verfassungsschützer für Muslimbrüder-nah halten, kündigte einen »spannenden Vortrag des Gastreferenten Abdelhay Fadil und eine interessante Podiumsdiskussion« an. Am Ende des Videos wurde eine Tafel eingeblendet: »Mit Unterstützung von Islamic Relief Deutschland«.

Sponsoring für Gastauftritt eines Hamas-Sympathisanten

Interessierte Zuschauer, die sich zwei Tage vor dem Treffen über Abdelhay Fadil informieren wollten, stießen auf seiner Facebook-Seite auf eine wütende Widerrede gegen einen muslimischen Geistlichen namens Muhammad Hussein Yaqoob. Der von Islamic Relief Deutschland mit geförderte Gastreferent Fadil schreibt: »Auch dieser ›sogenannte Salafi Sheikh‹ schiebt die Schuld bezüglich des Gaza-Konflikts auf die Widerstand leistende Bevölkerung. Er sagt zudem, dass die Raketen der Hamas nicht einmal ein Loch in einer Wand verursachen würden – ziemlich entmutigend für die Palästinenser. Die Israelis finden dies natürlich toll.«[54] Abdelhay Fadil lobt sogar unter Verweis auf den Koran den bewaffneten Kampf von

Muslimen: »Wir Muslime haben *nie* wegen unserer Anzahl oder Waffen gewonnen: Wir gewinnen ausschließlich durch die göttliche Hilfe: ›Sind auch nur zwanzig unter euch, die Geduld haben, so sollen sie zweihundert überwältigen, die ungläubig sind, weil das ein Volk ist, das nicht begreift.‹«[55]

Millionenspenden aus den Golfstaaten und aus Panama

Glaubt man den Geschäftsberichten von Islamic Relief in Deutschland und Großbritannien, dann wird der deutsche Verein nicht aus dem Ausland finanziert, wohl aber die Dachorganisation, und zwar mit hohen Beträgen aus den Golfmonarchien. Die größten jährlichen Spenden leistete mit fast sechs Millionen Pfund jährlich Mubarak Abdullah M. Alsuwaket. An zweiter Stelle steht das King Salman Center for Relief and Humanitarian Aid. Fast eine Million Euro spendete jährlich die Islamic Development Bank. Mehr als 450 000 Pfund kamen von der Sheikh Abdullah al-Nouri Charity Kuwait. Auch die große islamische Wohlfahrtsorganisation Qatar Charity ist darunter. Weitere Spender sind die Afif Al-Asmakh Charity Foundation, die Al Eslah Society Bahrain, von der es in Wikipedia heißt, sie repräsentiere in Bahrein die Ideologie der Muslimbruderschaft.[56] Auffällig ist überdies eine Organisation namens Islamic Cultural Centre Panama, die zum Beispiel 2013 1,8 Millionen und 2015 1,2 Millionen britische Pfund an die Zentrale überwies,[57] was angesichts von etwa 25 000 dort lebenden Muslimen sehr viel Geld ist[58] – es sei denn, man hätte es mit einer überaus wohlhabenden und spendierfreudigen muslimischen Community in Panama zu tun. Aber auch das Geld von islamistischen Politorganisationen wie Millî Görüş nahm Islamic Relief in Millionenhöhe an. Und die von Kuwait aus agierende Organisation Zakat House gab sechsstellige Beträge.

Unter den Spendern mit politisch-islamistischem Hintergrund

fällt in den Bilanzen vor allem die World Assembly of Muslim Youth auf. Diese im saudischen Riad angesiedelte Organisation gilt als besonders radikal. Der Verfassungsschutz in Baden-Württemberg widmete der Organisation in seinem Jahresbericht 2006 einen längeren Absatz, da ein prominenter Deutscher für die Organisation agierte – ein Absatz, der für Islamic Relief Deutschland wie für Islamic Relief Worldwide wenig schmeichelhaft ist: Ibrahim Farouk El-Zayat vertrete die saudisch-wahhabitisch beeinflusste Jugendorganisation World Assembly of Muslim Youth (WAMY): »Auf deren Webseite wird El-Zayat als Repräsentant der ›Islamischen Weltjugendversammlung für Westeuropa und Deutschland‹ vorgestellt. Die Haltung der WAMY gegenüber Juden speist sich nicht allein aus dem Palästinakonflikt. Generell vertritt sie die Position, dass ›die Juden die Feinde der Gläubigen, Gottes und der Engel sind; die Juden sind die Feinde der Menschheit‹.«[59] In ihrer Schrift *Taudjihat Islamiya* (Islamische Ansichten) konkretisiere die WAMY ihre Vorstellung einer wirksamen Kindererziehung: »Lehrt unsere Kinder zu lieben, dass Rache an den Juden und den Unterdrückern genommen wird, und lehrt sie, dass unsere Jugend Palästina und Al-Quds [Jerusalem] befreien wird, wenn sie zum Islam zurückkehren und den Dschihad um der Liebe Allahs wegen ausüben.« Auf meine Anfrage antwortete Ibrahim El-Zayat nicht.

Staatsministerin Özoğuz und Islamic Relief

Und die Bundesministerin für Integration Aydan Özoğuz von der SPD? Ihr Werbestatement steht auch im Juli 2017 noch auf der Webseite von »Speisen für Waisen«.[60] Özoğuz ist jene Politikerin, die nach einer Großrazzia in mehreren deutschen Städten gegen das radikale salafistische Netzwerk »Die wahre Religion« 2016 etwas für Bundesminister äußerst Ungewöhnliches tat. Sie warf den Sicherheitsbehörden »Willkür« vor und forderte »Augenmaß« gegenüber den Salafisten ein, indem sie sagte: »Da hat man den Eindruck von Willkür, da werden natürlich schnell auch Verschwörungstheorien wach, was man eigentlich als Staat mit diesen Menschen macht.«[61] Die Staatsministerin lässt auf eine Anfrage mitteilen, sie habe nur einmal am 03. Februar 2015 an einer Aktion von »Speisen für Waisen« teilgenommen, worauf sich auch ihr Statement auf der Homepage von Islamic Relief beziehe.[62] Ich fragte Frau Özoğuz auch nach der Tatsache, dass Islamic Relief Worldwide in Israel und in den Vereinigten Arabischen Emiraten als »Terrororganisation« verboten sei. Auf meine Frage, inwieweit sich ihr Engagement vor diesem Hintergrund mit ihrem Amt vertrage, antwortete sie: »Partei- und ämterübergreifend sind Persönlichkeiten wie etwa Dr. Frank-Walter Steinmeier, Christian Wulff, Cem Özdemir oder Margot Käßmann ebenfalls Unterstützer dieser Aktion von Islamic Relief Deutschland.«

Der Bundespräsident ist aus dem Spiel

Nach der Wahl Frank-Walter Steinmeiers zum Bundespräsidenten gratulierte die Organisation Islamic Relief Deutschland über viele Tage auf ihrer Homepage: »Wir gratulieren Frank-Walter Steinmeier – Neuer Bundespräsident unterstützt auch ›Speisen für Waisen‹.« Und weiter heißt es: »Frank-Walter Steinmeier ist Promi-Unterstützer der Mitmachaktion ›Speisen für Waisen‹ von Islamic Relief Deutschland.«[63] Geschäftsführer Tarek Abdelalem gab in dem Artikel seiner Hoffnung Ausdruck, »dass das bisherige Engagement unseres neuen Bundespräsidenten« in Krisengebieten und seine Unterstützung für die humanitäre Arbeit von Hilfsorganisationen sich auch in Zukunft fortsetze. Um seinem Wunsch auch die notwendige politische Wucht zu verleihen, führte der Islamic-Relief-Mann ein politisches Argument ein. Angesichts der »allgemeinen Verunsicherung und populistisch betriebenen Vorbehalte gegen die in Deutschland lebenden und gesellschaftlich engagierten Musliminnen und Muslime« erhoffe man, dass Frank-Walter

Steinmeier »als Bundespräsident aller Deutschen – und so auch der Muslime in Deutschland – noch stärker Zeichen gegen Islamfeindlichkeit und für ein friedliches Miteinander setzen wird«.

Aber fruchtete der Appell von Islamic Relief bei Frank-Walter Steinmeier für ihre vermeintlich gute Sache auch als neuer Bundespräsident zu werben? Wird das neue Staatsoberhaupt der Bundesrepublik Deutschland tatsächlich zu den Förderern eines Vereins gehören, der mit vom Verfassungsschutz beobachteten Organisationen von Angehörigen der Muslimbruderschaft kooperiert?

Gut einen Monat vor seinem Amtsantritt als Bundespräsident teilte Steinmeiers Büro mit: »Dr. Frank-Walter Steinmeier wird sein Amt als Bundespräsident am 19. März 2017 antreten. Er hat seit seiner Wahl in der Bundesversammlung keinerlei Unterstützungszusagen abgegeben.«[64] Wenig später war die Seite, auf der Islamic Relief dem neuen Bundespräsidenten gratulierte, aus dem Netz verschwunden. Wenigstens der Bundespräsident ist offiziell nun aus dem Spiel um Millionenspenden heraus.

Das tödliche Geschäft mit den Scharia-Staaten

Milliardenschwere Waffengeschäfte und illegale Kriege

Dass ein wichtiger CIA-Mann öffentlich über die Machenschaften seiner Regierung auspackt, geschieht sehr selten. Dass das, was er auspackt, auch noch zuvor im CIA-Hauptquartier in Langley genehmigt wurde, geschieht mit Sicherheit noch seltener. Robert Baer war für den Nahen Osten zuständig und bringt auf den von seinen ehemaligen Dienstherren nicht geschwärzten Seiten die tödliche Logik des Westens gegenüber Saudi-Arabien auf den Punkt:[1] »Für US-Waffenfabrikanten ist der Handel mit Saudi-Arabien ein geschäftlicher Teilbereich für sich, mit ganz eigenen Regeln. Wir kaufen Öl von Saudi-Arabien, raffinieren es und füllen es in die Tanks unserer Automobile, und ein geringer Prozentsatz von dem, das wir für dieses Öl bezahlen, landet am Ende bei Terroristen und wird von ihnen dazu benutzt, Anschläge gegen US-amerikanische Institutionen auf heimatlichem Territorium und in anderen Ländern zu finanzieren.«

Als ich am 20. Mai 2017 die Nachrichten verfolgte, musste ich an Robert Baer denken. Seit seinen Bemerkungen waren nun fünfzehn Jahre vergangen. Für Trump war dieser 20. Mai ein denkwürdiger Tag, denn es ist seine erste Auslandsreise, und die widmet er Saudi-Arabien. Kaum hat er den Wüstenboden berührt, braucht er wenige Stunden, um den größten Einzeldeal aller Zeiten im Rüstungsexport abzuschließen. In einem 10-Jahres-Liefervertrag über Militärgüter hat sich Saudi-Arabien verpflichtet, Waffen im Wert von 380 Milliarden US-Dollar aus den USA anzuschaffen. »Das war ein unglaublicher Tag«, sagte Trump dazu, »Hunderte Milliarden Dollar Investitionen in den USA und Jobs, Jobs, Jobs.«[2] Mit anderen Worte: Die Führungsmacht des Westens ist bereit, Waffen im Wert von 380 Milliarden Dollar an ein Regime zu schicken, das in Kauf nimmt, beim Kampf gegen die verhassten Huthi-Rebellen in Jemen sogar den Todfeind des Westens, al-Qaida auf der Arabischen Halbinsel, zu stärken.[3] Der grüne Außenpolitiker Omid Nouripour brachte diesen Aspekt in einer Debatte zu deutschen Waffenlieferungen nach Saudi-Arabien im Deutschen Bundestag 2016 auf den Punkt: »Al-Qaida kontrolliert mittlerweile Häfen mit Zugang zum offenen Meer, profitiert von der Schmuggelwirtschaft und rekrutiert die Leute, die nicht mehr wissen, wie es mit ihnen weitergehen soll, weil sie nun seit 17 Monaten bombardiert werden.«[4] Dieser Krieg droht einem weltweit operierenden Terrornetzwerk einen neuen Machtzuwachs zu bescheren, das von den Attentaten des 9. September 2001 bis hin zum Anschlag auf *Charlie Hebdo* Gräueltaten verübt.[5] Schon 2001 strapazierte Saudi-Arabien seinen Staatshaushalt für die Beschaffung teurer Waffen aus den USA – ähnlich wie heutzutage. Der CIA-Mann lieferte in seinen Enthüllungen zugleich eine einleuchtende Erklärung für dieses paradoxe Verhalten des saudischen Königshauses, das enorm unter dem Druck der Islamisten stehe: Also bleibe nur eine Wahl: »Weiterhin das Staatsvermögen zu vergeuden und die öffentliche Verschuldung noch mehr in die Höhe zu treiben, indem man nach wie vor Gewehre einkauft und trotzdem dafür sorgt, dass Butter auf dem Tisch steht, indem man die Gotteskrieger mit allen Mitteln besänftigt – ihnen Geld gibt, Unterschlupf gewährt sowie ein Netzwerk von Koranschulen liefert, in denen die nächste Generation von Terroristen herangezogen werden kann […], Ausbildungslager für zentralasiatische Abenteurer einrichtet und so weiter – und bei jeder Gelegenheit zu Allah betet, dass der Tag der Abrechnung nicht so bald kommen möge. Genau *das* aber scheint der Pfad zu sein, den die königliche Familie beschreiten will.«[6]

Vergleicht man die weltweiten Militärausgaben laut dem SIPRI-Jahrbuch 2016, so hat Saudi-Arabien nach den USA und China den drittgrößten Etat von 87,2 Milliarden Dollar und hat folglich Russland mit 66,4 Milliarden Dollar vom dritten Platz verdrängt.[7] Zum Vergleich: Russland, das fast fünfmal so viele Einwohner hat, gibt 66,4 Milliarden aus und Deutschland 39,4 Milliarden. Saudi-Arabien rüstet massiv auf und verbraucht durch seinen illegalen Krieg in Jemen auch viele Waffen – ein Krieg, der bereits viele Zivilisten das Leben gekostet hat.

Auf eine Anfrage der Partei Die Linke im Bundestag verteidigt die Bundesregierung das Vorgehen Saudi-Arabiens wortreich: »Saudi-Arabien spielt als dominante Kraft auf der Arabischen Halbinsel eine wichtige Rolle bei den Bemühungen der internationalen Gemeinschaft, Stabilität in der Region wiederherzustellen. Die Luftangriffe der sogenannten Arabischen Koalition unter Führung Saudi-Arabiens auf Huthi-Stellungen werden auf Bitten der legitimen jemenitischen Regierung durchgeführt.« Und natürlich habe sich die Bundesregierung gegenüber den Konfliktparteien und Saudi-Arabien »nachdrücklich« für ein Ende der Kampfhandlungen eingesetzt.[8]

Die Ausrüstung aus Deutschland, auf die sich Saudi-Arabien in diesem barbarischen Konflikt stützen kann, lässt kaum etwas aus. Bereits die rot-grüne Regierung unter Kanzler Schröder hatte die Lieferungen an Saudi-Arabien von 1999 bis 2004 von 26 auf 60 Millionen Euro gesteigert und Pistolen, Maschinengewehre, Munition, Granaten, Raketenteile und Teile für Kampfflugzeuge geliefert, überdies Schießanlagen, Funküberwachungssysteme und Militärboote.[9] Unter den Folgeregierungen erhielt Saudi-Arabien wieder Maschinengewehre, Scharfschützengewehre, Pistolen, rückstoßfreie Schulterwaffen, Munition für Granatmaschinenwaffen, Teile für Geschützmunition, Haubitzenmunition, Mörsermunition, Geländewagen, Teile für Kampfflugzeuge, Transportflugzeuge und Tankflugzeuge, Teile für gepanzerte Fahrzeuge, Kommunikationsaufklärungssysteme, Zieldarstellungsdrohnen, Startgeräte, eine

Bodenstation für unbemannte Fluggeräte und ein ganzes Gefechts-übungszentrum.[10]

Dank der immer wieder gelieferten Grenzsicherungssysteme, Schnellboote und Patrouillenboote aus Deutschland ist Saudi-Arabien auch in der Lage, die Seeblockade in Jemen besonders effizient aufrechtzuerhalten. Der UNO-Sicherheitsrat hatte Saudi-Arabien und seine Verbündeten bereits 2015 einstimmig zu einem Ende der Blockade aufgefordert. Denn mehr als 21 Millionen Menschen – das sind 80 Prozent der Bevölkerung – sind nach Aussagen des UN-Nothilfekoordinators Stephen O'Brien auf Hilfe angewiesen.[11]

Die »Merkel-Doktrin«: Waffenexporte statt Waffengänge

Für westliche Rüstungskonzerne ist diese Politik jedenfalls ein Sanierungsprogramm erster Güte. Und auch große deutsche Unternehmen mischen kräftig mit, wenn es um den Export nach Saudi-Arabien geht:[12] Daimler Benz (Lkw), Heckler & Koch (G36), EADS (Jagdbomber Eurofighter Typhoon), Eurocopter (Hubschrauber), Diehl BGT (Iris-T-Luftkampfrakete). Lange Zeit sah es so aus, als erhalte Saudi-Arabien auch 270 moderne Leopard-2-Panzer. Dieses über Jahre umstrittene Geschäft hatte mit Bundeskanzlerin Angela Merkel eine klare Fürsprecherin. Sie war es auch, die der massiven Expansion von Rüstungsexporten strategisch-politisch das Wort redete. Eine Rede der Kanzlerin bei einer Bundeswehrtagung in Strausberg bei Berlin wird als Beginn der sogenannten Merkel-Doktrin bezeichnet: im Zweifel besser Waffenexporte statt eigener Waffengänge: »Wer sich der Friedenssicherung verpflichtet fühlt, aber nicht überall auf der Welt eine aktive Rolle in der Friedenssicherung übernehmen kann, der ist auch dazu aufgerufen, vertrauenswürdigen Partnern zu helfen, damit sie entsprechende Aufgaben übernehmen.«[13] Sie legte aber Wert auf die Feststellung, dass die Doktrin keine Aufweichung der Exportbeschränkungen bedeute. Die Einhaltung von Menschenrechten und die Achtung grundlegender Werte müssten »entscheidende Kriterien der Beurteilung« bleiben. Aber das ist eine Frage der Sichtweise, wie wir aus den zögerlichen Stellungnahmen aller Bundesregierungen gegenüber Kriegsverbrechen Saudi-Arabiens feststellen können. Jürgen Grässlin, Rüstungsexperte und Autor des umfassenden Werks *Schwarzbuch Waffenhandel*[14] hält die Argumentation der Bundesregierung für fadenscheinig: Mit der Tatsache, dass die Bundesregierung bis 2017 ungebrochen Kriegswaffenlieferungen an das wahhabitische Herrscherhaus in Saudi-Arabien genehmigte, verletzte sie das in der Präambel und in Artikel 26 (1) des Grundgesetzes vorgegebene Friedensgebot.[15]

Panzerexport gegen den Willen von 73 Prozent der Deutschen

Am 6. November 2011 kam es im Deutschen Bundestag zum Showdown in Sachen Panzerlieferung an Saudi-Arabien. Das Land war im März mit tausend Soldaten in das Nachbarland Bahrein einmarschiert und hatte sich an der blutigen Eindämmung von Protesten beteiligt. Im Bundestag warf Jürgen Trittin von den Grünen der Regierung vor: »Sie stehen nicht auf der Seite der Demokratie. Schwarz-Gelb steht an der Seite der Despotie.«[16]

Die Kritik der Opposition deckte sich auch mit der Meinung der Bevölkerungsmehrheit in Deutschland. So ermittelte Forsa im Auftrag des *Stern*, dass 73 Prozent der Bevölkerung den Leopard-2-Export nach Saudi-Arabien ablehnten, sogar 69 Prozent der FDP-Anhänger und 59 Prozent der Unionsanhänger.[17] Das schwarzgelbe Kabinett hielt dennoch an seiner Linie fest – übrigens auch bei anderen Waffendeals. Vor allem der eigentlich für Entwicklungshilfe zuständige Minister Dirk Niebel setzte sich – als Mitglied des Bundessicherheitsrats – für die Lieferung der Leopard-2-Panzer nach Saudi-Arabien ein. Sämtliche Entscheidungen über

Waffenexporte in Länder außerhalb der NATO werden in diesem Ausschuss des Bundeskabinetts getroffen – allerdings geheim. Niebel tat dennoch seine Meinung öffentlich kund. Er sagte: »Die Stabilisierung einer Region trägt durchaus dazu bei, die Menschenrechte zu wahren – vielleicht nicht in dem Land, in dem man tätig ist, aber in den Nachbarländern.«[18] Man stelle sich vor, Saudi-Arabien hätte die Panzer erhalten und wäre damit jetzt in seinem Nachbarland Jemen unterwegs. Der Einsatz des FDP-Politikers hat sich ausgezahlt: Der Zulieferer des Leopard 2, die Firma Rheinmetall, verkündete im Sommer 2014, Dirk Niebel als Bevollmächtigten des Vorstands »in allen Fragen und Aufgaben der internationalen Strategieentwicklung und beim Ausbau der globalen Regierungsbeziehungen« einzustellen.[19]

Angela Merkel schwieg übrigens während der heftigen Kritikreden der Opposition im Bundestag an den Rüstungsexporten nach Saudi-Arabien. Und als das Königreich bei ihrem Besuch in Saudi-Arabien 2017 schließlich verkündete, keine Waffen mehr aus Deutschland kaufen zu wollen, nahm sie es anscheinend wohlwollend zur Kenntnis. Die heftigen außerparlamentarischen und parlamentarischen Proteste haben der Kanzlerin frühzeitig klargemacht, dass dieses Thema ihr politisch nur schaden würde.

»Speeddating« mit Rüstungslobbyisten

Rüstungslobbyisten setzen in Deutschland zum Wohle ihrer Unternehmen gern abgeschirmt von der Öffentlichkeit auf ein Speeddating. So geschah es auch auf Schloss Diedersdorf südlich von Berlin, wo sich Militärattachés aus aller Welt und Vertreter deutscher Rüstungskonzerne auf Einladung der Deutschen Gesellschaft für Wehrtechnik (DWT) trafen, eines gemeinnützigen Vereins mit ca. 250 fördernden und 930 persönlichen Mitgliedern.[20] Die Attachés waren gekommen, weil sie sich für Waffen und Militärtechnik aus deutscher Herstellung interessierten. Kamerateams waren nicht erwünscht. Um den direkten Kontakt zwischen Vertretern von Rüstungsfirmen und Militärattachés zu ermöglichen, wurde seit Jahren das »Speeddating« veranstaltet. Eingeladen waren auch Attachés, in deren Länder keine Waffen geliefert werden durften, weil dort Krieg herrschte: Länder wie Somalia, Syrien oder Irak, Mali, Jemen oder Indonesien. Das entsprach dem geschäftlichen Kalkül der Branche auch auf anderen Märkten. So analysierte der Journalist Markus Bickel: »Die profitabelsten Märkte für die deutsche Rüstungsindustrie liegen in Konfliktregionen und Schwellenländern, wo die Freiheitsrechte am geringsten sind und die Gewalt am größten.«[21]

Für die Lobbyisten und Waffenkäufer hat es keine Relevanz, dass die Exportrichtlinien der Bundesregierung Waffenexporte in »Spannungsgebiete« untersagen. Dank der zahlreichen Umgehungen mit Hilfe europäischer oder anderer Kooperationen können dann beispielsweise Frankreich, Großbritannien, Italien, Spanien oder auch Südafrika die mit deutschem Know-how zusammengebauten Kriegsgeräte verkaufen. Jüngstes Beispiel ist der Export einer ganzen Munitionsfabrik mit deutschem Know-how nach Saudi-Arabien durch die südafrikanische Firma Rheinmetall Denel Munition, die zum Teil dem Rheinmetall-Konzern gehört.[22] Künftig könnten in Saudi-Arabien pro Tag in dieser Fabrik 300 Artilleriegranaten oder 600 Mörsergranaten produziert werden, ohne dass diese jemals in den Rüstungsexportberichten der Bundesregierung auftauchen. Auch die Lieferung von 72 hochmodernen Eurofighter-Kampfflugzeugen, an denen auch deutsche Firmen beteiligt sind, wurde nicht von der Bundesregierung, sondern von der britischen Regierung abgewickelt. Denn trotz der auch mit deutschen Waffen getöteten Zivilisten weltweit pochen Rüstungslobbyisten noch immer auf die Bedeutung der Arbeitsplätze. Dass diese gerade einmal noch 65 700 direkte Arbeitsplätze bietet,[23] wird gern verschwiegen. Die Ausrede der Arbeitsplätze für das Geschäft mit dem Tod sollte in einem Land der Fast-Vollbeschäftigung nicht mehr ernsthaft ziehen. Trotzdem nehmen sogar die Grünen Parteispenden in Höhe von 110 000 Euro im Jahr vom Lobbyverband Süd-West-Metall an, in dem die wichtigsten Waffenschmieden von Baden-Württemberg vereinigt sind.[24] Zuweilen sind sich nicht einmal Wirtschaftsminister der Partei Die Linke zu schade, waffenstarrende Großmessen wie die Internationale Luftfahrtausstellung ILA in Berlin mit Steuergeldern zu fördern. 2014 gab es von der rot-roten Regierung des Landes Brandenburg 1,9 Millionen Euro für die ILA.[25] Für die Jahre 2016 und 2017 hat Rot-Rot in Brandenburg sogar mehr als 3 Millionen Euro bewilligt.[26] Während sich bei der ILA Journalisten wenigstens zum Teil unter die Politiker und Rüstungsmanager mischen können, tut die Deutsche Gesellschaft für Wehrtechnik alles, um das zu verhindern. Der Berliner Rechtswissenschaftler und Wirtschaftsjurist Hans-Peter Schwintowski hat deshalb ernste Zweifel an der Gemeinnützigkeit des Vereins, denn der sei auf diese Weise in der Lage, »mögliche auch problematische Waffengeschäfte zumindest vorzubereiten, ohne dass irgendeine Art von Öffentlichkeit entsteht oder im Nachhinein durch die Bilanzposition überprüfbar wird«. Tatsächlich zahlt der Verein keine Steuern, wird also vom Staat steuerlich subventioniert.

Wir alle finanzieren die Anbahnung von Waffenexporten

Von ihrem Büro in einem Geschäftshochhaus mitten in Bonn aus koordiniert die DWT die Kontakte zwischen Ministerien, Abgeordneten und Rüstungsfirmen. Die Allgemeinheit beteiligt sich auf diese Weise an der Förderung höchst zweifelhafter Waffenexporte. Mit meinem Kollegen Martin Hahn habe ich mehrfach vergeblich versucht, auf Veranstaltungen der DWT mit der Kamera zu drehen, was dort vor sich geht. In Brüssel lädt die DWT sogar in den Räumlichkeiten der Botschaft des Landes Hessen zu einem Gesprächsforum zwischen Wirtschaft und Politik. In der Bayerischen Landesvertretung in Berlin lädt die DWT zu einem sogenannten Parlamentarischen Abend, einem weinseligen Lobbytreffen zwischen Politikern und Unternehmensvertretern. Martin Hahn und ich hatten den Rüstungsexperten und Bundestagsabgeordneten Jan van Aken gebeten, sich mit uns ein solches Treffen anzuschauen. Kaum waren wir mit ihm im Foyer der Bayerischen Landesvertretung, wurden wir als unerwünscht hinauskomplimentiert. Unser Gewährsmann berichtete uns aber, dass nach dem Champagnerempfang Reden gehalten wurden und der damalige Bundestagsabgeordnete Hans-Peter Bartels und für die SPD Vorsitzender des Verteidigungsausschusses die Gemüter der anwesenden Rüstungslobbyisten beruhigte, weil kurz zuvor Sigmar Gabriel als Bundeswirtschaftsminister eine restriktivere Rüstungsexportpolitik angekündigt hatte. Van Aken brachte das, was er gerade erlebt hatte, auf den Punkt: »Das ist wirklich eine ganz enge, fürchterliche Verknüpfung zwischen Industrie und Politik. Das ist Filz pur.«

Zwei wichtige Fördermitglieder der DWT fallen immer wieder durch umstrittene Exportgeschäfte auf. Der Panzerhersteller Krauss-Maffei Wegmann liefert 62 Leopard-2-Panzer nach Katar und hätte auch gern nach Saudi-Arabien geliefert. Bundeswirtschaftsminister Gabriel stoppte den unter der schwarz-gelben Regierung genehmigten Export auch dann nicht, als Katar in die von Saudi-Arabien angeführte Koalition in den Jemen-Krieg eintrat. Und die Gewehrhersteller von Heckler & Koch sind nur noch begrenzt von Genehmigungen abhängig, was Saudi-Arabien anbelangt. Denn die staatliche Rüstungsschmiede Military Industries Corporation arbeitete seit 2009 auch mit Hilfe von Heckler & Koch daran, eine Fabrik für Bestandteile des G36 aufzubauen. Zwar bestand die Bundesregierung darauf, die Saudis könnten längst nicht ganze Gewehre herstellen und die Lizenz würde sofort entzogen, wenn ganze Gewehre hergestellt würden. Die Realität sieht indes anders aus, und der Rüstungsexperte Jürgen Grässlin fragt zu Recht: »Was aber muss geschehen, damit einem Land wie Saudi-Arabien die Lizenz entzogen wird?«[27]

Der Preis, den unsere Gesellschaft für den Milliardenexport in Scharia-Staaten zahlt, bemisst sich nicht nur in Werbungskosten steuerprivilegierter Vereine. Um diese Geschäfte zu ermöglichen, griffen alle Bundesregierungen von Rot-Grün, über Schwarz-Rot bis Schwarz-Gelb tief in die Tasche, und zwar durch die Vergabe sogenannter Hermes-Kreditbürgschaften. Um die Risiken, die mit Waffengeschäften verbunden sind, abzusichern, übernimmt der Staat eine Bürgschaft. Von 2000 bis 2012 wurden Waffenverkäufe in insgesamt 27 Länder mit millionenschweren Bürgschaften der Bundesrepublik abgesichert, darunter Staaten wie Algerien, Indonesien, Libyen, Pakistan und Saudi-Arabien.[28] Als Steuerzahler subventionieren wir auf diese Weise die Anbahnung eines tödlichen Geschäfts.

In den Augen von Jürgen Grässlin riskieren Angela Merkel, Sigmar Gabriel und die weiteren Mitglieder des Bundessicherheitsrats durch Rüstungsexport-Genehmigungen an menschenrechtsverletzende Regime »Beihilfe zu schweren Menschenrechtsverletzungen«, im Fall der Lieferungen an kriegführende Staaten wie Saudi-Arabien, die Vereinigten Arabischen Emirate und Katar sogar »Beihilfe zu Mord« zu begehen.[29] Sollte der Konflikt zwischen Katar, das gerade erst 62 Leopard-2-Panzer erhalten habe, militärisch eskalieren, sei die Bundesregierung »mitschuldig am Morden mit deutschen Kriegswaffen« beiderseits der Fronten.

Bundeswehrsoldaten sterben durch deutsche Exportwaffen

Einen tödlichen Preis für diese Geschäfte zahlen am Ende sogar unsere eigenen Soldaten. Denn die Waffen, die für Milliardenbeträge in Scharia-Staaten geliefert werden, richten sich mit einiger Wahrscheinlichkeit eines Tages gegen unsere eigenen Streitkräfte. Tatsächlich werden Bundeswehrsoldaten schon heute mit deutschen Waffen bekämpft. 2009 brachten pakistanische Einheiten im

Swat-Tal in Pakistan Taliban-Truppen auf. Sie entdeckten dort G3-Gewehre der Firma Heckler & Koch und Pistolen von Walther. G3-Gewehre können auf den unterschiedlichsten Wegen in die Hände der Taliban gefallen sein, durch Erbeutung feindlicher Bestände oder Aufkäufe. Schließlich darf das G3 in Lizenz in folgenden Staaten hergestellt werden: Burma, Dänemark, Frankreich, Griechenland, Großbritannien, Iran, Malaysia, Mexiko, Norwegen, Pakistan, Portugal, Saudi-Arabien, Sudan, Schweden, Türkei.[30] Schätzungen zufolge befinden sich sieben bis zehn Millionen G3-Gewehre weltweit in den Händen von Militärs, Sicherheitsdiensten, kriminellen Banden und Terroristen.

Wie wenig sich Abnehmerländer wie Saudi-Arabien um deutsche Exportrichtlinien kümmern, zeigt ein Vorfall aus dem Jemenkrieg. Im April 2015 zeigten Videobilder, wie Militärflugzeuge kistenweise Waffen über dem Flughafen von Aden abwarfen, um islamistische Rebellen gegen die Huthi zu unterstützen.[31] Waffenexperten sahen schnell, dass die Kisten voller G3-Gewehre des Herstellers Heckler & Koch waren. Sie waren allerdings nicht in Deutschland gebaut worden, sondern in einer Fabrik südlich von Riad. Brigadegeneral Ahmed al-Asiri, saudischer Militärsprecher, bestritt allerdings, dass saudische Truppen die Waffen verteilt hätten: »Unsere Spezialkräfte in Jemen tragen sehr ähnliche Uniformen wie die jemenitische Armee, vielleicht hat es da Verwechslungen gegeben. Deswegen noch einmal: Wir liefern keine Waffen an Milizen im Jemen.«[32] Saudi-Arabien halte sich an Verträge. Gleichzeitig sagte der Militärsprecher aber auch: »Die Waffen stammen aus einer Fabrik von Heckler & Koch, die wir vor langer Zeit gekauft haben. Die Waffen gehören uns, wir können mit ihnen tun, was wir wollen.«

Am 26. März 2015 begannen Flugzeuge der von Saudi-Arabien angeführten Militärallianz mit einer Luftkampagne eine wochenlange Bombardierung von Huthi-Streitkräften in der jemenitischen Stadt Saada.[33] Nach Informationen der Menschenrechtsorganisation Human Rights Watch wurden dabei viele Viertel der Stadt beschädigt. Bei den Angriffen seien auch viele Zivilisten, darunter Frauen und Kinder, umgekommen. Dem Bericht zufolge seien auch Hüllenteile der 1000-Pfund-Bombe des Typs MK 83 aus US-Produktion gefunden worden. Bauteile stammen nach Recherchen des Rüstungsexperten Ottfried Nassauer vom »Berliner Informationszentrum für Transatlantische Sicherheit« (BITS) von der Rheinmetall-Tochterfirma RWM Italia: »Bald zeigten Recherchen, dass Saudi-Arabien und die Vereinigten Arabischen Emirate von RWM Italia mehrere zehntausend Bomben der MK80-Serie sowie darauf aufbauende Lenkwaffen des Typs Paveway IV gekauft hatten.«[34] Ich habe bei Rheinmetall angefragt, ob der Konzern diese Angaben bestätigt. Auch fragte ich: »Wie kommentieren Sie den möglichen Einsatz von Munition aus der Produktion Ihres Konzerns in einem Kriegsgebiet in Jemen sowie die Tatsache, dass es bei diesen Einsätzen viele zivile Tote gegeben haben soll?«[35] Auf mein Schreiben erhielt ich weder eine Absage noch eine Antwort von Rheinmetall.

Bereits 2013 hob ein führender Rheinmetall-Manager in einer Präsentation die Relevanz des arabischen Raums für die Munitionssparte seines Konzerns hervor: Innerhalb von nur zwölf Monaten habe man »fünf Aufträge aus Ländern des Golfkooperationsrats (GCC) für Artillerie- und Panzermunition im Wert von 350 Millionen Euro« sowie Marine-Munitionsaufträge »aus dem MENA-[Nahost, d. Verf.] Raum im Wert von 320 Millionen Euro« und dazu einen 475-Millionen Euro-Auftrag für den Munitionsanteil an einer Lieferung für Panzer und Haubitzen nach Katar erhalten.[36]

Die meisten Opfer des weltweiten Waffenhandels sind Muslime

Nach dem Gesetz müssen Importeure deutscher Waffen ihren »Endverbleib« garantieren. Würde dieses System funktionieren, tauchten nicht in so vielen Spannungsgebieten der Erde deutsche Waffen auf – in Gebieten, in die sie niemals hätten geliefert werden dürfen. So kämpfen in Syrien islamistische Rebellen sogar mit deutschen Panzerabwehrraketen des Typs Milan. Wie diese dorthin gelangt sein könnten, zeigt die fatale Logik des Waffenhandels im Scharia-Kapitalismus. Es gibt zwei Möglichkeiten: Die Raketen könnten entweder aus Libyen oder aus Katar stammen. 2009 und 2010 lieferte der europäische Rüstungskonzern MBDA, an dem über den Konzern EADS auch die Bundesrepublik beteiligt ist, die Milan-Raketen im Wert von 168 Millionen Euro an die Regierung al-Gaddafis[37] – laut Vertrag sollten 1000 geliefert werden –, angeblich auf Betreiben Frankreichs. EADS unterhielt in Libyen sogar eine Konzernrepräsentanz, was die engen Beziehungen zum Gaddafi-Regime belegt.[38] Kaum ein Jahr später wurden wieder Milan-Raketen über die libysche Grenze geliefert. Dieses Mal waren es Raketen aus Katar, die das Emirat zur Unterstützung islamistischer Rebellen gegen al-Gaddafi geschickt haben soll. Aus welchem der beiden Bestände nun die Milan-Raketen in Händen syrischer Islamisten stammen, ist unklar. Die Geschichte der Milan-Panzerabwehrraketen belegt: Waffenlieferungen an vermeintlich Verbündete können morgen schon bei den militärischen Gegnern landen. Die Variante dieser Geschichte lautet: Die vermeintlich Verbündeten können morgen schon die Gegner sein.

Die westlichen Waffen, die Islamisten auf unterschiedlichen Wegen in die Hände fallen, bedrohen nicht an erster Stelle westliche Truppen. Die meisten Opfer von Terror und Krieg sind Menschen muslimischen Glaubens. So stammten 69 Prozent der weltweiten Opfer islamistischen Terrors im Jahr 2015 aus Irak, Afghanistan, Syrien, Nigeria und Jemen.[39] 2014 war der Anteil unter den 43 500 weltweiten Terrortoten sogar noch höher.[40] Es verwundert also nicht, wenn fast drei Viertel der Flüchtlinge in Deutschland dem Islam als Religion anhängen.[41] Nimmt man die Toten von Bürgerkriegen wie in Syrien hinzu, sterben Jahr für Jahr mehrere Hunderttausend Menschen an den Folgen eines ausufernden und kaum kontrollierbaren internationalen Waffenhandels. Dieser Handel ist der bedrohlichste und tödlichste Aspekt des Scharia-Kapitalismus:

Bei den Exporteuren von Waffen belegen laut SIPRI-Jahrbuch 2016 die USA, Russland, China, Frankreich und Deutschland die ersten fünf Plätze, bei den Waffenkäufern belegen Saudi-Arabien Platz 2, die Vereinigten Arabischen Emirate Platz 4, die Türkei Platz 6 und das islamistische Pakistan Platz 7.[42] Die mit Abstand meisten Kriegstoten fordert den SIPRI-Experten zufolge der Konflikt in Syrien – muslimische Opfer eines Stellvertreterkriegs zwischen diversen islamistischen Mächten wie Saudi-Arabien, Katar, der Türkei auf Seiten sunnitischer Terrorgruppen und Irans auf Seiten des Assad-Regimes. Ein Krieg, der zugleich ein bipolarer Stellvertreterkrieg zwischen dem Westen und Russland ist. Alle diese Player gehören zugleich zu den Top-Waffenexporteuren beziehungsweise -importeuren. Der Tod von Hunderttausenden ist ihr Profit. Das Schlachten in Syrien ist zugleich eine jahrelange Party für die Aktionäre und Vorstände großer Rüstungskonzerne aus den USA, über Russland bis nach Deutschland.

Islamische Republik Iran
Nach dem Ende des Embargos sind die Erwartungen der deutschen Wirtschaft in das Irangeschäft hoch. 2016 lag das Außenhandelsvolumen bei 2,89 Milliarden Euro, die deutschen Exporte bereits bei 2,58 Milliarden Euro. Noch vor Ende des internationalen Embargos reiste der Bundeswirtschaftsminister mit einer Delegation von 120 deutschen Firmenvertretern nach Teheran. Bei der Deutsch-Iranischen Industrie- und Handelskammer sind bislang nur wenige Firmen offiziell gelistet[43]: DHL, Germania, Lufthansa.

Triebfeder ist nicht die Religion, sondern der Profit

Dass die entscheidenden Triebfedern im Scharia-Kapitalismus keineswegs die Religion oder die Ideologie sind, illustriert auch das folgende Beispiel: Im Dezember 2016 berichtete die israelische Zei-

tung *Yedioth Ahronoth* von den Auswirkungen eines Milliardenge-
schäfts zwischen der deutschen Firma Thyssenkrupp Marine Systems (TKMS) und Israel.[44] Israel hatte bei TKMS drei U-Boote der
sogenannten Dolphin-Klasse zum Preis von 1,2 Milliarden Euro
bestellt. Die U-Boote sollen Medienberichten zufolge 2010 bereits
zu Spionagezwecken vor der iranischen Küste unterwegs gewesen
sein.[45] Schließlich ist das iranische Atomprogramm die größte militärische Herausforderung Israels, denn ein Land, das regelmäßig
mit der Zerstörung Israels droht, wäre im Besitz von Massenver-
nichtungswaffen. Umso erstaunlicher ist der Inhalt des Berichts
von *Yedioth Ahronoth*: Denn von der U-Bootlieferung an Israel
profitiert ausgerechnet die Iran Foreign Investment Company
(Ific). Sie hält sämtliche iranischen Beteiligungen an ausländischen
Firmen – in diesem Fall 4,5 Prozent von Thyssen Krupp Marine
Systems. *Yedioth Ahronoth* titelte: »Israels Geld, Irans Profit«.[46] Der
Rüstungskritiker Jürgen Grässlin stellt fest, in einem seien sich die
»Christdemokraten« in der CDU/CSU-geführten Bundesregierung« und die muslimischen Regierungen der Golfstaaten einig:
»Zugunsten profitabler Waffendeals und deren Finanzierung durch
Banken des jeweiligen Landes werden religiöse Grundsätze kurzer-
hand entsorgt. Ethik, Moral und Menschenrechte spielen bei Waffenlieferungen allenfalls eine marginale Rolle.«[47] Was vor allem
zähle, sei der Operating Profit der Banken auf der einen Seite und
der Machterhalt oder sogar Machtgewinn auf der anderen Seite.

Der weltweite Waffenhandel kennt weder einen christlichen
noch einen jüdischen oder muslimischen Gott. Er unterscheidet
nicht einmal Freund und Feind. Selbst, wenn sich die Kugeln auf
die eigene Armee richten, Hauptsache, sie stammen aus der eigenen Fabrik und bescheren der finanzierenden Bank genügend Gewinn.

Tourismus auf Messers Schneide

Milliardenprofite, Scharia-Strafen und Terrorfinanzierung

Ob Bali, Ägypten, Tunesien, die Türkei oder Frankreich. Immer neue Terroranschläge auf Hotels und Sehenswürdigkeiten in aller Welt führen uns vor Augen, dass Tourismus und Terrorismus tragisch miteinander verbunden sind. Nach jedem Anschlag sinkt die touristische Nachfrage, deshalb ist die Reisebranche ein äußerst verwundbares Ziel: Mehr als 1,2 Milliarden Menschen haben 2016 als Touristen Grenzen passiert.[1] Weltweit werden im Tourismus mehr als 1,2 Billionen Dollar im Jahr verdient.[2] Je mehr Touristen bei einem Anschlag ums Leben kommen, desto sicherer ist den Terroristen die internationale Beachtung und desto größer der wirtschaftliche Schaden in der Folge des Terrors. Während der Terrorismus dem Tourismus massiv schadet, nutzt der Tourismus dem Terrorismus. Das gilt besonders für Urlaubsziele, die zugleich auch Schauplätze der Finanzierung des internationalen Terrorismus sind wie die Vereinigten Arabischen Emirate, Katar, die Malediven oder Bali. In Ländern wie diesen wird viel Geld aus dem Tourismus generiert und bald darauf in die Kanäle des internationalen Terrorismus geschleust.

Auf der internationalen Tourismusbörse 2017 in Berlin überragte ein riesiger, mehrstöckiger weißer Stand mit der bunten Beschriftung »Malediven« alle anderen Aussteller. Rund um den Stand tummelten sich zahlreiche Messebesucher – im Vorjahr war der Inselstaat sogar offizielles Partnerland der ITB. Die Besucher erhielten bei einem Rundgang USB-Sticks mit blauen Lagunen darauf als Give-aways. Ich schaffte es mühelos, eine Tasche mit mehr als dreißig aufwendig gedruckten Katalogen einzusammeln. Die meisten Abbildungen zeigten einsame Strände auf einer der 1196 Miniinseln. Einheimische kamen in den Prospekten ausschließlich als willige Dienstleister für weiße Touristinnen und Touristen vor. Dazu reihenweise Pärchen, die mit exotischen Drinks in der untergehenden Sonne anstießen. Diese Freizeitidylle haben die Malediven auf 88 Inseln beschränkt. Auf den 220 Inseln, die ausschließlich der einheimischen Bevölkerung vorbehalten sind, würden dieselben Aktivitäten mit schweren Scharia-Strafen geahndet. Dennoch lotsen deutsche Konzerne wie die TUI AG, Thomas Cook oder DERTOUR Menschen aus ganz Europa in das Inselparadies und damit in einen diktatorischen Apartheidstaat.

»Malediven wollen Minderjährige in die Todeszelle schicken«

Das Auswärtige Amt rät Touristen, bei ihren Pauschaltrips einen Bogen um die von Einheimischen bewohnte Hauptstadt Malé zu machen: »Aufgrund der anhaltenden politischen Instabilität wird Reisenden empfohlen, Menschenansammlungen und Demonstrationen zu meiden, die Anweisungen der Sicherheitskräfte unbedingt zu befolgen und sich insbesondere in der Hauptstadt Malé mit Vorsicht zu bewegen. Der Transfer in die Resorts erfolgt in der Regel direkt vom Flughafen, so dass ein Aufenthalt in Malé nicht erforderlich ist.«[3] Ein Aufenthalt außerhalb der Tourismusresorts ist ohnehin riskant, denn hier herrscht die Scharia als Strafgesetz: Innenminister Umar Naseer kündigte 2014 an, die Todesstrafe wieder praktizieren und sogar auf viele Delikte anwenden zu wollen.[4] Wegen vorsätzlichen Mordes zum Tode verurteilte Minderjährige sollen gemäß den neuen juristischen Richtlinien hingerichtet werden, sobald sie das 18. Lebensjahr erreicht haben. Laut Amnesty International wurden im vergangenen Jahr auf den Malediven 13 Menschen zum Tode verurteilt, unter ihnen zwei Jugendliche. 20 Verurteilte sitzen zurzeit in den Todeszellen und warten auf ihren Berufungsprozess beziehungsweise auf ihre Hinrichtung durch eine Giftspritze.

Im Mittelpunkt der Strafrechtsreform stehen sogenannte Hadd-Straftaten, die nach der Scharia schwerer Diebstahl, Alkoholkonsum, Abfall vom Glauben, Unzucht und außerehelicher Geschlechtsverkehr sind. Auch darauf könnte der Tod stehen, deutete der Innenminister an. Internationales Aufsehen erregte 2013 der Fall einer 15-Jährigen, die von ihrem Stiefvater brutal missbraucht worden war und wegen außerehelichen Geschlechtsverkehrs zu 100 Stockhieben verurteilt worden war. Sie wurde auch deshalb verurteilt, weil sie zusätzlich mit einem anderen Mann einvernehmlichen Sex gehabt hatte.[5] Nach internationalen Protesten wurde das Urteil allerdings aufgehoben, was zugleich belegt, wie sehr der Scharia-Kapitalismus auch von der öffentlichen Wahrnehmung und Meinungsbildung abhängt. Über weniger spektakuläre Fälle wurde kaum berichtet. In ihrem Länderbericht 2017 berichtete Amnesty International über die Malediven: »Die Prügelstrafe fand auch weiterhin Anwendung und wurde mehrheitlich gegen Frauen verhängt. Die Regierung ging nicht gegen Personen vor, die in Selbstjustiz Gewalt gegen Verfechter religiöser Toleranz anwendeten. Polizei- und Armeeangehörige, die für unnötige oder exzessive Gewaltanwendung verantwortlich waren, gingen nach wie vor straffrei aus.«[6]

Sozial ist das Land tief gespalten: Eine vergleichsweise hohe Jugendarbeitslosigkeit treibt junge Menschen in die Arme von Kriminellen und Islamisten. Auf die Bevölkerungsgesamtheit bezogen, hat der Inselstaat die meisten ausgereisten IS-Kämpfer weltweit aufzuweisen. Touristen, die in den Augen der Religionswächter trinkend und hurend dem durch die westliche Dekadenz begründeten moralischen Verfall frönen, werden in diesem Land nur aus

einem einzigen Grund geduldet: Man benötigt ihr Geld. Die Malediven können durchaus als Archetypus des Scharia-Kapitalismus
bezeichnet werden. Denn das Land exportiert nicht nur IS-Kämpfer, sondern auch viel Geld für den Terror.

In der Länderauswertung des US-Außenministeriums heißt es:
»Das Land unterhält nur einen kleinen Finanzmarkt, der aber wegen der sehr begrenzten staatlichen Aufsicht anfällig für Geldwäsche und Terrorfinanzierung ist.«[7] So gebe es Hinweise, dass Spendengelder aus dem Land in die Terrorfinanzierung im Ausland
geflossen seien. Der Bericht des US-Außenministeriums ist auch
aus einem anderen Grund alarmierend. Denn er zeichnet ein Bild
grassierender Kriminalität vom Drogenhandel über den Menschenhandel bis hin zur Piraterie. Vor allem aber sei die Korruption sehr verbreitet. Das bedeutet im Umkehrschluss eine hohe
Wahrscheinlichkeit, dass Devisen, die unter anderen die Touris-
muskonzerne ins Land spülen, irgendwann auch in den Taschen
von korrupten Beamten, Geldwäschern und Terrorfinanziers landen. Und der Geldfluss aus dem Ausland nimmt dabei seit Jahren
zu. 2015 lagen die Einnahmen aus dem Tourismus in dem Inselstaat
mit seinen rund 350 000 Einwohnern bei stolzen 2,56 Milliarden
US-Dollar.[8]

Die TUI AG sponsert ihren Nachhaltigkeitskontrolleur

Deutschland belegt mittlerweile hinter China weltweit Platz 2 der
Maledivenbesucher, gefolgt von Großbritannien.[9] Der Tourismus
ist der größte Wirtschaftszweig des Inselstaates und trägt mit rund
28 Prozent zum Bruttoinlandsprodukt bei. Er macht sogar 60 Prozent der Deviseneinnahmen aus und 38 Prozent sämtlicher Einnahmen des Staates durch Steuern und Abgaben. Deutsche Konzerne tragen weiterhin offensiv zu dieser Expansion eines
gefährlichen Systems bei: Allein die TUI AG ist auf den Malediven
zu 100 Prozent an der Robinson Club Maldives Private Limited,

Malé[10] beteiligt eröffnet vier weitere Robinson-Clubs auf den Malediven. Im Geschäftsbericht 2015/16 schwärmt der Konzern sogar gegenüber seinen Aktionären von den Malediven: »Länder, die ganzjährig Sonne versprechen, sind jedoch nicht nur attraktiv für unsere Gäste, sondern überzeugen auch durch eine hohe Kapitalrendite. Schwerpunkte unserer Investitionen in eigene Hotels und Clubs liegen dabei in der Karibik sowie in Asien. So eröffnen zum Beispiel Robinson und Riu 2017 und 2018 neue Häuser auf den Malediven.«[11]

Auf Seite 28 des Geschäftsberichts macht die TUI AG klar, worauf es ihr auch noch ankommt: »Wir sind überzeugt, dass unser eindeutiger Schwerpunkt auf Nachhaltigkeit uns von unseren Wettbewerbern unterscheidet und wertschaffend ist. Zur Erreichung unserer Ziele verfolgen wir eine gemeinsame Vision und gemeinsame Werte. [...] Die TUI hat zusätzliche Maßnahmen ergriffen, um die Hotelanbieter dazu zu bewegen, sich einer vom Global Sustainable Tourism Council (GSTC) anerkannten Nachhaltigkeitszertifizierung durch Dritte zu unterziehen.« Manchmal lohnt es sich, solche PR-Texte zu hinterfragen. Jedenfalls braucht es von dieser TUI-Behauptung im Netz nur zwei Klicks, um zu erfahren: Der Global Sustainable Tourism Council (GSTC) wird von jenen finanziert, die er überwachen soll – Hauptsponsor ist die TUI AG.[12] Ganz nebenbei: Das Wort Menschenrechte taucht im Geschäftsbericht von TUI erst gar nicht auf. Beim größten deutschen und europäischen Tourismuskonzern Thomas Cook tauchen die Menschenrechte einmal im Geschäftsbericht auf: »Wir verstehen, dass Thomas Cooks Geschäfte Individuen und Kommunen rund um den Globus beeinflussen. Thomas Cook praktiziert eine Menschenrechtspolitik über all seine Geschäftszweige hinweg und arbeitet mit NGOs und anderen Partnern des Tourismussektors, um die Auswirkungen seines Geschäfts besser zu verstehen.«[13]

Der dritte Tourismusriese, die REWE-Tochter DER Touristik,[14] erwähnt das Wort Menschenrechte in seinem Geschäftsbericht nicht. Zur Nachhaltigkeit im Allgemeinen formuliert das Unternehmen: »Nur durch eine nachhaltige Gestaltung des Tourismus können die Bedürfnisse der Gäste – ihre Bedürfnisse – befriedigt und gleichzeitig die Zukunftschancen der Urlaubsregionen bewahrt und erhöht werden.«[15] Die TUI AG, die auf den Malediven selbst geschäftlich aktiv ist, ist sogar Mitglied beim UN Global Impact[16] und hat somit erklärt, sich aktiv für die Bewahrung von Menschenrechten einzusetzen, denn wie es auf der Webseite von UN Global Impact heißt, haben Unternehmen auch Auswirkungen auf »Menschen, die in der Nähe der Firmen- und Produktionsstandorte leben«. Glaubte man der Theorie, dass westliche Investitionen langfristig eine Liberalisierung und Öffnung von Ländern bewirke, dann müssten die Malediven in den vergangenen vier Jahrzehnten zu einem liberalen Inselstaat geworden sein. Tatsächlich verschärft sich trotz der enormen Expansion des Tourismus in den letzten Jahren die gesellschaftliche Hinwendung zu einem radikalen Islam.

Mit dem Tourismus expandiert der radikale Islam

Dem ARD-Korrespondenten in Neu-Delhi, Markus Spieker, ist es 2016 gelungen, direkt vor Ort brisante Aussagen zusammenzutragen.[17] Auch die Malediven, so scheint es, machen einen Wandel in Richtung einer Radikalisierung durch. Während sich der Autor des DuMont-Reiseführers 2008 noch wundert, »wie wenig man auf den Malediven spürt, in einem Land zu sein, in dem der Islam Staatsreligion ist«,[18] zeigt Spieker Bilder vieler vollverschleierter Frauen. Am Strand der nicht touristischen Zone gelte ein Bikiniverbot. Die Hinwendung zur Religion gehe aber jenseits des Alltagslebens mit einer islamistischen Radikalisierung einher. Die Menschenrechtsaktivistin Aisha Hussain Rasheed berichtet, manche Malediver sympathisierten mit dem sogenannten Islamischen Staat, weil sie von der Unterdrückung im eigenen Land frustriert seien. Prediger förderten ganz offen den IS. Selbst Demonstrationen zugunsten des IS können unbehelligt auf den Straßen der Malediven stattfinden – mit Plakaten wie »Scharia wird die Welt beherrschen!«. Diese gesellschaftliche Stimmung soll gut 200 junge Menschen zur Ausreise in den IS bewogen haben. Sogar auf den Malediven soll es Ausbildungslager für Erwachsene und selbst Kinder geben, »betrieben von Extremisten, die sie auf einsame Inseln bringen, um sie dort zu manipulieren«, wie Shahindah Ismail vom »Demokratienetzwerk Malediven« berichtet. Als am Ende eine Frau berichtete, sie und die meisten würden den Dschihad befürworten und ihr Bruder sei als Märtyrer gestorben, wurde das Interview von Sicherheitskräften abgebrochen. Es folgte die Abschiebung des ARD-Teams und ein zehnjähriges Einreiseverbot.

Das Partnerland der vom Berliner Steuerzahler mit 1,5 Millionen Euro subventionierten Messe Berlin[19] hat mit diesem Verhalten demonstriert, was er von unserer Presse- und Meinungsfreiheit hält. Die Tourismusbörse in Berlin 2016 hat vor allem überschwängliches Lob für den Inselstaat übrig: »Heute gehören die Malediven auf dem Sektor des modernen Ökotourismus zu den erfolgreichsten Urlaubsanbietern weltweit und zählen inzwischen rund eine Million Gäste pro Jahr. Die Malediven sind für ihre paradiesische Schönheit und Natur sowie ihre faszinierende Unterwasserwelt bekannt. Das Inselreich am Äquator stellt für Taucher aus aller Welt das absolute Traumziel dar – und das zu jeder Jahreszeit. Denn durch seine geografische Lage herrschen das ganze Jahr milde Temperaturen zwischen 28 und 31 Grad Celsius.«

Da er die Lage im Land nicht als so paradiesisch empfand, reiste 2016 auch der ehemalige durch den Putsch des jetzigen islamistischen Regimes vertriebene Außenminister der Malediven, Ahmed Nassem, nach Berlin zur ITB, um die Weltöffentlichkeit aufzuklären: »250 ISIS-Kämpfer kommen inzwischen auf 350 000 Einwohner. Das wäre so, als wenn Deutschland 80 000 ISIS-Kämpfer beheimatete.«[20]

Tourismus ist der Boomfaktor der Scharia-Staaten

Die Statistiken der World-Tourism Organisation der Vereinten Nationen (UNWTO) bieten so manche Überraschung, was die Reisetätigkeit in noch so kleinen Scharia-Staaten angeht:[21] Zum Beispiel Katar. In das kleine Emirat mit seinen 250 000 katarischen Staatsbürgern und 2,3 Millionen Fremdarbeitern kommen im Jahr gut 2,9 Millionen ausländische Touristen – zu 75 Prozent Geschäftsreisende.[22] Zum Vergleich: Bei 82 Millionen Bewohnern Deutschlands sind rund 34 Millionen Touristen im Jahr zu Gast. Angesichts seiner kleinen Bevölkerung sind die durch Touristen generierten Einnahmen in Katar von 5,03 Milliarden Dollar im Jahr 2015 durchaus relevant. Und wer hätte gedacht, dass nach Saudi-Arabien jährlich 17,99 Millionen Touristen einreisen – also immerhin halb so viele wie in das Reiseland Deutschland –, obwohl der Strandtourismus aus religiösen Gründen nicht existiert? Davon machen die Mekka-Reisenden gute 2 Millionen aus. Trotzdem gelingt es Saudi-Arabien, Einnahmen von 10,13 Milliarden US-Dollar (2015) aus dem Tourismus zu generieren. Ein Blick auf die Gesamtliste der Scharia-Staaten belegt: Die Einnahmen aus dem Tourismus wachsen meist zweistellig.[23]

Der Fremdenverkehr hat somit einen stattlichen Anteil an der besonders in den Golfstaaten beschlossenen Diversifizierung der Volkswirtschaften. Die Zahlen sind durchaus beachtlich: So nahm das kleine Emirat Bahrain im Jahr 2014 1,19 Milliarden US-Dollar ein, Iran im selben Jahr 3,48 Milliarden US-Dollar, Malaysia im Jahr 2015 17,59 Milliarden US-Dollar, Indonesien als Land mit der weltweit größten muslimischen Bevölkerung ebenfalls 2015 10,76 Milliarden US-Dollar, und die Vereinigten Arabischen Emirate mit der boomenden Reisedestination Dubai nahmen 2015 sogar 16,03 Milliarden US-Dollar aus dem Tourismus ein – und damit sogar etwas mehr als Griechenland.

Gerade Dubai hat einen gigantischen Einnahmezuwachs vorzuweisen: von 7,1 Milliarden US-Dollar im Jahr 2008 stetig auf mehr als 16 Milliarden US-Dollar im Jahr 2015.[24] Und die Deutschen sind ganz vorn dabei: Allein in der ersten Jahreshälfte 2016 reisten 118 000 deutsche Touristen nach Dubai und damit 20 Prozent mehr als im Vorjahr.[25]

Scharia-Strafen für vergewaltigte Frauen

Es ist mittlerweile bekannt, dass Dubai den Touristen nicht nur herrliche Strände bietet, sondern ihnen auch gestattet, ihre Lebensgewohnheiten beizubehalten, einschließlich des Genusses von Alkohol in Hotelbars. Was sich nicht sehr herumgesprochen hat, ist die Tatsache, dass die Scharia auch in Dubai noch im Strafrecht gilt, wie folgende drei Fälle veranschaulichen.[26]

Im Jahr 2013 erlebte die damals 24-jährige Norwegerin Marte Deborah Dalelv durch die Scharia ein doppeltes Trauma. Sie hatte mit Kollegen gefeiert und Alkohol getrunken und war dann in ihrem Hotelzimmer von einem Mann vergewaltigt worden. Als sie die Tat bei der Polizei in Dubai anzeigte, nahm man ihr den Pass, ließ sie nicht telefonieren und steckte sie in Haft. Später wurde gegen sie ein Prozess geführt: Wegen vorehelichen Geschlechtsverkehrs, also »Unzucht«, und Alkoholverzehrs wurde sie zu 16 Monaten Haft verurteilt. Der Vergewaltiger wurde zu 13 Monaten verurteilt – nicht wegen der Vergewaltigung, sondern wegen vorehelichen Geschlechtsverkehrs. Erst als die Norwegerin den Fall öffentlich machte, begnadigte sie Dubais Herrscher Scheich Mohammed bin Raschid al-Maktoum. Nach qualvollen fünf Monaten kehrte sie nach Norwegen zurück. Wenn solche in der Weltöffentlichkeit verbreiteten Ereignisse die Milliardengeschäfte bedrohen, kann das dazu führen, dass die Qualen unschuldiger Opfer der Scharia abgekürzt werden. Eine dauerhafte Änderung der Verhältnisse bewirkt sie freilich nicht.

Kurz nach der Freilassung der Norwegerin erging es einer Österreicherin ähnlich.[27] Sie war in der Tiefgarage eines Fünf-Sterne-

Hotels von einem Jemeniten vergewaltigt worden, der angeboten hatte, sie in seinem Auto mitzunehmen. Die Ermittler rieten der Frau, den Mann zu heiraten, um das Strafmaß zu senken. Für eine 25-jährige Britin drohte der Dubai-Aufenthalt 2016 zu einem Todestrip zu werden.[28] Nachdem sie eine Vergewaltigung angezeigt hatte, wurde auch sie verhaftet und sogar mit der Todesstrafe durch Steinigung bedroht.

Dieselben Geistlichen, die in Dubai solche Scharia-Urteile billigen, schreiten zumindest nicht ein, wenn dieser verhältnismäßig kleine Finanzplatz als eine der Drehscheiben der Terrorfinanzierung missbraucht wird – neben Katar und Saudi-Arabien.[29] Die Sanktionsliste des US-Finanzministeriums führt auch reichlich Namen von Terrorfinanziers aus Dubai auf.[30] Je mehr Geld auch der Tourismus in die Kassen der wenigen Vermögenden spült, desto größer ist die Wahrscheinlichkeit, dass etwas für die religiös verbrämte Unterstützung kämpfender Islamisten abgezweigt wird.

Indonesiens Provinz Aceh verschärft die Anwendung der Scharia

Dass steigende Einnahmen und eine Expansion des Tourismus das Gesicht eines Landes keineswegs automatisch menschlicher machen, zeigt auch das Beispiel Indonesiens. Im Gegenteil: Das Land bewegt sich Beobachtern zufolge immer mehr in Richtung eines extrem konservativen und intoleranten Islam. Zugleich wird das – allerdings bislang auf die Provinz Aceh beschränkte – Strafrecht der Scharia ausgeweitet: Der Katalog mit Vergehen, die mit Stockhieben bestraft werden, wurde 2014 noch erweitert.[31] 2017 wurde der christliche Gouverneur der indonesischen Hauptstadt Jakarta, Basuki Tjahaja Purnama, wegen angeblicher Blasphemie zu zwei Jahren Haft verurteilt.[32] Der chinesischstämmige Purnama war der erste nichtmuslimische indonesische Gouverneur gewesen. Im Wahlkampf soll er sich abfällig über den Koran geäußert haben.

Purnamas Gegenkandidat hatte im Wahlkampf öffentlich behauptet, Muslime dürften aus religiösen Gründen nur für Muslime stimmen.[33] Daraufhin hatte Purnama gesagt, seine Konkurrenten nutzten den Koran, um ihm zu schaden. Diese Aussage wurde von Islamisten in einem Video manipuliert und ins Netz gestellt, was zu wütenden Protesten geführt hatte. Hunderttausende zogen auf die Straße. Vor Gericht wurden ausgerechnet zwei Vertreter radikalislamischer Organisationen als Experten gehört. Obwohl er zunächst gute Chancen auf eine Wiederwahl hatte, verlor er die Wahl am Ende gegen den ehemaligen Bildungsminister, einen Muslim. Purnama wurde direkt nach dem Urteilsspruch ins Gefängnis abtransportiert, während die Massen, die die Straßen säumten, begeistert »Allahu akbar« riefen.[34]

Internationale Beobachter und Medien stellen seit einigen Jahren eine fortschreitende religiöse Radikalisierung in der indonesischen Gesellschaft fest. Terror und Tourismus sind schon seit Jahrzehnten in Indonesien eng verwoben. So stellte sich nach den blutigen Anschlägen in Bali 2002, bei denen mehr als 200 Menschen getötet wurden, heraus, dass die Terroristen die Anschlagsziele – vor allem die »Paddy's Bar« und der »Sari Club« – aus einer »finanziellen Logik« heraus ausgesucht hatten, wie die Terrorismusexpertin Louise I. Shelley schreibt.[35] Die beiden Bars gehörten nicht zu der in Java ansässigen organisierten Kriminalität, sondern machten den einheimischen Etablissements Konkurrenz. Die Attentäter wiederum gehörten den gleichen kriminellen Banden an, die ihr Geld auf Java mit Prostitution und organisiertem Raub an »Kunden« verdienten.

Die Bali-Attentate von 2002 und 2005 belegen zugleich, wie sensibel der Tourismus ist: Während die Vorbereitung des Anschlags, der am 12. Oktober erfolgte, aber eigentlich am 11. September 2002 – genau auf den Tag ein Jahr nach 9/11 – hätte stattfinden sollen, nur 35 000 Dollar gekostet hatte, richteten die Attentate selbst einen Millionenschaden an. Die Zahl der Besucher sank rapide, und es dauerte fast zwei Jahre, bis die Gästezahlen wieder auf dem alten Niveau waren.[36] Felix Heiduk, Experte für Südostasien bei der Stiftung Wissenschaft und Politik sagt, man habe bereits seit den achtziger Jahren eine »Islamisierung« Indonesiens beobachten können.[37] Während lange Zeit gemäßigte Kräfte in der Mehrheit waren, würden Politiker neuerdings auf die »religiöse Karte« setzen, indem sie zum Beispiel die Schließung von Bars mit Alkoholausschank versprächen.

Es fällt auch auf, dass Terrorismus und Tourismus besonders in strukturell schwachen Staaten eine fatale Wechselwirkung eingehen. Einige Manager und Agenten westlicher Touristikketten mag es insgeheim freuen, auf entgegenkommende, weil korrupte Politiker und Behörden zu stoßen, um ihre Expansion bei möglichst niedrigen Kosten vorantreiben zu können. Aber wie könnte der Westen verhindern, unwillkürlich bei der Finanzierung des Terrors behilflich zu sein? Staatliche Regulierung dürfte in einem globalisierten, monopolisierten und zudem äußerst aggressiven Markt wie dem des Tourismus kaum nutzen. Sinnvoller erscheint es, Öffentlichkeit zu schaffen und Reiseveranstalter zu brandmarken, wenn sie sich auf Deals mit Unrechtsregimen einlassen. Attentate wie in Bali hätten den Touristikkonzernen eigentlich eine Lehre sein müssen: Es ist viel zu kurzfristig gedacht, Politiker, Behörden oder sogar Kriminelle zu »kaufen«, um möglichst unbehelligt seinen Millionengeschäften nachgehen zu können. Denn Korruption und organisierte Kriminalität vertiefen die Risse in einer Gesellschaft, machen den Staat noch ohnmächtiger und sind somit ein perfekter Nährboden für neuen Terrorismus. Nachhaltig zu handeln hieße, von den Zielländern die Einhaltung der elementaren Menschenrechte einzufordern. Nachhaltig hieße vor allem, diese Forderung bei der Umsetzung eigener Investitionen zu erfüllen. Oder im anderen Fall, auf eine Investition zu verzichten. Die Organisation Ethical Traveler veröffentlicht jedes Jahr ein Positiv-Ranking von Ländern, die hinsichtlich von Umweltstandards, Sozialstandards und der Achtung sexueller Minderheiten besondere Maßstäbe setzen.[38] 2017 waren die ersten fünf: Belize, die Kapverden, Chile, Costa Rica und die Dominikanische Republik. Je stabiler ein Land – auch mit Hilfe eines angepassten und rücksichtsvollen Tourismus – wird, desto sicherer ist angesichts der Globalisierung des Terrors die ganze Welt.

Ich habe außer TUI auch die Touristikkonzerne Thomas Cook und DER Touristik gefragt, wie sie es mit den Verpflichtungen der Erklärung der Menschenrechte halten und wie sie Investitionen in Ländern wie den Malediven rechtfertigen.

Für die DER Touristik antwortet Ulrike Braun, die Leiterin für Corporate Responsibility ganz offen auf die kritischen Fragen:[39] »Viele der beliebten Reiseländer befinden sich in nicht-demokratischen Systemen und vollziehen leider Entwicklungen, die menschenrechtlich zu beanstanden sind.« Reiseveranstalter hätten jedoch »keinen Einfluss auf die politischen oder gesellschaftlichen Strukturen eines Zielgebietes«. Ein Boykott bestimmter Reiseländer hält die DER Touristik »in keinem Fall für sinnvoll«, da dieser nicht nur das Regime, sondern insbesondere auch die Menschen vor Ort treffe. Auf die in meiner Anfrage genannten Länder wie die Malediven geht die DER Touristik nicht im Einzelnen ein. Das Ende ihrer Antwort ist besonders bedenkenswert: »Gerade Tourismus macht Begegnung möglich und schafft Transparenz. Missstände werden wahrgenommen und geraten somit auch in den Fokus der Öffentlichkeit. Wegsehen durch Reiseboykott wäre aus unserer Sicht das falsche Signal.« Die kritische Weltöffentlichkeit darf also westlichen Touristikkonzernen dankbar sein, dass im Zuge ihres Engagements westliche Medien auf Missstände in den Zielländern aufmerksam wurden? Man darf gespannt sein, ob DER Touristik in diesem Sinne zukünftig landeskundliche Touren zum Wesen der Scharia-Strafen auf den Malediven oder in Dubai, inbegriffen Gefängnisbesuche und Genuss von Gefängnismenüs, zur politischen Weiterbildung seiner Kunden anbieten wird.

Die TUI verweist auf ihre Grundregeln, die auch für Lieferanten vor Ort gelten: »Wir respektieren die persönliche Würde, die Privatsphäre und die Persönlichkeitsrechte jedes Einzelnen. Jegliche

Diskriminierung, Kinderarbeit oder unwürdige Arbeitsbedingungen werden nicht geduldet.«[40] Die Einhaltung der Regeln werde laufend geprüft. Generell sei der Tourismus »ein Katalysator für gesellschaftlichen Wandel und Wohlstand«. Investitionen nach westlichen Standards könnten zu besserer Infrastruktur und leichterem Zugang zu Bildung und Arbeit führen. Zwar könnten solche Investitionen »in einem Spannungsverhältnis zur Einhaltung fundamentaler Menschenrechte stehen«, dennoch sei es falsch, dort nicht zu investieren und den Ländern »eine Chance auf Wachstum und Wohlstand vorzuenthalten«. Immerhin zeigen die Konzerne ein Problembewusstsein, trotzdem gingen sie leider mit keiner Silbe konkret auf die Problematik in den erwähnten Urlaubsländern ein. Die Ländernamen ihrer Geschäftspartner erwähnen sie lieber nicht.

Wie aber verhält sich die Politik zum Thema Tourismus und Menschenrechte? Ein Politiker im Deutschen Bundestag steht den Malediven besonders nahe: Der CDU-Abgeordnete Christian Freiherr von Stetten war »Ehrenkonsul der Republik Malediven«.[41] Ich möchte von ihm wissen, welche Aufgaben er als Ehrenkonsul hatte und wie er die Menschenrechtsverletzungen auf den Malediven einschätzt. Er antwortet schriftlich, er sei der Bitte des ersten freigewählten Präsidenten der Malediven, Mohamed Nasheed, nachgekommen und habe die Malediven bei ihrem Demokratisierungskurs als Ehrenkonsul unterstützt.[42] Für diese zeitlich befristete Aufgabe habe er weder ein Gehalt noch eine Kostenerstattung erhalten. Es sei schlicht eine »schöne Aufgabe« gewesen, »eine der jüngsten Demokratien der Welt bei ihrem Weg in eine freie und offene Gesellschaft zu unterstützen«, schreibt von Stetten. Auf die Frage nach den touristischen Investments und der Anwendung von Scharia-Strafen geht der Bundestagsabgeordnete nicht ein. Immerhin kritisiert er die aktuelle Entwicklung auf den Malediven: Leider habe sich das Land nach dem Rücktritt von Präsident Nasheed in »eine schlechte Richtung entwickelt«. Die Menschenrechte, Pressefreiheit und die Rechte von maledivischen Parlamentariern seien mit denen in Deutschland nicht vergleichbar. »Hinzu kommt, dass sich mehrere Bewohner zu einem radikalen Islam bekennen, und die jetzige Regierung dies scheinbar toleriert«, schließt von Stetten.

Hoffnung auf Touristen, denen nicht alles egal ist

Zurück zur Internationalen Tourismusbörse in Berlin. Hier träumen viele Besucherinnen und Besucher von dem fast 8000 Kilometer entfernten Inselparadies. Eine junge Polin, die eben noch mit ihrer Freundin über die einsamen Strände der Malediven geschwärmt hat, wird nachdenklich bei meiner Frage: »Wussten Sie, dass für die Einwohner der Malediven die Scharia-Strafen gelten, Todesstrafe inbegriffen?« – »Nein, das wusste ich nicht«, sagt sie und zögert einen Augenblick. Dann fährt sie fort: »Dann würde ich auch nicht hinfahren, jetzt, wo ich es weiß.« Die Aussage der jungen Messebesucherin stimmt optimistisch, und sie entspricht den Ergebnissen repräsentativer Umfragen. Diesen zufolge geben regelmäßig mehr als 40 Prozent der deutschen Urlauber an, dass sie beim Reisen auch auf das Thema Nachhaltigkeit achten.[43] Allerdings, so sagt Antje Monshausen von Tourism Watch bestehe noch eine Kluft zwischen der Absicht und der tatsächlichen Umsetzung.

Vorschläge für ein friedliches Miteinander und die Grenzen des Appeasement

Mit dem Begriff des Scharia-Kapitalismus habe ich in diesem Buch versucht, den ökonomischen Rahmen für einen verhängnisvollen Mechanismus zu beschreiben: Während die Industriestaaten auf der einen Seite wirtschaftlich immer stärker mit islamistischen Staaten verflochten sind, unterlassen es diese nicht, ihre Vorstellung der islamischen Religion in unsere Hemisphäre zu exportieren. In die Sprache von Investoren übersetzt, bedeutet das: Wir investieren in die Vermehrung unseres Geldes und kaufen Gefahr. Gefahr für das gesellschaftliche Gefüge unserer liberalen Gesellschaften. Gefahr aber vor allem für diejenigen, die nicht in das Weltbild der mit Millionensummen unterstützten Islamisten passen: Atheisten, Homosexuelle und schlimmer noch all jene, die aus der muslimischen Gesellschaft stammen und beides sind, ungläubig und homosexuell. Ob bei der Austragung einer Fußball-WM in einem feudalen Scharia-Staat, ob beim Waffenhandel, im Tourismus oder bei den undurchsichtigen Finanzströmen für bedenkliche Islamverbände – überall fließt Geld. Ungefiltert, unreguliert und unsichtbar. Ich habe versucht, einen Ausschnitt dieser kaum überschaubaren finanziellen und ökonomischen Verstrickungen sichtbar zu machen. Das vorliegende Ergebnis ist dabei notwendig unvollständig geblieben. Trotzdem bieten die Recherche-Ergebnisse vielleicht einige Anregungen, wie wir mit einer der gegenwärtig größten Bedrohungen unserer Gesellschaft und unserer multikulturellen Lebensweise umgehen können.

Unsere nahöstlichen Handelspartner verfolgen zwar eine religiöse Agenda, gleichzeitig aber handelt es sich um Regime, die hochgradig von innenpolitischer und ökonomischer Stabilität abhängen, denn die politischen Akteure sind zumeist zugleich die Besitzer aller großen Firmen. Die Scharia-Staaten sind somit ökonomisch mindestens ebenso abhängig von unseren Staaten wie wir von ihnen. Das versetzt uns in die Lage, diese Staaten offensiv vom Export ihrer extremistischen Religionsvorstellungen abzuhalten. Denn es stellt eine nicht hinnehmbare Einmischung in unsere gesellschaftlichen Angelegenheiten dar. Heribert Prantl von der *Süddeutschen Zeitung*, ein äußerst besonnener Kommentator, findet dafür treffende Worte: »Der Islam gehört zu Deutschland. Ein gewalttätiger Salafismus nicht. Diese Radikal- und Fundamentalsekte wird in Deutschland von Saudi-Arabien, von Kuwait und Katar kräftigst gesponsert; dieses Sponsoring verstößt gegen die deutsche Staatsräson, das ist, vorsichtig gesagt, ein sehr unfreundlicher Akt.«[1] Für die radikalen Koranschulen, in denen muslimische Eltern mittlerweile an Wochenenden ihre Kinder abgeben, erhebt Prantl eine nachvollziehbare Forderung: »Deshalb ist es richtig, wenn nicht geduldet wird, dass radikal-religiöse Privatschulen Kinder wider das Grundgesetz erziehen.«

Das Scharnier zwischen Ökonomie und Radikalisierung beschrieb Navid Kermani anlässlich seiner Ehrung mit dem Friedenspreis des Deutschen Buchhandels 2016: »Wenn man weiß, dass die Schulbücher und Lehrpläne im Islamischen Staat zu 95 Prozent identisch mit den Schulbüchern und Lehrplänen Saudi-Arabiens sind, dann weiß man auch, dass die Welt nicht nur im Irak und in Syrien strikt in verboten und erlaubt eingeteilt wird und die Menschheit in gläubig und ungläubig. Gesponsert mit Milliardenbeträgen aus dem Öl, hat sich über Jahrzehnte in Moscheen, in Büchern, im Fernsehen ein Denken ausgebreitet, das ausnahmslos alle Andersgläubigen zu Ketzern erklärt, beschimpft, terrorisiert, verächtlich macht und beleidigt.«[2] Es ist dabei nicht unbedingt das Öl, das den Westen und unsere Handelspartner im Nahen Osten aneinander fesselt, wie Außenpolitiker zuweilen glauben machen. Der Anteil der Rohölimporte aus Saudi-Arabien macht, anders als in den USA, in Deutschland nur knapp 1,5 Prozent (2015) aller Rohölimporte aus[3] – in der EU sind es knapp 8 Prozent.[4] Je unabhängiger sich die Energieerzeugung unserer Volkswirtschaften von der Verbrennung fossiler Brennstoffe macht, desto schwieriger wird die Lage für die ölexportierenden Nahoststaaten. Den Druck auf Staaten wie Saudi-Arabien sollten wir mit einer ausgestreckten Hand verbinden. Gerade deutsche Unternehmen besitzen ungeheure Kompetenzen auf dem Gebiet von Energieeinsparung und alternativer Erzeugung. Mit Technologien, die Saudi-Arabien dringend benötigt, will das Land die angestrebte Unabhängigkeit vom Öl erreichen.

Dabei dürfen wir unser Augenmerk nie auf die Regierungen der Länder beschränken. Es gibt selbst in Saudi-Arabien längst eine westlich orientierte und wirtschaftlich erfolgreiche Schicht von Menschen, die mit der Steinzeitideologie und ihren Reglementierungen nichts mehr anfangen können. Um sie zu stärken, wird es nicht genügen, nur einige der Modernisierung geschuldete Lockerungsübungen zu präsentieren, die vielleicht bald dazu führen können, dass saudische Frauen ein Auto steuern dürfen. Eine deutsche Regierung muss darauf beharren, dass ein Raif Badawi auf freien Fuß gesetzt wird und dass Medienschaffende und Blogger bei ihrer kritischen Arbeit in Ruhe gelassen werden. Denn sie können für einen sanften Übergang sorgen. Wenn das nicht gelingt, könnte der Druck im Kessel der islamistischen Feudaldiktaturen eines Tages so groß sein, dass diese Länder von einer weit brutaleren islamistischen Revolte überrollt werden.

Wandel durch Abgrenzung

Eine neue Politik gegenüber den Scharia-Staaten braucht vor allem Offenheit und Ehrlichkeit, denn das lässt uns stark und glaubwürdig erscheinen, und sie setzt unsere Handelspartner unter Zugzwang. Wie viel Wert zum Beispiel Saudi-Arabien oder Katar auf ihr eigenes Ansehen im Westen legen, ist an der Tatsache zu ersehen, dass sie in westlichen Hauptstädten Werbeagenturen und Lobbyisten beschäftigen, um ihr angeschlagenes Image aufzupolieren. Begänne jetzt auch die Bundesregierung, die Themen Extremismusexport, Terrorunterstützung und Menschenrechte offensiv anzusprechen, wäre der Druck auf diese Länder enorm. Ohne eine öffentliche Abgrenzung zum Beispiel durch öffentliche Negativlisten wird es keinen Wandel geben. Dabei sollten unsere Regierungen unseren Handelspartnern jederzeit klarmachen, dass es uns keineswegs um ihre Religion, den Islam »an sich« geht. Es geht nicht um einen »Kampf der Kulturen«, sondern schlicht um die Einhaltung von Menschenrechten und Völkerrecht.

Bevor unsere Regierungen in einen ernsten Dialog mit den nahöstlichen Diktaturen treten, sollten wir zudem die vergangenen Jahrzehnte unserer eigenen hegemonialen und kolonialen Geschichte selbstkritisch beleuchten. Allzu häufig hat der Westen seine privilegierten Partner in der islamischen Welt plötzlich ausgetauscht, und zwar nicht etwa aus moralischen, sondern aus rein machtpolitischen oder ökonomischen Gründen – man denke nur an Saddam Hussein oder Muammar al-Gaddafi. Einige Scharia-Staaten und ihre politischen und wirtschaftlichen Eliten versuchen, sich gegen islamistische Rebellen zu schützen, indem sie sich durch Spenden an Extremisten oder sogar Terroristen »freikaufen«. Sie bezahlen, was ihnen nützt. Ihr Vorgehen ähnelt dem der Eliten vor fast tausend Jahren im Christentum. So schreibt die italienische Journalistin Loretta Napoleoni: »Wie bei den Kreuzzügen ist die Religion lediglich ein Werkzeug, um Kämpfer anzuwerben. Die eigentliche Triebkraft sind wirtschaftliche Interessen.«[5] Viele Aspekte, die in diesem Buch beleuchtet werden, bestätigen das: Die harten Währungen des Scharia-Kapitalismus sind Geld und Macht und nicht an erster Stelle – wie in der aufgeheizten Debatte häufig behauptet wird – der Glaube. Andererseits müssen unsere Handelspartner den Export des in ihren Ländern herrschenden Islam salafistischer Prägung einstellen. Das ist sicherlich die heikelste Aufgabe. Denn die meisten von ihnen hegen zwar mit Sicherheit nicht die Absicht, unsere Gesellschaften zu destabilisieren. Die Verbreitung ihrer Religion gehört für diese Staaten und ihre wohlhabenden Spender hingegen zu den religiösen Pflichten.

Leider gehören einige religiöse Wohlfahrtsorganisationen noch immer zu den Finanziers der unterschiedlichsten islamistischen Terrorgruppen. Wie wir wissen, hat al-Qaida heutzutage mit dem Islamischen Staat eine riesige »Ausgründung« zur Konkurrenz, al-Qaida hat Töchter wie die al-Nusra Front, die sich jetzt Jabhat Fatah al-Sham nennt, und äußerst aktive und aggressive Außenposten wie die al-Qaida auf der Arabischen Halbinsel (AQAP). Solange deren Finanzierung über bekannte nahöstliche Handelsplätze abgewickelt werden darf und wohlhabende Unternehmer in Katar, Dubai, Saudi-Arabien und anderswo ihre Wege finden, mildtätig für Extremisten und Terroristen zu spenden, besteht wenig Hoffnung, diese Monsterorganisationen loszuwerden.

In keinem Fall sollten weitere Waffen an diese Staaten geliefert werden. Nur so können wir den Regimen unsere Missbilligung unerklärter Kriege wie in Syrien oder in Jemen klarmachen. Um zu verhindern, dass eines Tages hochmodernes Kriegsgerät in die Hände islamistischer Marodeure gerate, sollte zumindest jetzt von neuen Lieferungen Abstand genommen werden. Die Forderung, Terrorfinanziers offenzulegen, trifft jedoch auch Deutschland selbst: Die Bundesrepublik muss endlich auch die eingegangenen Verpflichtungen bei der Überwachung der Einhaltung von Anti-Terror-Sanktionen der UN etwa im Immobilienhandel einhalten. Ohne eine effiziente Bekämpfung der Geldwäsche wird die Terrorfinanzierung weiterhin ihren Platz in Deutschland haben.

Verbot öffentlicher Investitionen in unethische Geschäfte

Wenn Terror- und Extremismusfinanziers entlarvt oder Menschenrechtsverletzungen in Scharia-Staaten öffentlich bekannt werden, darf das nicht ohne Folgen für die praktische Politik bleiben. Ein Instrument wäre, gesetzlich festzulegen, dass wichtige öffentliche Investoren wie die Deutsche Rentenversicherung keine Anlagen von Konzernen oder Banken oder an diesen beteiligte Finanzprodukte kaufen, die mit solchen negativ gelisteten Staaten Geschäfte machen. Unternehmensmanager, deren Konzerne auf frisches Geld auf den Kapitalmärkten angewiesen sind, müssten nun über die Risiken nachdenken, bevor sie sich auf Baustellen für die WM in Katar engagieren, in Rüstungsgeschäfte mit der saudischen Armee einsteigen oder Touristenparadiese auf den Malediven errichten. Für dieses Verbot sogenannter unethischer Anlagen kann der größte Rentenfonds der Welt als Vorbild dienen: Der norwegische Pensionsfonds investiert weder in Waffen noch Tabak noch Kinderarbeit.[6]

Eine weitere sinnvolle Maßnahme wäre die Einführung eines Unternehmensstrafrechts in Deutschland. Unterstützen deutsche Unternehmen im Ausland kriminelle, extremistische oder gar terroristische Strukturen, könnten Bürger im In- und Ausland Strafanzeige gegen das Unternehmen stellen. Das ist bislang in Deutschland nicht möglich. Hier kann nur gegen natürliche Personen Strafanzeige gestellt werden, was schwierig ist, da oft Verantwortlichkeiten nicht einfach zu klären sind. Ein Unternehmensstrafrecht würde besonders börsennotierte Firmen unter Druck setzen, keine Geschäftspolitik auf Kosten von Menschenrechten zu betreiben. Denn jeder Geschädigte weltweit könnte nach dem deutschen Strafgesetz eine Verfolgung erzwingen. Und die könnte Milliardenzahlungen nach sich ziehen, wie wir an Verfahren gegen deutsche Konzerne in den USA sehen können.

Abschaffung des Steuergeheimnisses für Vereine

Wie aber können wir dem Islamismus und der in seinem Dunstkreis wachsenden Terrorgefahr im Inland wirksam begegnen? An erster Stelle steht hier zweifelsohne die unmittelbare Gefahrenabwehr. Bereits an zweiter Stelle aber müssen wir eine Priorität auf die Frage legen, wie wir islamistische Strukturen ökonomisch behindern oder zerstören können. Bei sämtlichen Gesprächen haben Vertreter von Sicherheitsbehörden mir gegenüber eingeräumt, dass der Bereich der Finanzströme des Islamismus bislang eine untergeordnete Rolle gespielt habe. Nicht einmal unsere Inlandsgeheimdienste haben ein präzises Bild über das finanzielle Umfeld, über die Geldgeber und ihre möglichen ideologischen Interessen. Was macht eigentlich die Finanzen von Vereinen so schützenswert, dass sie der Öffentlichkeit verborgen bleiben müssen? Bislang können sich polizeiliche oder geheimdienstliche Ermittler wegen des Steuergeheimnisses mit Finanzbeamten über Geldgeber und Finanzströme kaum verständigen. Deshalb braucht es dringend erweiterte Ermittlungskompetenzen bis hin zur Reform des Steuergeheimnisses und seiner vollständigen Abschaffung für Vereine. Erst dann können sich der Staat, aber auch die Zivilgesellschaft ein Bild von den islamistischen Geflechten machen – und nicht nur von diesen: auch andere Lobbyvereine, Industrieklubs sowie interessengeleitete Stiftungen könnten sich in ihrer Intransparenz nicht mehr hinter dem Steuergeheimnis verschanzen.

Regulierung konservativer Dachverbände

Außerdem sollten wir über einen generellen Stopp der Auslandsfinanzierung von erzkonservativen Dachverbänden nachdenken. Auch darf radikalen ausländischen Imamen nicht weiterhin die Bühne überlassen werden. Auch Einreiseverbote müssen künftig effizient überwacht werden. Es sollte geprüft werden, ob eine Zulassung von Imamen in Deutschland an eine staatliche Zertifizierung und Bezahlung aus Deutschland gebunden werden kann, ohne das Verfassungsrecht der freien Religionsausübung zu beeinträchtigen. Schließlich bewegt sich die große Mehrheit der Moscheevereine in Deutschland auf dem Boden des Grundgesetzes. Fairerweise müsste ein solches Gesetz für alle Religionsgemeinschaften gelten. Die Wirkmächtigkeit konservativer Verbände beruht auch auf der Behauptung, sie würden Millionen Muslime vertreten. In Wahrheit ist es eine kleine Minderheit. Von den etwa 4,4 bis 4,7 Millionen offiziell gezählten Muslimen sind etwa eine Million sogenannte Kulturmuslime, sprich, sie sind nicht gläubig, sondern entstammen nur dem muslimischen Kulturkreis. Von den restlichen dreieinhalb Millionen wiederum praktiziert nur eine Minderheit von 20 Prozent ihren Glauben organisiert im Rahmen einer Moschee.[7] In einer jüngeren Studie kommt das Bundesamt für Migration überdies zu dem Ergebnis, dass hier einreisende Flüchtlinge weit säkularer orientiert sind als allgemein angenommen. So akzeptieren nur 13 Prozent der Flüchtlinge Gesetzesauslegungen durch Religionsgelehrte, während in ihren Herkunftsländern 55 Prozent die Autorität von Religionsgelehrten anerkennen.[8] Umso mehr scheint daher die Dominanz einiger konservativer Islamverbände fragwürdig. Jede Art öffentlicher Förderung, auch die der steuerprivilegierten Gemeinnützigkeit, sollte also dringend davon abhängen, welche Leistungen, sei es seelsorgerisch, integrationsfördernd oder sozial, ein Moscheeverein tatsächlich erbringt. Das sollte jederzeit für jeden transparent sein. Unter diesen Voraussetzungen sind islamische Interessenverbände natürlich absolut legitim und wünschenswert.

Gleichzeitig erscheint die Stärkung liberaler theologischer Islamlehrstühle, wie sie bislang in Freiburg und Münster existieren, vielversprechend. Das allerdings setzt die Bereitschaft der konservativen Islamverbände voraus, mit diesen Lehrstühlen zu kooperieren und deren Absolventen auch als Imame einzustellen.

Wird ein islamischer Religionsunterricht an den Schulen von

Kindern gewünscht, sollte er ebenso selbstverständlich aus Steuermitteln finanziert werden, wie es heute beim christlichen Unterricht der Fall ist. Auf diese Weise lassen sich finanzielle Einflussnahmen aus dem Ausland sowie durch konservative Islamverbände schrittweise eindämmen.

Wiedereinführung der Demokratieerklärung

Um den Abfluss öffentlicher Fördermittel in islamistische Strukturen zu verhindern, erscheint die Wiedereinführung einer »Demokratieerklärung« ein probates Mittel zu sein. Wer in den Genuss von Steuermitteln gelangen möchte, sollte selbstverständlich hinter unserer freiheitlich-demokratischen Grundordnung stehen. Insbesondere das Risiko, dass Fördermittel zurückgezahlt werden müssen, wenn im Nachhinein ein Bezug zu extremistischen Organisationen nachgewiesen werden kann, dürfte alle Fördermittelempfänger sensibilisieren. Eine solche Regelung müsste dann selbstverständlich für alle Empfänger von Fördermitteln gelten und nicht nur für muslimische Organisationen.

Die Mehrheit säkular lebender Muslime darf nicht ignoriert werden

Politiker aus der sogenannten Mehrheitsgesellschaft fordern regelmäßig von den Muslimen Eigeninitiative ein. Sie sollen sich organisieren, sich zu Extremismus und Terror positionieren, heißt es oft. Sicherlich wäre es wünschenswert, wenn diese Fragen in Deutschland nicht nur in alljährlichen Verfassungsschutzberichten und von einer Handvoll prominenter liberaler Muslime thematisiert würden. Andererseits: Die übergroße Mehrheit von 80 Prozent säkular lebender Muslime lebt einfach ihr Leben. Warum sollten diese ein Interesse an einer Auseinandersetzung haben, bei der sie jetzt schon fürchten müssen, zwischen den von uns anerkannten konservativen Islamverbänden zerrieben zu werden – vielleicht sogar verbunden mit persönlichen Nachteilen in der Community? So einfach sollten wir den Ball also nicht an die Muslime zurückspielen. Wir sollten vielmehr alles tun, was in unserer Macht steht, den Islamismus einzudämmen. Das werden uns insbesondere die säkular lebenden Muslime danken.

Die Grenzen des Appeasement

Muslime, die den Islam reformieren wollen und von archaischen Begleiterscheinungen wie der sogenannten Familienehre, Zwangsheirat, familiärer Gewalt und Frauenverachtung im Namen der Religion befreien wollen, benötigen unseren besonderen Schutz und unsere Unterstützung. Hier aus falsch verstandener multikultureller Toleranz wegzuschauen, bedeutete eine moralisch verbrämte Form des Rassismus, denn so verweigert die demokratische und liberale Gesellschaft Menschen aus bestimmten Kulturkreisen den Schutz, den sie »Bio-Europäern« selbstverständlich und verfassungsgemäß jederzeit gewährt. Es wird daher höchste Zeit, dass die deutsche Politik Extremisten und Antidemokraten in all ihren Facetten aktiv entgegentritt, auch wenn diese scheinbar harmlos in religiösem Gewand daherkommen. Um es in einem Vergleich zu formulieren: SPD, Grüne und Linke treten der Engstirnigkeit und dem Hass zu Recht mit großer Wucht politisch und medial entgegen, wenn es sich um Demokratiefeinde im sächsischen Freital, in Meißen oder Dresden handelt. Sie sollten mit der gleichen Energie vorgehen, wenn es sich um islamistische Demokratiefeinde in Berlin-Neukölln, Offenbach oder Duisburg-Marxloh handelt. Insbesondere dieser Teil der Bevölkerung zählt hierzulande nicht zu den Gewinnern des Kapitalismus. Viele vermissen auch in der dritten Generation der Einwanderung die Anerkennung der sogenannten Mehrheitsgesellschaft. Sie suchen Identität, und manche finden da-

bei eine extreme Auslegung der islamischen Religion. Für die islamistischen Anwerber, die dank horrender Spenden reicher Mäzene
am Golf weltweit organisiert vorgehen, sind diese Menschen leichte
religiöse Beute. Es ist daher notwendig, der Spur des Geldes zu folgen, um zu verhindern, dass wir alle den Kampf gegen unsere Freiheit weiterhin finanzieren. Wer, wenn nicht der Westen ist in der
Lage, die weltweiten Geldströme zu kontrollieren? Wenn wir die
Kanäle von Extremisten und Terroristen und ihrer Geldgeber ohne
Rücksicht auf unsere eigenen Geschäfte trockenlegen, wäre ein ent-
scheidender Schritt getan. Es ließe sich vielleicht am Ende der Kette
von Radikalisierung, Extremismus und Terrorismus manche Ge-
walttat verhindern, ohne dafür eine einzige Kugel zu verschießen.
Das Eintreten gegen den Vormarsch des Islamismus ist daher kein
Projekt von Populisten, es ist ein urdemokratisches, republikani-
sches, liberales und im Zweifel auch linkes Projekt.

Anhang

Dank

Ich danke allen, die bereit waren, mir für dieses Buch Auskünfte und Einblicke zu geben. Sie haben mir geholfen, eine Gedankenwelt kennenzulernen, die mich immer neugieriger gemacht hat, und zugleich einen Finanzkomplex, den zu durchdringen ohne professionelle Hilfe unmöglich wäre. Ich danke allen Gesprächspartnern in deutschen, ausländischen und EU-Sicherheitsbehörden, in Ministerien, Unternehmen, Moscheevereinen und Schulen, die mich baten, ungenannt zu bleiben.

Ich danke Jan van Aken, Ulrich Battis, Volker Beck, Kazim Erdoğan, Jürgen Grässlin, Thomas Küchenmeister, Alexander Lurz, Ahmad Mansour, Arnold Mengelkoch, Erol Özkaraca, Christian Pestalozza, Michael Rump-Räuber, Kristina Schröder, Hans-Peter Schwintowski, Burkhard Wilke und Theo Zwanziger für wichtige Gespräche und Informationen. Ich danke dem Imam Mohamed Taha Sabri von der Neuköllner Begegnungsstätte, Samir Falah von der Islamischen Gemeinschaft in Deutschland sowie Tarek Abdelalem und Nuri Köseli von Islamic Relief für ihre Bereitschaft, sich kritischen Fragen zu stellen.

Ich danke vor allem Giyasettin Sayan für die Vermittlung wichtiger Gespräche und seine wunderbare Hilfsbereitschaft. Ich danke dem Finanzexperten Andreas Frank für seine Unterstützung, die mich nicht nur vor Rechenfehlern bewahrt hat. Ich danke Sebas-

tian Fiedler vom Bund Deutscher Kriminalbeamter und Thomas
Eigenthaler von der Deutschen Steuer-Gewerkschaft für die immer
wertvollen Gespräche und Hinweise. Und nicht zuletzt danke ich
Sigrid Herrmann-Marschall für ihre unermüdliche Arbeit, die
nicht nur diesem Buch zugutegekommen ist.

Ich danke im rbb Heike Kerinnis für ihr Vertrauen und ihren
Zuspruch und René Althammer für seine fortwährende und kluge
Hilfsbereitschaft. Mein herzlicher Dank gilt meinem Kollegen Jo
Goll für seine kritische und immer präsente Unterstützung. Ohne
ihn hätte ich manchen Gesprächspartner niemals kennengelernt.
Ulrich Kraetzer danke ich, weil er mir dank seiner profunden
Kenntnisse und eines unaufgeregten Blicks viele wichtige Hinweise
gab. Abdel-Hakim Ourghi danke ich herzlich, dass er trotz seiner
eigenen Zeitnot bereit war, einige Passagen einer islamtheologi-
schen Prüfung zu unterziehen.

Ich danke meinem Verleger Jürgen Diessl dafür, dass er bei diesem brisanten Thema spontan große Begeisterung zeigte, mir während meiner ganzen Arbeit großes Vertrauen schenkte. Ein Dank
an Leo Schwarz, der mich zuweilen vor Abschweifungen bewahrte.
Für seine glänzende und kreative juristische Beratung bedanke ich
mich bei Sven Krüger. Ich danke meinem Agenten Michael Meller
für sein Verhandlungsgeschick und seinen Zuspruch.

Meiner Lektorin Annalisa Viviani danke ich sehr herzlich für
den Zuspruch zu meinem Vorhaben. Als das Manuskript fertig
war, ließ sie dem Text nicht nur den letzten Schliff, sondern viele
gute Überlegungen angedeihen. Mit ihrer klaren Haltung war sie
mir eine besondere Stütze.

Ohne ein inspirierendes Gespräch mit unserer lieben Freundin
Mascia aus Rom wäre ich nie auf die Idee zu diesem Buch gekommen. Dafür danke ich ihr sehr herzlich.

Max Adamek danke ich für solide Internetrecherchen, seinen
klugen Faktencheck und viele gute Anregungen. All meinen lieben
Kindern, Verwandten und Freunden, die ich in diesem Jahr gewiss
sehr vernachlässigt habe, danke ich für ihr Verständnis. Meiner

Frau und ihrer unendlichen Zuversicht und Liebe verdanke ich, dass ich die aufreibenden letzten Monate durcharbeiten konnte, ohne ein schlechtes Gewissen meiner Familie gegenüber haben zu müssen. Du bist wirklich wunderbar!

Literatur

Abdel-Samad, Hamed: *Der islamische Faschismus – eine Analyse*. München 2014

Baer, Robert: *Die Saudi-Connection – Wie Amerika seine Seele verkaufte*. München 2005

Bickel, Markus: *Die Profiteure des Terrors. Wie Deutschland an Kriegen verdient und arabische Diktaturen stärkt*. Berlin 2017

Gardner, David: *Letzte Chance. Der Nahe und Mittlere Osten am Scheideweg*. Darmstadt 2010

Grässlin, Jürgen: *Schwarzbuch Waffenhandel – Wie Deutschland am Krieg verdient*. München 2013

Grässlin, Jürgen/Harrich, Daniel/Harrich-Zandberg, Danuta: *Netzwerk des Todes. Die kriminellen Verflechtungen von Waffenindustrie und Behörden*. München 2015

Grundmann, Johannes: *Islamische Internationalisten. Strukturen und Aktivitäten der Muslimbruderschaft und der Islamischen Weltliga*. Wiesbaden 2005

Johnson, Ian: *Die vierte Moschee – Nazis, CIA und der islamische Fundamentalismus*. Stuttgart 2011

Hanfeld, Michael/Mekhennet, Souad/Sautter, Claudia: *Die Kinder des Dschihad. Die neue Generation des islamistischen Terrors in Europa*. München 2006

Khan, Riz: *Alwaleed. Prinz Geschäftsmann Milliardär*. Kulmbach 2006

Khorchide, Mouhanad: *Scharia – der missverstandene Gott*. Freiburg 2016

Lüders, Michael: *Wer den Wind sät. Was westliche Politik im Orient anrichtet*. München 2015

Mansour, Ahmad: *Generation Allah*. Frankfurt a. M. 2015

Meddeb, Abdelwahab: *Zwischen Europa und Islam. 115 Gegenpredigten*. Heidelberg 2007

Napoleoni, Loretta: *Die Ökonomie des Terrors*. München 2003

Neumann, Peter R.: *Der Terror ist unter uns. Dschihadismus und Radikalisierung in Europa*. Berlin 2016

Palast, Greg: *Shame on you! Die Wahrheit über Macht und Korruption in westlichen Demokratien*. München 2003

Ramsauer, Petra: *Muslimbrüder – ihre geheime Strategie, ihr Netzwerk*. Wien, Graz, Klagenfurt 2014

Reuter, Christoph: *Die schwarze Macht. Der »Islamische Staat« und die Strategen des Terrors*. München 2015

Said, Behnam T.: *Islamischer Staat. IS-Miliz, al-Qaida und die deutschen Brigaden*. München 2015

Schanzer, Jonathan/Steven Miller: *Saudi Clerics, Wahhabi Islam and Social Media*. Washington, D. C., 2012

Shelley, Louise I.: *Dirty Entanglements. Corruption, Crime and Terrorism*. Cambridge 2014

Schirra, Bruno: *ISIS. Der globale Dschihad*. Berlin, 2015

Schirrmacher, Christine: *Die Scharia. Recht und Gesetz im Islam*. Holzgerlingen 2007

Schreiber, Constantin: *Inside Islam – Was in Deutschlands Moscheen gepredigt wird*. Berlin 2017

Sons, Sebastian: *Auf Sand gebaut. Saudi-Arabien – Ein problematischer Verbündeter*. Berlin 2016

Steinberg, Guido: *Saudi-Arabien – Politik Geschichte Religion*. München 2004

Todenhöfer, Jürgen: *Inside IS. 10 Tage im »Islamischen Staat«*. München 2015

Wunn, Ina: *Muslimische Gruppierungen in Deutschland*. Ein Handbuch. Stuttgart 2007

Žižek, Slavoj: *Blasphemische Gedanken. Islam und Moderne*. Berlin 2015

Nachweise

Einführung

1 Vgl. Khorchide, Mouhanad: *Scharia – der missverstandene Gott*. Freiburg 2016, S. 73f.
2 Vgl. Schirrmacher, Christine: *Die Scharia. Recht und Gesetz im Islam*. Holzgerlingen 2007, S.14.
3 Der vertrauliche Geheimdienstbericht aus 2016 liegt dem Autor vor.
4 http://ir.airberlin.com/en/ir/airberlin-share/shareholder-structure/shareholder-structure-by-nationality 2016.
5 https://www.credit-suisse.com/ch/en/about-us/governance/shareholders/significant-shareholders.html 2016.
6 https://www.daimler.com/investoren/aktie/aktionaersstruktur, Seitenaufruf 03.05.2017.
7 https://www.db.com/ir/de/aktionaersstruktur.htm, Seitenaufruf 03.05. 2017.
8 https://www.volkswagenag.com/en/InvestorRelations/shares/shareholder-structure.html, Seitenaufruf 03.05.2017.
9 https://www.nzz.ch/schweiz/tradition-als-trumpf-fuer-den-buergenstock-1.18271313, 27.03.2014.
10 http://derstandard.at/1361241091682/Katar-kauft-sich-in-Frankreich-ein, 25.02.2013.
11 http://www.bild.de/geld/wirtschaft/katar/mega-deal-mit-deutscher-bank-das-imperium-der-katar-scheichs-36037684.bild.html, 19.05.2014.

Die Scharia-AG

1 Ghadban, Ralph: *Islam und Islamkritik. Vorträge zur Integrationsfrage*. Berlin 2011, S. 181.
2 http://corporate.alitalia.it/en/company/shareholders/index.html

3 http://ir.airberlin.com/en/ir/airberlin-share/shareholder-structure/share-holder-structure-by-nationality2016.

4 https://www.kbl.lu/en/who-we-are/shareholder, Stand 2017.

5 http://www.4-traders.com/BARCLAYS-PLC-9583556/company/

6 https://www.bloomberg.com/news/articles/2016-08-01/qatar-airways-raises-holding-in-british-airways-owner-iag-to-20, Stand 01.08.2016.

7 https://www.credit-suisse.com/ch/en/about-us/governance/shareholders/significant-shareholders.html 2016.

8 https://www.daimler.com/investoren/aktie/aktionaersstruktur, Seitenaufruf 03. 05. 2017.

9 https://www.db.com/ir/de/aktionaersstruktur.htm, Seitenaufruf 03. 05. 2017.

10 http://www.4-traders.com/GLENCORE-PLC-8017494/company/

11 https://www.hapag-lloyd.com/de/ir/share/shareholder-structure.html, Seitenaufruf 06. 06. 2017.

12 https://beta.companieshouse.gov.uk/company/05990648/filing-history

13 http://www.heathrow.com/company/company-news-and-information/company-information

14 https://www.iberdrola.com/shareholders-investors/share/share-capital/shares, Stand Mai 2017.

15 http://www.lagardere.com/fichiers/fckeditor/File/actionnaires%20individuels/assemblee_generale/2017/Lagardere_Reference_Document_Year_2016.pdf

16 http://www.lseg.com/investor-relations/shareholder-services2/shareholders

17 http://www.abendblatt.de/wirtschaft/article108137845/Privatbank-Merck-Finck-wird-arabisch.html, Stand 11. 10. 2011.

18 http://www.kingdom.com.sa/investments/hotels/management-companies/movenpick, Stand 2010, Seitenaufruf 17. 05. 2017.

19 http://www.qia.qa/Investments/InvestmentsApproach.aspx, Stand Mai 2017.

20 http://www.stern.de/news/iran-soll-am-bau-israelischer-u-boote-beteiligt-sein-7224410.html, 04. 12. 2016.

21 http://www.n-tv.de/wirtschaft/Katar-kauft-sich-bei-Total-ein-article5764511.html, Stand 14. 03. 2012.

22 https://www.volkswagenag.com/en/InvestorRelations/shares/shareholder-structure.html, Seitenaufruf 03. 05. 2017.

23 http://derstandard.at/1361241091682/Katar-kauft-sich-in-Frankreich-ein

24 https://www.vinci.com/vinci.nsf/en/page/shareholders-becoming-shareholder.htm, Seitenaufruf 02. 05. 2017.

25 http://www.bz-berlin.de/berlin/reiche-araber-kaufen-berlin-auf-wollen-wir-das, 13. 10. 2014.

26 http://www.artic.com.qa/portfolio/hotel.aspx, Seitenaufruf 17. 05. 2017.

27 http://blog.zeit.de/stoerungsmelder/2009/03/17/thor-steinar-an-arabi-schen-investoren-verkauft_881, 17. 03. 2009.

28 http://www.handelszeitung.ch/invest/das-sind-die-groessten-staatsfonds-der-welt-1079416, 13. 05. 2016.

29 Ebd.

30 Vgl. im Folgenden: https://www.nytimes.com/2016/05/18/us/politics/senate-passes-bill-that-would-expose-saudi-arabia-to-legal-jeopardy-over-9-11.html

31 https://www.heise.de/tp/features/US-Kongress-will-Aufklaerung-ueber-saudische-Verwicklung-in-die-9-11-Anschlaege-3209937.html

32 https://amp.theguardian.com/world/2008/feb/15/bae.armstradev, 15.02.2008.

33 http://scharia-konform.de/?s=Zins, Seitenaufruf 17. 03. 2017.

34 http://www.spiegel.de/sport/fussball/fussball-real-madrid-entfernt-fuer-bank-kreuz-aus-dem-wappen-a-1005268.html, 27. 11. 2014.

35 http://ticdata.treasury.gov/Publish/mfh.txt, Daten vom Dezember 2016.

36 Schäfer, Henry/Bläschke, Anna: *Die Aktivitäten von Staatsfonds in Deutschland*. Eine Untersuchung der Hans-Böckler Stiftung, S. 5.

37 Zit. nach Sons, Sebastian: *Auf Sand gebaut. Saudi-Arabien – Ein problematischer Verbündeter*. Berlin 2016, S. 167.

38 Ebd., S. 69.

39 Ebd.

40 Bundesministerium für Wirtschaft und Energie: Schlaglichter der Wirtschaftspolitik, https://www.bmwi.de/Redaktion/DE/Monatsberichte/2014/02/onlinemagazin-schlaglichter-02-14.html, 01. 02. 2014.

41 www.scharia-konform.de, Seitenaufruf am 15. 03. 2017.

42 http://de.reuters.com/article/deutschland-deutsche-bank-aufsichtsrat-idDEKCN0ZV1V2

43 Kügler, Daniel: *Islamic Finance*. Berlin 2009, S. 20.

44 Ghadban, Ralph: a. a. O., S. 154 f.

45 Ebd., S. 155.

46 www.fatawa.de/erwerb-eines-eigenheims-mit-zinskredit

47 Ebd.

48 Ebd.

49 Sure al-baqqara, Vers 275, Zit. n. http://islamicbankingblog.de/das-zins-verbot-riba-im-islamic-banking/

50 https://www.welt.de/print-welt/article415580/Kommerz-und-Koran-Gel-dideen-fuer-Muslime.html, 11. 10. 2002.

51 https://www.db.com/cr/de/konkret-ethisches_finanzieren_als_grund-satz_des_islamischen_finanzwesens.htm, 01. 12. 2014.

52 https://www.se.com.sa/en-us/invshareholder/Pages/BackgroundOnBusin-essSegment.aspx

53 Antwort der Bundesregierung auf eine Kleine Anfrage von Die Linke (DS 18/11067).

54 https://www.hrw.org/world-report/2017/country-chapters/yemen, aufgerufen am 28. 03. 2017.

55 http://blog.zeit.de/joerglau/2007/06/03/scheich-karadawi-musliminnen-mussen-kein-kopftuch-tragen-wenn-sie-sich-in-die-luft-sprengen_536, 03. 06. 2007.

56 Aussagen al-Qaradawis zu Selbstmordattentaten: https://www.youtube.com/watch?v=w2PSbGLJjV4

57 Zit. nach ebd.

58 Ebd., S. 8.

59 https://www.daimler.com/investoren/aktie/aktionaersstruktur/, 31. 12. 2016.

60 Vertrauliches Dokument liegt dem Autor vor.

61 http://www.telegraph.co.uk/news/worldnews/middleeast/kuwait/11077537/How-our-allies-in-Kuwait-and-Qatar-funded-Islamic-State.html, 06. 09. 2014.

62 http://www.independent.co.uk/news/world/americas/saudi-arabia-kuwait-upset-angry-fund-terrorism-hillary-clinton-claims-after-orlando-a7088296.html, 17. 06. 2016.

63 http://www.aufschrei-waffenhandel.de/Daimler-AG.123.0.html

64 Gespräch mit Thomas Küchenmeister von Facing Finance im März 2017.

65 Vgl. im Folgenden: http://www.spiegel.de/panorama/gesellschaft/scharia-in-brunei-hollywood-boykottiert-beverly-hills-hotel-a-967754.html, 06. 05. 2014.

66 https://www.amnesty.de/jahresbericht/2015/brunei-darussalam

67 http://www.sueddeutsche.de/news/politik/konflikte-is-enthauptet-weitere-britische-geisel-dpa.urn-newsml-dpa-com-20090101-141004-99-00604, 04. 10. 2014.

68 http://www.telegraph.co.uk/news/11156406/Harrods-shoppers-are-buying-into-terror.html, 12. 10. 2014.

69 http://www.telegraph.co.uk/news/11156327/Al-Qaeda-terror-financier-worked-for-Qatari-government.html, 12. 10. 2014.

70 https://www.retailgazette.co.uk/blog/2016/10/harrods-set-to-record-7th-year-of-sales-and-profits-increase

Katar – Kernland des Scharia-Kapitalismus

1 Vgl. im Folgenden: Handelsblatt, 26. 06. 2017.

2 *Die Geschichte von Jesus und Maria im Heiligen Qur'an*. Islam Religion.com 2011.

3 Gespräch mit dem Mitarbeiter einer Landesverfassungsschutzbehörde im Mai 2017.
4 *Lagebild zur Verfassungsfeindlichkeit salafistischer Bestrebungen*, 2011.
5 Ebd., S. 36 f.
6 Ebd., S. 31.
7 Auskunft von Abdel-Hakim Ourghi vom 13. 07. 2017.
8 https://www.herrenknecht.com/de/medien/pressemitteilungen/2016/doha-tunnelt-sich-an-die-weltspitze.html
9 German Business Council Qatar: Directory 2017, S. 42 f.
10 AHK-Bericht 2016: https://www.alp-bayern.de/wp-content/uploads/2016/09/Katar_Marktstudie_ALP_Chancen-Herausforderungen-bayerische-Unternehmen-der-Lebensmittelbranche.pdf
11 http://www.auswaertiges-amt.de/DE/Aussenpolitik/Laender/Laenderinfos/Katar/Wirtschaft_node.html
12 priyadsouza.com/population-of-qatar-by-nationality-in-2017/?utm_source = Priya %27 s+Qatar+Untold&utm_campaign = dc3a803098-Standard_new_post_campaign1_31_2017&utm_medium=email&utm_term=0_55ae655d11-dc3a803098–41994577, Stand Frühjahr 2017.
13 Gespräch mit einem EU-Diplomaten in Doha im April 2017.
14 https://www.auswaertiges-amt.de/DE/Laenderinformationen/00-SiHi/KatarSicherheit.html
15 http://www.zeit.de/gesellschaft/zeitgeschehen/2016-06/katar-niederlande-vergewaltigung-bewaehrung-urteil-geldstrafe-freilassung, 13. 06. 2016.
16 https://www.dawn.com/news/1235165
17 https://www.welt.de/politik/ausland/article130843502/Der-Emir-der-die-Hamas-beschuetzt-hat-ein-Problem.html, 03. 08. 2014.
18 https://www.theatlantic.com/international/archive/2014/06/isis-saudi-arabia-iraq-syria-bandar/373181, 23. 06. 2014.
19 Zit. nach Weinberg, David Andrew: »Qatar and Terrorfinance«, Teil I., Dezember 2014.
20 Ebd. S. 4.
21 https://wikileaks.org/plusd/cables/09STATE131801_a.html
22 United States Department of State: »Country Reports on Terrorism«, Juni 2016, S. 210 f.
23 https://wikileaks.org/podesta-emails/emailid/3774
24 www.bbc.com/news/world-us-canada-37639370, 27. 10. 2016.
25 http://www.telegraph.co.uk/news/11156327/Al-Qaeda-terror-financier-worked-for-Qatari-government.html
26 Vgl. im Folgenden: Report of 09/11 Commission, S. 147.
27 Report of 9/11 Commission, S. 148.
28 https://wikileaks.org/plusd/cables/09DOHA314_a.html

29 Zit. nach Weinberg, a. a.O, S. 5.
30 https://www.welt.de/politik/deutschland/article132359548/Wie-Katars-Reichtum-den-Terrorverdacht-ueberstrahlt.html, 17. 09. 2014.
31 ps://www.theguardian.com/world/2012/oct/23/qatari-emir-welcome-gaza-visit, 23. 10. 2012.
32 http://www.faz.net/aktuell/wirtschaft/unternehmen/qatar-gibt-hamas-30-millionen-dollar-fuer-gehaelter-im-gazastreifen-14352704.html, 22. 07. 2016.
33 Reuters-Nachricht   http://www.ynetnews.com/articles/0,7340,L-4973850, 00.html, 10.06.2017.
34 https://www.treasury.gov/press-center/press-releases/pages/jl2249.aspx
35 https://www.un.org/press/en/2014/sc11575.doc.htm
36 http://www.dailymail.co.uk/sport/worldcup2014/article-2583721/MARTIN-SAMUEL-The-World-Cup-hosts-bed-terrorists.html
37 http://www.telegraph.co.uk/news/worldnews/middleeast/qatar/11110928/Former-head-of-human-rights-charity-accused-of-leading-double-life-as-terrorist-fundraiser.html
38 https://www.arabnews.com/nock/1112391/saudi-arabia, Seitenaufruf 27. 07. 2017.
39 Prosor, Ron: »Club Med for Terrorists«, https://www.nytimes.com/2014/08/25/opinion/qatar-club-med-for-terrorists.html?_r=0, 24. 08. 2014.
40 Weinberg, a. a. O., S. 7.
41 https://www.eidcharity.net/en/site/web/index.php
42 https://www.eidcharity.net/en/site/web/index.php?page=article&id=2302#.WLiK2BDebVo aufgerufen am 04. 03. 2017.
43 Ebd.
44 http://www.sueddeutsche.de/politik/extremismus-saudis-unterstuetzen-deutsche-salafistenszene-1.3290991, 16. 12. 2016.
45 https://www.wikileaks.org/plusd/cables/07DOHA709_a.html
46 Weinberg, a. a. O., S. 8.
47 Ebd.
48 *Gulf Times* vom 24. 12. 2013.
49 https://scsanctions.un.org/fop/fop?xml=htdocs/resources/xml/en/consolidated.xml&xslt=htdocs/resources/xsl/en/consolidated.xsl, aufgerufen 13. 04. 2017.
50 Gespräch mit einem europäischen Diplomaten im April 2017.
51 Gespräch mit einem Beamten des Bundeskriminalamtes im März 2017.
52 https://www.welt.de/politik/ausland/article157412380/Wird-jetzt-der-Sinai-zum-gelobten-Land-des-IS.html, 01. 08. 2016.
53 https://www.welt.de/politik/ausland/article130843502/Der-Emir-der-die-Hamas-beschuetzt-hat-ein-Problem.html v. 03. 08. 2014
54 Der Diplomat wird auf seinen Wunsch nicht namentlich genannt

55 The Meir Amit Intelligence and Terrorism Information Center: »Portrait of Sheikh Dr. Yusuf Abdallah al-Qaradawi«, 27. 02. 2011, S. 7.

56 https://www.youtube.com/watch?v=VcB_DZ4YQYQ

57 http://images.google.de/imgres?imgurl=http://media.gettyimages.com/photos/hamas-leader-khaled-meshaal-sits-between-ali-moheiddin-al-qaradaghi-picture-id455872398&imgrefurl=http://www.gettyimages.fr/detail/photo-d%27actualit%25C3%25A9/hamas-leader-khaled-meshaal-sits-between-ali-photo-dactualit%25C3%25A9/455872398&h=669&w=1024&tbnid=hoOQelJdfWI4xM:&vet=1&tbnh=90&tbnw=138&docid=7L8cfLvnu7vxnM&client=firefox-b&usg=__VPJ_rRelQKds1rJ85szV-pEVfty0=&sa=X&ved=0ahUKEwieg5WpibbRAhUMFSwKHVgiDfYQ9QEIHzAA

58 https://twitter.com/HamasInfoEn/status/859123564917792769, Tweet vom 01. 05. 2017.

59 http://www.spiegel.de/politik/ausland/katar-wegen-streit-um-muslim-brueder-ziehen-staaten-botschafter-ab-a-957038.html, 05. 03. 2014.

60 https://wikileaks.org/plusd/cables/06ABUDHABI1724_a.html, Depesche vom 29. 04. 2006.

61 http://www.huffingtonpost.com/james-dorsey/sponsorship-of-fifa-a-new_b_6104370.html

62 https://www.forbes.com/profile/faisal-bin-qassim-al-thani/

63 http://www.alfaisalholding.com/divisions/hospitality/al-rayyan-tourism-investment-company/europe.aspx, Seitenaufruf 17.07.2017.

64 http://gulfnews.com/news/gulf/qatar/charity-dinner-raises-6-5-million-for-religious-scholars-union-1.1023293, 15. 05. 2012.

65 Antwort des General Managers des Grand-Hyatt-Hotels Berlin vom 13. 06. 2017.

66 Antwort der Public-Relation-Direktorin des Maritim Hotels Berlin vom 12. 06. 2017.

67 Vgl. Grundmann, Johannes: *Islamische Internationalisten. Strukturen und Aktivitäten der Muslimbruderschaft und der Islamischen Weltliga.* Wiesbaden 2005, S. 99.

68 Vgl. im Folgenden: https://wikileaks.org/gifiles/docs/19/1912778_qatar-qatar-provided-development-aid-worth-2-01bn-.html, 03. 10. 2013.

69 https://de.statista.com/statistik/daten/studie/264154/umfrage/bruttoin-landsprodukt-bip-in-katar/

70 https://www.qcharity.org/en/qa/donation/donationdetails?I=104436&T=4&P=false&C=61&AccountTypeId=1332&ProjectId=0&TemplateId=104436&CA=null, aufgerufen am 30. 04. 2017.

71 Der vertrauliche Bericht liegt dem Autor vor.

72 http://thepeninsulaqatar.com/news/qatar/388688/eid-charity-to-build-335-mosques-across-world, 03. 08. 2016.

73 Vgl. http://www.oecd.org/dac/dac-global-relations/gross-concessional-de velopment-finance-dac-and-non-dac-providers.htm

74 Blenchard, Christopher M.: »Qatar: Background and U. S. Relations«. Congressional Research Service, S. 11.

75 Ebd.

76 Weinberg, a. a. O., S. 9.

77 Vgl. im Folgenden: AHK, Kurzmarktstudie: »Chancen und Herausforde-rungen für bayrische Unternehmen der Lebensmittelbranche – Katar«, S. 6.

78 *German Business Council Qatar*, 10. Aufl. 2017.

79 Franz Beckenbauer Statement vom 04. 09. 2014. https://www.youtube.com/watch?v=ZUPfm4zsVNQ

80 Zit. nach: http://www.sueddeutsche.de/sport/beckenbauer-im-dezember-der-emir-ist-ja-ein-guter-freund-von-uns-1.2724100, 06. 11. 2015.

81 Freshfields Bruckhaus Deringer: Deutscher Fußballbund e. V., Interner Un-tersuchungsbericht, S. 344.

82 Ebd., S. 15.

83 https://www.theguardian.com/football/2009/may/10/said-and-done vom 10. 05. 2010, Seitenaufruf 27. 07. 2017.

84 http://www.spiegel.de/sport/fussball/franz-beckenbauer-hat-vor-der-wm-2006-millionen-honorar-erhalten-a-1112166.html, 13. 09. 2016.

85 http://www.zeit.de/sport/2015-06/fifa-sepp-blatter-katar-bestechung-wm, 06. 06. 2015

86 https://web.archive.org/web/20121231010750/http://www.sportschau.de/fussball/binhammam112.html

87 Zit. nach: Landgericht Düsseldorf, Urteil verkündet am 19. 04. 2016.

88 Ebd., S. 16.

89 Gespräch mit Theo Zwanziger im Januar 2017.

90 https://www.vinci.com/vinci.nsf/en/page/shareholders-becoming-shareholder.htm, aufgerufen am 02. 05. 2017.

91 http://www.reuters.com/article/2015/03/24/us-vinci-qatar-labour-condi-tions-idUSKBN0MK0OH20150324, 24. 03. 2015.

92 http://www.lepoint.fr/justice/accusations-de-travail-force-au-qatar-vinci-deboute-par-le-tribunal-13-04-2016-2032047_2386.php, 13. 04. 2016.

93 http://fortune.com/2016/03/27/al-jazeera, 27.03.2016.

94 Antwort der Bundesregierung auf eine Kleine Anfrage der Linken (DS 18/2192), 18. 07. 2014.

95 https://www.globalslaveryindex.org/country/qatar/Seitenaufruf 24. 06. 2017.

96 http://www.reuters.com/article/2015/03/24/us-vinci-qatar-labour-condi-tions-idUSKBN0MK0OH20150324, 24. 03. 2015.

97 Antwort der Bundesregierung auf eine Kleine Anfrage der Fraktion Die Linke (DS 18/2192), 18. 07. 2014.

98 https://www.welt.de/politik/deutschland/article132359548/Wie-Katars-Reichtum-den-Terrorverdacht-ueberstrahlt.html, 17. 09. 2014.
99 https://www.hrw.org/de/news/2017/01/12/katar-reformen-des-arbeits-rechts-aendern-nichts-menschenrechtsfeindlichem-system, 12. 01. 2017.
100 Zit. nach: *Qatar Today*, Januar 2017, S. 37.

Die Saudi-Connection

1 Vgl. im Folgenden: https://de.wikipedia.org/wiki/Kingdom_5KR
2 Ebd.
3 http://www.maps.bilfinger.com/
4 https://www.linkedin.com/company/airbus-defence-and-space--arabia-services
5 https://www.dornier-consulting.com/company/regions/?lang=de
6 Antwort der Bundesregierung auf eine Kleine Anfrage von Die Linke (DS 18/2075) http://dip21.bundestag.de/dip21/btd/18/020/1802075.pdf, 08. 07. 2014.
7 https://www.liebherr.com/de/deu/aktuelles/news-pressemitteilungen/detail/liebherr-er%C3%B6ffnet-neue-niederlassung-in-dammam-saudi-arabien.html
8 https://www.truck.man.eu/sa/en/index.html
9 https://www.rheinmetall-defence.com/de/rheinmetall_defence/company/locations_worldwide/index.php
10 https://base.thyssenkrupp.com/pages/en/thyssenkruppSaudiAra/ID3023_144475193.html
11 Khan, Riz: *Alwaleed. Prinz Geschäftsmann Milliardär*. Kulmbach 2006, S. 16 f.
12 http://www.handelsblatt.com/unternehmen/management/prinz-alwaleed-bin-talal-der-arabische-warren-buffett-seite-2/2841450-2.html, Seitenaufruf 09. 03. 2017.
13 Grundmann, Johannes: *Islamische Internationalisten*. Wiesbaden 2005, S. 80 ff.
14 Organization of Islamic Cooperation: »9th Oberservatory Report on Islamophobia May 2015-September 2016«, S. 107.
15 http://www.ed.ac.uk/literatures-languages-cultures/alwaleed/about/our-objectives
16 http://www.ed.ac.uk/literatures-languages-cultures/alwaleed/resources/classroom
17 http://www2.warwick.ac.uk/services/equalops/resources/guide_to_islam_in_he.pdf

18 Vgl. Khan, a. a. O., S. 61.

19 Napoleoni, Loretta: *Die Ökonomie des Terrors*. München 2003, S. 35.

20 Ebd., S. 36 f.

21 Palast, Greg: *Shame on you! Die Wahrheit über Macht und Korruption in westlichen Demokratien*. München 2003, S. 109.

22 Ebd., S. 111 ff.

23 9/11 Report, S. 433.

24 https://www.heise.de/tp/features/Die-Flucht-der-Saudis-nach-dem-11-9-aus-den-USA-3439151.html

25 9/11 Report, S. 418.

26 Ebd., S. 424.

27 Ebd.

28 Kreindler & Kreindler LLP: Complaint, New York, 17. 03. 2017, S. 136.

29 Ebd., S. 138.

30 Ebd., S. 436.

31 Consolidated United Nations Security Council Sanctionslist, Stand 08. 06. 2017, S. 124.

32 Ebd, S. 435.

33 Baer, Robert: *Die Saudi-Connection – Wie Amerika seine Seele verkaufte*. München 2005, S. 72.

34 Vgl. im Folgenden: Berg, Manfred: »Ziemlich beste Feinde.«, in: *Zeit-Online*, 03. 05. 2012, http://www.zeit.de/2012/19/Saudi-Arabien-USA

35 Vgl. Sons, Sebastian: *Auf Sand gebaut. Saudi-Arabien – ein problematischer Verbündeter*. Berlin 2016, S. 181.

36 https://de.statista.com/statistik/daten/studie/2473/umfrage/rohoelimport-hauptlieferanten-von-deutschland/

37 http://www.spiegel.de/politik/ausland/bundesnachrichtendienst-warnt-vor-interventionspolitik-saudi-arabiens-a-1065643.html, 02. 12. 2015.

38 http://de.reuters.com/article/deutschland-saudi-arabien-bnd-id-DEKBN0TM1UV20151203, 03. 12. 2015.

39 Vgl. im Folgenden: http://www.tagesspiegel.de/politik/geheimdienste-wie-der-scheidende-bnd-chef-nachrichten-machte/13517872.html, 29. 04. 2016.

40 Gespräch mit einem hochrangigen Beamten einer deutschen Sicherheitsbehörde im Januar 2017.

41 Gespräch mit einem hochrangigen Vertreter einer europäischen Sicherheitsbehörde im Januar 2017.

42 http://www.auwi-bayern.de/Asien/Saudi-Arabien/export-import-statistik.html

43 http://www.sueddeutsche.de/politik/merkel-in-saudi-arabien-bundeswehr-soll-saudisches-militaer-ausbilden-1.3484874

44 https://www.giga-hamburg.de/de/publication/saudi-arabiens-salafis-tischer-bildungsexport-radikalisiert-indonesiens-muslime, Hamburg 2014.

45 Steinberg, Guido: »Wer sind die Salafisten? Zum Umgang mit einer schnell wachsenden und sich politisierenden Bewegung«, in: *SWP-Aktuell*, Berlin, Mai 2012.

46 Antwort der Bundesregierung auf eine Kleine Anfrage von Die Linke (DS 18/11067), 07. 03. 2017.

47 http://www.rbb-online.de/politik/beitrag/2016/07/koenig-fahd-akade-mie-grundstueck-kaufvertrag.html, 20. 07. 2016.

48 Sämtliche Beschlüsse und Kaufunterlagen liegen dem Autor vor.

49 Vgl. im Folgenden: http://www.faz.net/aktuell/politik/inland/islamismus-koenig-fahd-akademie-verherrlicht-kampf-gegen-unglaeubige-1162549.html, 23. 06. 2004.

50 http://daserste.ndr.de/panorama/media/islamistenschule100.html

51 Gespräch mit Jochen Esser im Juli 2016.

52 Gespräch mit Özcan Mutlu im Juli 2016.

53 http://www.tagesspiegel.de/politik/islam-in-deutschland-saudi-arabien-gibt-koenig-fahd-akademien-auf/14464982.html, 28. 08. 2016.

54 Antwort der Bundesregierung auf eine Kleine Anfrage von Die Linke im Bundestag (DS 18/7471), 03. 02. 2016.

55 http://www.deutschlandfunk.de/krieg-in-syrien-die-allianzen-des-augen-blicks.724.de.html?dram:article_id=333039, 05. 10. 2015.

56 Depesche des Secretary of State, 30. 12. 2009, https://wikileaks.org/plusd/cables/09STATE131801_a.html

57 https://wikileaks.org/podesta-emails/emailid/3774

58 http://www.independent.co.uk/news/people/julian-assange-clinton-foundation-isis-same-money-saudi-arabia-qatar-funding-a7397211.html, 04. 11. 2016.

59 Gardener, David: http://www.cicero.de/weltbuehne/saudi-arabien-der-falsche-freund/59543, 31. 07. 2015.

60 Bundesamt für Verfassungsschutz: Salafistische Bestrebungen, https://www.verfassungsschutz.de/de/arbeitsfelder/af-islamismus-und-islamistischer-terrorismus/was-ist-islamismus/salafistische-bestrebungen

61 Steinberg, Guido: *Saudi-Arabien – Politik Geschichte Religion*. München 2004, S. 154 f.

62 Sons, a. a. O., S. 57.

63 Ebd., S. 36.

64 Schanzer, Jonathan/Steven Miller: *Saudi Clerics, Wahhabi Islam and Social Media*. Washington, D. C. 2012, S. 28.

65 Kleine Anfrage der FDP zur schriftlichen Beantwortung mit Antwort der Landesregierung (Drucksache 17/7408).

66 http://www.stern.de/politik/ausland/raif-badawi-fuer-diese-saetze-muss-der-blogger-20-wochen-leiden-3457198.html, 16. 01. 2015.

67 Zit. nach ebd.

68 http://www.zeit.de/gesellschaft/zeitgeschehen/2017-03/raif-badawi-ver-laengerung-haft-geldstrafe, 22. 03. 2017.

69 http://www.huffingtonpost.de/2014/04/01/saudi-arabien-atheisten-terroristen_n_5067741.html, 01. 04. 2014.

70 https://www.youtube.com/watch?v=-L4JKxcIaw (Übersetzung Memri TV).

71 Schirra, Bruno: ISIS. Der globale Dschihad. Berlin, 2015, S. 220 f.

72 Zit. nach ebd., S. 224.

73 Vgl. im Folgenden: http://www.tagesspiegel.de/wirtschaft/saudi-arabien-handelsbeziehungen-trotz-harter-strafen/11274464.html, 26. 01. 2015.

74 https://www.tagesschau.de/ausland/merkel-saudi-arabien-107.html, 30. 04. 2017.

75 Pressemitteilung der Kingdom Holding, 11. 10. 2001 in: Khan, a. a. O., S. 518.

Deutschland – Ruheraum für islamistische Finanziers

1 Bundesministerium des Innern: Verfassungsschutzbericht 2016, S. 160.

2 https://www.welt.de/politik/ausland/article163910675/Der-Niedergang-der-geheimen-Grossmacht-im-Nahen-Osten.html, 28. 04. 2017.

3 Ebd.

4 Die Verfahrensakten mit den Aktenzeichen Vertragsverletzung Nr. 2005 /4572 und Vertragsverletzung Nr. 2009/4572 liegen dem Autor vor.

5 Bundeskriminalamt – Financial Intelligence Unit: Jahresbericht 2015, S. 32.

6 Öffentliche Anhörung vor dem Finanzausschuss des Deutschen Bundestages (DS 18/11555) am 24. 04. 2017.

7 Vgl. auch ARD, Magazin »Kontraste« und rbb24 vom 15. 09. 2016, https://www.rbb-online.de/politik/beitrag/2016/09/berlin-verstoesst-gegen-anti-terror-verordnung-der-eu.html

8 Vgl. Senatsverwaltung für Inneres und Sport, Verfassungsschutz Berlin: »Denis Cuspert – eine dschihadistische Karriere«, S. 12.

9 https://www.treasury.gov/resource-center/sanctions/OFAC-Enforce-ment/Pages/20040602.aspx, 06. 02. 2004.

10 Wortlaut der EU-Verordnung Nr. 881/2002.

11 Sämtliche Dokumente liegen dem Autor vor.

12 Antwort der Pressesprecherin der Berliner Zivilgerichte, 08. 09. 2016.

13 Antworten von elf Bundesländern: Baden-Württemberg, Berlin, Brandenburg, Bayern, Hamburg, Mecklenburg-Vorpommern, Nordrhein-Westfa-

len, Rheinland-Pfalz, Sachsen, Schleswig-Holstein, Thüringen liegen dem Autor vor.

14 Antwort der EU-Kommission, 12. 09. 2016.

15 Antwort der Sprecherin der Berliner Zivilgerichte, 19. 06. 2017.

16 Antwort der Bundesregierung auf eine Kleine Anfrage von Die Linke (18/11389), 07. 03. 2017.

17 Unterlagen liegen dem Autor vor.

18 https://www.treasury.gov/press-center/press-releases/Pages/hp1043.aspx, Seitenaufruf 09. 06. 2017.

19 Vgl im Folgenden: Piper, Gerhard: *Al-Qaida und ihr Umfeld in Deutschland.* Berlin 2008, S. 54 f.

20 Vgl. Piper, a. a. O., S. 98.

21 Vgl. ebd., S. 59.

22 Anklage des Generalbundesanwaltes, zit. nach Piper, ebd., S. 59.

23 Geldwäschegesetz § 2, https://dejure.org/gesetze/GwG/2.html

24 Bundeskriminalamt, »Financial Intelligence Unit: Jahresbericht 2015«, S. 34.

25 Gesetzentwurf der Bundesregierung: http://dip21.bundestag.de/dip21/btd/18/115/1811555.pdf

26 Gespräch mit Sebastian Fiedler im März 2017.

27 Protokoll Finanzausschuss, 17. 04. 2017: https://www.bundestag.de/blob/5 06506/7f9db7af4c2315924f1be76b52a925aa/protokoll-data.pdf

28 Ebd., S. 45.

29 Vgl. im Folgenden: http://www.spiegel.de/spiegel/die-islamisten-gmbh-das-netzwerk-der-extremisten-a-1109093.html, 26. 08. 2016.

30 http://www.stuttgarter-nachrichten.de/inhalt.fellbach-neue-details-zum-geplanten-salafisten-zentrum-in-oeffingen.4b0f4f15-2679-43cb-98bc-df6c8c97a65e.html, 21. 08. 2016.

31 Hintergrundgespräch mit LKA-Beamten Stuttgart, Juni 2017.

32 Hintergrundgespräch mit Verwaltung der Stadt Fellbach-Oeffingen im März 2017.

33 https://www.treasury.gov/resource-center/terrorist-illicit-finance/Pages/protecting-charities_execorder_13224-p.aspx#rihsOffices,   Seitenaufruf 06. 07. 2017.

34 https://www.deliveryhero.com/delivery-hero-announces-acquisition-of-middle-eastern-delivery-service-carriage, 29.05.2017.

35 http://www.dhl.com.kw/en/country_profile/office_express.html, Seitenaufruf 13. 07. 2017.

36 https://www.sap.com/corporate/en/company/office-locations/kuwait.html, Seitenaufruf 12. 07. 2017.

37 https://www.siemens.com/kw/en/home.html, Seitenaufruf 12. 07. 2017.

38 https://base.thyssenkrupp.com/pages/en/thyssenkruppElevator/ID99443_311494450.html, Seitenaufruf 12. 07. 2017.

39 https://www.treasury.gov/press-center/press-releases/Pages/hp1023. aspx
40 Gespräch mit einem Verfassungsschützer im Mai 2017.
41 Abgabenordnung § 30, Abs. 5 a.) https://www.gesetze-im-internet.de/ao_ 1977/__30.html
42 Generalbundesanwalt: Anklage gegen Ismet D. und Emin F., S. 38.
43 Informationen von Sigrid Herrmann-Marschall: https://vunv1863.word-press.com/category/tarik-ibn-ali/
44 https://www.youtube.com/user/TarikIbnAli/search?query=euro,   Seiten-aufruf 06. 06. 2017.
45 Sandee, Ronald: »Tarik ibn Ali: An important Jihadi Facilitator operating in Europe«, https://insidethejihad.com/2014/09/tarik-ibn-ali-an-important-jihadi-facilitator-operating-in-europe/
46 http://www.dailymail.co.uk/news/article-3320770/Preacher-terror-Re-vealed-hate-filled-Belgian-Muslim-cleric-radicalised-Bataclan-suicide-bomber-Omar-Mostefai.html, Seitenaufruf 30. 05. 2017.
47 http://www.telegraph.co.uk/news/2017/06/28/birmingham-counter-ter-ror-arrest-alleged-spiritual-leader-majorca/28.06.2017.

Islamismus-Export aus reichen Scharia-Staaten

1 Gespräch mit einer Lehrerin im Sommer 2016.
2 Gespräch mit Ahmad Mansour im Juli 2016.
3 www.Moscheensuche.de
4 Gespräch mit Abdel-Hakim Ourghi im Mai 2017.
5 Hintergrundgespräch mit einem Mitarbeiter des Bundesamtes für Verfassungsschutz im Juni 2017.
6 https://www.igmg.org/wp-content/uploads/2015/08/igmg_selbstdarstel-lung_2015_de.pdf, Seitenaufruf 09.06.2017.
7 Wissenschaftlicher Dienst des Deutschen Bundestages.
8 Bundesministerium des Innern: Verfassungsschutzbericht 2016, S. 160.
9 Der vertrauliche Bericht liegt dem Autor vor.
10 Miller, Steven/Schanzer, Jonathan: »Facebook Fatwa – Saudi Clerics, Wahabi Islam und social media«, Foundation for Defense of Democracies, https://www.defenddemocracy.org/content/uploads/documents/face-book_fatwa_low_res_2.pdf, ›Washington 2012, S. 12.
11 Persönliche Angaben wurden auf Wunsch der Quelle anonymisiert.
12 Der Kaufvertrag liegt dem Autor vor.
13 »Joint Inquiry into Intelligence Community Activities before and after the Terrorist Attacks of September 11, 2001«: Report of the U. S. Senate Select

Committee on Intelligence and U. S. House Permanent Select Committee on Intelligence, Dezember 2002, S. 435 (bis 2016 geheim).

14 Zit. Nach: Senatsverwaltung für Inneres und Sport Berlin, Verfassungs-schutzbericht 2015, S. 52.

15 http://www.focus.de/politik/deutschland/imam-predigt-frauenunterdrue-ckung-mitten-in-berlin-eine-frau-darf-zum-sex-nicht-nein-sagen-und-muss-immer-im-haus-bleiben_id_4447933.html, 03. 02. 2015.

16 Senatsverwaltung für Inneres und Sport Berlin, Verfassungsschutz: »Denis Cuspert – eine dschihadistische Karriere«, September 2014.

17 Kleine Anfrage des Abgeordneten Giyasettin Sayan (Die Linke) (DS 16/11566), 19. 12. 2007.

18 Interview mit der Lehrerin im Sommer 2016.

19 Kleine Anfrage der FDP zur schriftlichen Beantwortung mit Antwort der Landesregierung (Drucksache 17/7408).

20 Mansour, Ahmad: *Generation Allah*. Frankfurt a. M. 2015, S. 47 ff.

21 http://www.rp-online.de/politik/deutschland/verfassungsschutz-ueber-10000-salafisten-in-deutschland-aid-1.6726226, 31. 03. 2017.

22 Gespräch mit dem Vertreter einer Verfassungsschutzbehörde im April 2017.

23 Zit. nach: Schreiber, Constantin: *Inside Islam – Was in Deutschlands Moscheen gepredigt wird*. Berlin 2017, S. 46 f.

24 RAND Corporation: »Foreign financing of islamic institutions in the nether-lands«, http://www.rand.org/pubs/research_reports/RR992.html, S. 23.

25 Kleine Anfrage der FDP zur schriftlichen Beantwortung mit Antwort der Landesregierung (Drucksache 17/7408).

26 Ebd., S. 2.

27 http://www.ditib.de/default1.php?id=5&sid=8&lang=de, Seitenaufruf am 23. 05. 2017.

28 Gespräch vom 18. Mai 2017.

29 Zum Schutz seiner Person wird der Imam mit geändertem Namen zitiert. Das Gespräch fand Mitte November 2016 statt.

30 Mansour, Ahmad, a. a. O., S. 34.

31 Ramsauer, Petra: *Muslimbrüder – ihre geheime Strategie, ihr Netzwerk*. Wien, Graz, Klagenfurt 2014, S. 168 f.

32 http://en.themwl.org/content/world-wide-association-introducing-islam

33 »Lagebild zur Verfassungsfeindlichkeit salafistischer Bestrebungen«, S. 6.

34 Gespräch mit Kazim Erdoğan im November 2016.

35 Schreiber, Constantin, a. a. O., S. 62.

36 Ebenda, S. 223.

37 Gespräch mit Ahmad Mansour im Mai 2017.

38 Hillebrand, Ernst: »Charlie Hebdo und das linke Appeasement«, in: http://www.ipg-journal.de/rubriken/soziale-demokratie/artikel/charlie-hebdo-und-das-linke-appeasement-733/, 08. 01. 2015.

39 http://www.tagesspiegel.de/berlin/berlin-schoeneberg-juedischer-junge-verlaesst-schule-nach-antisemitischem-vorfall/19600038.html, 01. 04. 2017.
40 American Jewish Committee Berlin: »Salafismus und Antisemitismus an Berliner Schulen: Erfahrungsbericht aus dem Schulalltag«, Berlin 2017.
41 Ebd.
42 Ebd.
43 Vgl. Kleine Anfrage der Piratenfraktion vom 24. 06. 2013, https://s3.kleineanfragen.de/ka-prod/be/17/12331.pdf
44 Antwort der Berliner Senatsbildungsverwaltung vom 26. 07. 2017.
45 Schriftliche Anfrage des Abgeordneten Joschka Langenbrinck (SPD) (DS 18/10068), 16. 11. 2016.
46 http://www.if-berlin.de/mitgliedsvereine.html, aufgerufen am 15. April 2017.
47 Dokument liegt dem Autor vor.
48 Bundesministerium des Inneren: Verfassungsschutzbericht 2016, S. 209.

960 DITIB-Moscheen von Erdoğans Gnaden

1 http://www.ditib.de/default1.php?id=5&sid=8&lang=de,   Seitenaufruf 12. 07. 2017.
2 http://www.zeit.de/politik/deutschland/2016-04/moschee-deutschland-tuerkei-imame, 24. 04. 2016.
3 Ebd.
4 https://www.destatis.de/DE/ZahlenFakten/GesamtwirtschaftUmwelt/Aussenhandel/Tabellen/RangfolgeHandelspartner.pdf?__blob=publicationFile, Zahlen für 2016.
5 Deutsch-Türkische Industrie- und Handelskammer http://www.dtr-ihk.de/mitglieder/mitgliederliste
6 http://www.rbb-online.de/politik/beitrag/2016/06/ditib-absage-treffen-lammert-sehitlik-moschee-fastenbrechen.html, 08. 06. 2016.
7 Depesche des US-Konsulats Düsseldorf, 16. 11. 2009, https://wikileaks.org/plusd/cables/09DUSSELDORF46_a.html
8 Protokoll der Mitgliederversammlung des DITIB-Landesverbands Berlin 29. 05. 2011.
9 http://www.ditib.de/detail_predigt1.php?id=268&lang=de,   Freitagspredigt 20. 11. 2015.
10 saidinursi.ch/129-freitagspredigt.html, 21. 07. 2016.
11 Vgl im Folgenden: »defacto« deckt auf: DITIB, Hessischer Rundfunk, 29. 01. 2017.   http://www.ardmediathek.de/tv/defacto/defacto-deckt-auf-DITIB/hr-fernsehen/Video?bcastId=3437388&documentId=40305406

12 http://juedischerundschau.de/die-ditib-und-die-juden-135910298, 04. 12. 2015.

13 http://www.focus.de/politik/deutschland/erdogans-statthalter-in-deutschland-tuerkische-pegida-oezdemir-greift-moscheenverband-ditib-an_id_5757476.html, 24. 07. 2016.

14 Gespräch mit dem Imam 2016 in Berlin.

15 http://www.ditib.de/detail1.php?id=565&lang=de, Stellungnahme vom 03. 02. 2017.

16 Gespräch mit Volker Beck im April 2017.

17 Pressemeldung 09. 12. 2016, http://www.ditib.de/detail1.php?id=547&lang= de

18 Die internen Dokumente liegen dem Autor vor.

19 Schriftsatz vom 27. 09. 2016 liegt dem Autor vor.

20 Ebd.

21 Antwort der Bundesregierung auf eine Kleine Anfrage von Die Linke (DS 18/12259) v. 08. 05. 2017.

22 http://m.focus.de/politik/deutschland/trotz-spionage-ermittlungen-schon-fast-ein-witz-harte-kritik-aus-der-politik-fuer-ditib-foerdergelder_id_7069297.html, 02.05.2017.

23 Gespräch mit Volker Beck im Mai 2017.

24 http://m.focus.de/politik/deutschland/trotz-spionage-ermittlungen-schon-fast-ein-witz-harte-kritik-aus-der-politik-fuer-ditib-foerdergelder_id_7069297.html, 02. 05. 2017.

25 DITIB-Stellungname vom 03. 02. 2017 http://www.ditib.de/detail1.php?id =565&lang=de).

26 Antwort der Bundesregierung auf eine Kleine Anfrage von Die Linke (DS 18/11492), 13. 03. 2017.

27 Antwort der Bundesregierung auf eine Kleine Anfrage der Grünen (DS 18/11576), 20. 03. 2017.

28 http://www.nytimes.com/2012/06/21/world/middleeast/cia-said-to-aid-in-steering-arms-to-syrian-rebels.html, 21. 06. 2012.

29 http://www.spiegel.de/politik/ausland/human-rights-watch-tuerkei-unterstuetzt-in-syrien-kriegsverbrechen-a-927332.html, 11. 10. 2013.

30 Gespräch mit einem wissenschaftlichen Mitarbeiter im Bundestagsbüro von Claudia Roth 2016.

31 Vgl. rbb: »Dschihad in den Köpfen«, 2015.

32 ARD-Tagesschau vom 16. 08. 2016 http://www.tagesschau.de/inland/tuerkei-619.html

33 Gespräch mit hochrangigem Vertreter der israelischen Regierung im Sommer 2016.

34 http://www.sozcu.com.tr/2017/gundem/teror-destekcisinin-diyanette-neisi-var-1841433/, 10. 05. 2017.

35 https://www.un.org/sc/suborg/en/sanctions/1267/aq_sanctions_list/sum-maries/individual/muthanna-harith-al-dari, Seitenaufruf 27. 05. 2017.

36 http://www.spiegel.de/kultur/gesellschaft/tuerkei-haftbefehl-gegen-jour-nalisten-der-zeitung-soezcue-a-1149496.html, 27. 05. 2017.

37 https://www.welt.de/politik/ausland/article151085946/Uebersetzungsfeh-ler-Tuerkei-irrt-bei-Inzest-Fatwa.html, 16. 01. 2016.

38 http://www.spiegel.de/politik/ausland/tuerkei-fatwa-verbietet-flirten-und-haendchenhalten-a-1070458.html, 04. 01. 2016.

39 http://cicero.de/kultur/terror-wie-sich-die-konservativen-islamverbaen-de-wegducken, 10. 01. 2017.

40 http://www.ditib.de/media/Image/hutbe/hutbe_14.03.2014_de.pdfv.14.03.2014

41 http://www.ditib.de/detail_predigt1.php?id=284&lang=de, 11. 03. 2016.

42 Abbildung auf: http://www.atheisten-info.at/infos/info3203.html

43 Antwort der Landesregierung auf die Kleine Anfrage 5005 vom 29. Juli 2016 der Abgeordneten Serap Güler und Peter Biesenbach, CDU-Druck-sache 16/12606. https://www.landtag.nrw.de/portal/www/dokumenten-archiv/Dokument/MMD16-12809.pdf

44 https://www.derwesten.de/politik/ministerpraesidentin-kraft-geht-auf-distanz-zum-islamverband-ditib-id12090033.html, 11. 08. 2016.

45 Pollack, Detlef/Müller, Olaf/Rosta, Gergely/Dieler, Anna: *Integration und Religion aus der Sicht von Türkischstämmigen in Deutschland.* Westfälische Wilhelms-Universität Münster 2016, S. 13.

46 Ebd., S. 6.

Blackbox Moscheefinanzierung

1 Der gesamte Redebeitrag Sabris: https://www.youtube.com/watch?v=t49BJR9mn48

2 https://www.berlin.de/rbmskzl/aktuelles/rathaus-aktuell/2015/meldung.381182.php, 01. 10. 2015.

3 Senatsverwaltung für Inneres und Sport: Verfassungsschutzbericht 2015, S. 56.

4 http://www.berliner-zeitung.de/berlin/abkommen-zwischen-berliner-se-nat-und-muslimischen-verbaenden-staatsvertrag-mit-hamas-freunden-und-hasspredigern-22523718, 01. 07. 2015.

5 https://www.facebook.com/photo.php?fbid=10155134108176737&set=a.10150294229146737.356846.652001736&type=3&theater, 19. 03. 2017.

6 Senatsverwaltung für Inneres und Sport: Verfassungsschutzbericht 2015, S. 63 f.

7 Ebd., S. 9.

8 Ramsauer, Petra: *Muslimbrüder – ihre geheime Strategie, ihr Netzwerk.* Wien/ Graz/Klagenfurt 2014, S. 63 f.

9 Ebd.

10 Vgl. ebd., S. 31 f.

11 Ebd., S. 53.

12 Ebd.

13 Ebd., S. 40.

14 https://www.welt.de/politik/ausland/article145495503/Fuenf-Fragen-zur-Muslimbruderschaft.html, v. 22. 08. 2015.

15 Bundesministerium des Inneren: Verfassungsschutzbericht 2016, S. 204

16 http://www.mik.nrw.de/verfassungsschutz/islamismus/legalistische-organisationen/muslimbruderschaft.html, Seitenaufruf 07. 06. 2016.

17 Bericht des bayerischen Verfassungsschutzes 2014, S. 45.

18 http://igd-online.de/beziehung-zur-mb, Seitenaufruf 01. 06. 2017.

19 Bundesministerium des Inneren: Verfassungsschutzbericht 2016, S. 209.

20 Bundesministerium des Innern: Verfassungsschutzbericht 2015, S. 154.

21 http://www.if-berlin.de/mitgliedsvereine.html, Seitenaufruf 07. 06. 2017.

22 http://www.spiegel.de/sptv/a-165999.html

23 Verfassungsschutzbericht des Freistaates Bayern 2014, S. 45 f.

24 Satzung des Vereins »Neuköllner Begegnungsstätte e. V.«, 18. 09. 2007, S. 1.

25 http://zentralrat.de/21417

26 Rasche, Uta: »Spinne im Netz der Muslime – Die Macht des Ibrahim El Zayat«, in: *FAZ* vom 11. 05. 2007.

27 Satzung des Vereins »Neuköllner Begegnungsstätte e. V.«, 03. 09. 2011.

28 Grundmann, Johannes: *Islamische Internationalisten. Strukturen und Aktivitäten der Muslimbruderschaft und der Islamischen Weltliga.* Wiesbaden 2005, S. 16.

29 Ebd., S. 18.

30 Interview mit Mohamed Taha Sabri am 27. 06. 2017.

31 http://igd-online.de/jahreskonferenz-2015-rueckblick/

32 Interview mit Erol Özkaraca am 12. 07. 2016.

33 Al Jazeera live.arabic, 21. 10. 2016.

34 Verfassungsschutzbericht des Landes Berlin 2015, S. 65.

35 Ramsauer, a. a. O., S. 25.

36 http://blog.zeit.de/joerglau/2007/06/03/scheich-karadawi-musliminnen-mussen-kein-kopftuch-tragen-wenn-sie-sich-in-die-luft-sprengen_536, 03. 06. 2007.

37 Grundmann, a. a. O., S. 29.

38 Ramsauer, a. a. O., S. 39.

39 Zit. nach Dihstelhoff, Julius/Lübben, Ivesa: *Die Internationale Organisation der Muslimbruderschaft und ihr Ableger in Deutschland.* Philipps Universität Marburg 2014, S. 4.

40 Vgl. im Folgenden: Ramsauer, a. a. O., S. 46 ff.
41 Vgl. Grundmann, a. a. O., S. 99.
42 Vgl. im Folgenden: Dihstelhoff, a. a. O., S. 7.
43 Ebd., S. 7.
44 Ebd.
45 Regent's College: *Muslims in Europe in the new Millennium*. London 2000, S. 16.
46 Ebd.
47 Ebd.
48 https://www.welt.de/print-welt/article233039/Islamischer-Verein-plant-kleinere-Moschee-in-Neukoelln.html, 02. 08. 2006.
49 http://www.tagesspiegel.de/berlin/lydia-nofal-ich-trage-ja-auch-kein-kopftuch/1131794.html, 02. 01. 2008.
50 Johnson, Ian: *Die vierte Moschee – Nazis, CIA und der islamische Fundamentalismus*. Stuttgart 2011, S. 279.
51 http://islam.de/3106.php vom 30. 05. 2005.
52 Verfassungsschutzbericht Baden-Württemberg 2015, S. 65.
53 Interview mit Ibrahim El-Zayat am 05. 02. 2002, http://www.islam.de/844.php
54 Ramsauer, a. a. O., S. 18.
55 Brandt, Andrea: »Wendiger Weltmann«, 25. 08. 2008, in: http://www.spiegel.de/spiegel/spiegelspecial/d-56323061.html, Seitenaufruf 18. 04. 2017.
56 Ebd.
57 Vgl. im Folgenden: https://www.e-cfr.org/final-statement-the-25th-ordinary-session-of-the-european-council-for-fatwa-and-research/
58 http://www.fatawa.de/beglueckwuenschen-von-nicht-muslimen-zu-ihren-festen/https://www.facebook.com/dmkbs/photos/a.1133868273303558.1073741957.206008249422903/1133868296636889/?type=3&theater
59 https://vunv1863.wordpress.com/2016/03/18/fatwas-made-in-germany/
60 http://www.fatawa.de/beglueckwuenschen-von-nicht-muslimen-zu-ihren-festen/
61 Gespräch mit Samir Falah am 11. 07. 2017.
62 http://www.assabile.com/al-awadi-mohammed-301/al-awadi-mohammed.htm
63 https://twitter/com/mh_awadi?lang=de, Seitenaufruf 04. 06. 2017.
64 https://wikileaks.org/plusd/cables/92DOHA3240_a.html, 01. 12. 1992.
65 http://www.terrorism-info.org.il/data/pdf/PDF_08_179_2.pdf
66 https://www.treasury.gov/resource-center/terrorist-illicit-finance/Pages/protecting-union-of-good.aspx
67 https://www.globalmbwatch.com/2014/05/05/top-qaradawi-aide-visits-saudi-muslim-world-league-visit-casts-doubt-saudi-muslim-brotherhood-policy, 15. 05. 2014.

68 https://www.memri.org/reports/incitement-jihad-saudi-government-controlled-tv, 24. 06. 2004.

69 http://www.tagesspiegel.de/berlin/berlin-neukoelln-extremisten-predigten-in-dar-as-salam-moschee/13867278.html, 14. 07. 2016.

70 Memri-TV: jihad fort the sake of Allah: https://www.youtube.com/watch?v=PEyUGo4t4wE

71 Übersetzung des Zitats nach: https://vunv1863.wordpress.com/2017/04/05/moschee-report-teil-1-ein-nachtrag/

72 https://www.youtube.com/watch?v=Ns1AJbAd6CY »Gehen die Deutschen in die Hölle – Dr Muhammad al-Arifi«, 02. 06. 2013.

73 »Nicht-Muslim konvertiert bei Sheikh al-Arifi«, 04. 06. 2014https://www.youtube.com/watch?v=y8Nz1beSqss

74 Der Koran, Sure 2, 191, a. a. O., S. 51.

75 http://www.verfassungsschutz-bw.de/›Lde/Startseite/Arbeitsfelder/Der+weltbekannte+Prediger+al_ARIFI+tourt+durch+Deutschland, Seitenaufruf 04. 06. 2017.

76 http://www.focus.de/politik/focus-titel-das-hat-nichts-mit-dem-islam-zu-tun-doch_id_4411274.html, 16. 01. 2015.

77 Interview mit Kristina Schröder am 23. 05. 2017.

78 https://www.tagesschau.de/inland/bundesprogramm-islamisten-101.html, 07. 07. 2016.

Der Fall Islamic Relief

1 http://www.speisen-fuer-waisen.de/prominente, aufgerufen am 24.01. 2017.

2 Minister of Defense: Designation of an unlawful Association, 19. Juni 2014, liegt dem Autor vor.

3 Antwort vom 04. 07. 2017.

4 Antwort des Bundeszentralamtes für Steuern, 14. 06. 2017.

5 Antwort des Bundesamtes für Verfassungsschutz vom 24. 01. 2017.

6 Antwort des Bundesamtes für Verfassungsschutz, 24. 01. 2017.

7 http://www.rbb-online.de/politik/beitrag/2017/01/bundesrechnungshof-prueft-foerderung-von-islamic-relief-.html, 25. 01. 2017.

8 Antwort von Islamic Relief, 25. 01. 2017.

9 Bundesamt für Verfassungsschutz, a. a. O.

10 Antwort von Islamic Relief, 25. 01. 2017.

11 IGD-Facebook-Seite.

12 http://www.islamiq.de/wp-content/uploads/2014/06/20_jahre_mjd_flyer.jpg, Seitenaufruf 19. 02. 2017.

13 https://www.facebook.com/hamed.abdelsamad/posts/101547658109
15979, 16. 12. 2016.
14 http://www.vereint-im-islam.de/sponsoren, Seitenaufruf 18. 02. 2017.
15 Antwort vom 04. 07. 2017.
16 Verfassungsschutzbericht Baden-Württemberg 2009, S. 70, http://www.ver-
fassungsschutz-bw.de/site/lfv/get/documents/IV.Dachmandant/Daten-
quelle/stories/public_files/vs-bericht_bw_2009/Vsbericht_BW_2009.pdf
17 Die Eidesstattliche Versicherung liegt dem Autor vor.
18 http://www.spendenrat.de/ueber-uns/strukturen, abgerufen am 19. 02. 2016.
19 Antwort des Senats auf eine Kleine Anfrage des Abgeordneten Sven Rissmann (DS 18/10104), 12. 12. 2016.
20 Companies House: Islamic Relief WAQF, Seitenaufruf Juni 2017.
21 www.irwaqf.org/about-us, Seitenaufruf 2017.
22 Die Jahresabschlüsse von Islamic Relief 2011–2015 liegen dem Autor vor.
23 Stellungnahme von Islamic Relief Deutschland, Januar 2017.
24 Gespräch mit dem Vorsitzenden des Deutschen Zentralinstituts für soziale
Fragen (DZI), Olaf Wilke im Juni 2017.
25 Antwort des Senats DS 18/101004, http://pardok.parlament-berlin.de/star-
web/adis/citat/VT/18/SchrAnfr/S18-10104.pdf
26 http://www.taz.de/!5020074, vom15.02.2015.
27 http://www.islamicrelief.de/ueber-uns/wer-wir-sind/unsere-satzung, Seitenaufruf 14. 01. 2017.
28 Aktuelle Satzung § 4, Abs. 1 u.2. http://www.islamicrelief.de/ueber-uns/
wer-wir-sind/unsere-satzung/
29 http://www.ndr.de/nachrichten/niedersachsen/hannover_weser-leinege-
biet/Verfassungsschutz-hat-Kuchenstaende-im-Visier,cakeday102.html,
06. 12. 2016.
30 http://www.rbb-online.de/politik/beitrag/2017/01/bundesrechnungshof-
prueft-foerderung-von-islamic-relief-.html, 25. 01. 2017.
31 http://www.dzi.de/spenderberatung/datenbanksuchmaske/suchergeb
nisse/1/?typ=alle&keyword=Deutsch-Syrischer&bereiche=alle&laender=
alle&sitz=alle, Seitenaufruf 02. 06. 2017.
32 Antwort des Auswärtigen Amtes vom 24. 01. 2017.
33 Antwort des Auswärtigen Amtes vom 28. 06. 2017.
34 Antwort des Bundesministeriums für wirtschaftliche Zusammenarbeit
und Entwicklung vom 03. 07. 2017.
35 Das interne Schreiben liegt dem Autor vor.
36 Bundesrechnungshof: 2015, Bemerkungen Nr. 12 – Auswärtiges Amt ver-
bessert seine Erfolgskontrollen, 17. 11. 2015.
37 http://www.thenational.ae/uae/government/list-of-groups-designated-
terrorist-organisations-by-the-uae, 16. 11. 2014.
38 http://www.20min.ch/finance/news/story/26674301, 25. 10. 2012.

39 http://www.finews.ch/news/banken/21377-islamic-relief-spenden-terror-ubs-credit-suisse-postfinance-hsbc, 06. 01. 2016.

40 Antwort von Islamic Relief Worldwide vom 12. 07. 2017.

41 Herrmann-Marschall, Sigrid: »Öffentliches Geld für Israelfeinde?« https://vunv1863.wordpress.com/2016/06/30/oeffentliche-gelder-fuer-israelfeinde-teil-i, vom 30. 06. 2016.

42 Pressemitteilung Bundesministerium des Innern, 12. 07. 2010, http://www.bmi.bund.de/SharedDocs/Pressemitteilungen/DE/2010/07/vereins verbot.html

43 E-Mail der Presseabteilung von Islamic Relief, 27. 01. 2016.

44 Statement der Botschaft Israels vom 25. 01. 2017 liegt dem Autor vor.

45 Antwort von Islamic Relief Worldwide vom 12. 07. 2017.

46 Vgl. im Folgenden: *The Jewish Chronicle*, 21. 08. 2014: https://www.thejc.com/comment/comment/who-are-islamic-relief-and-just-what-is-israel-s-case-against-them-1.56205https://www.gatestoneinstitute.org/4717/uk-funds-extremist-charities

47 https://www.youtube.com/watch?v=6-QBz_7_AvM, Seitenaufruf am 01. 06. 2017

48 http://www.bild.de/politik/ausland/scharia/reportage-scharia-gerichte-in-grossbritannien-43795672.bild.html, 15.12.2015.

49 Verfassungsschutzbericht des Landes Berlin 2015, S. 53.

50 Pressemitteilung der Universität Gaza vom 18. 07. 2013 https://web.archive.org/web/20130718161115/http://www.iugaza.edu.ps:80/en/Media/News.aspx?NewsId=10428

51 http://www.taz.de/!320838, 03.02.2007.

52 http://www.jpost.com/printarticle.aspx?id=126843, 29. 12. 2008.

53 *The Jewish Chronicle*, 21. 08. 2014.

54 Facebook-Post von Abdelhay Fadil, 29. 07. 2014.

55 Der Koran, Sure 8, Vers 65.

56 https://en.wikipedia.org/wiki/Muslim_Brotherhood

57 Annual Report Islamic Relief Worldwide 2013, S. 46.

58 https://www.theguardian.com/news/datablog/2011/jan/28/muslim-population-country-projection-2030, Seitenaufruf 27. 01. 2017.

59 Bericht des Verfassungsschutzes Baden-Württemberg, 2006, S. 51.

60 http://www.speisen-fuer-waisen.de/prominente, Seitenaufruf 12. 07. 2017.

61 http://www.faz.net/aktuell/politik/inland/nach-razzien-staatsministerin-mahnt-zu-augenmass-bei-islamistenverfolgung-14529126.html, 15. 11. 2016.

62 Antwort der Staatsministerin für Integration vom 04. 07. 2017.

63 http://www.islamicrelief.de/nachrichten/artikel/wir-gratulieren-frank-walter-steinmeier/Link nicht mehr verfügbar. Screenshot liegt dem Autor vor.

64 Antwort des Büros von F.-W. Steinmeier an den Autor vom 01. 03. 2017.

Das tödliche Geschäft mit den Scharia-Staaten

1 Baer, a. a. O., S 207.
2 http://www.spiegel.de/politik/ausland/donald-trump-erfolgreicher-erster-tag-in-saudi-arabien-a-1148662.html, 20. 05. 2017.
3 http://www.reuters.com/investigates/special-report/yemen-aqap/, 08. 04. 2016.
4 Deutscher Bundestag: Stenografisches Protokoll der Sitzung vom 08. 07. 2016, https://www.bundestag.de/blob/435142/bb9770206cb09c69a ed9d66dd2b4b030/18184-data.txt
5 http://www.deutschlandfunk.de/krieg-in-syrien-die-allianzen-des-augen-blicks.724.de.html?dram:article_id=333039, 05. 10. 2015.
6 Baer, a. a. O., S. 224.
7 https://www.sipri.org/sites/default/files/EMBARGO%20FS1604%20 Milex%202015.pdf
8 Kleine Anfrage von Die Linke im Bundestag (DS 18/7153), 18. 12. 2015.
9 Ebd.
10 http://www.waffenexporte.org/wp-content/uploads/2016/05/Waffen-Ex_ Saudi-Arabien.pdf (Tabellarische Auswertung sämtlicher Anfragen im Bundestag).
11 http://www.zeit.de/news/2015-06/25/uno-uno-verurteilt-seeblockade-durch-arabische-koalition-im-jemen-25213408, 25. 06. 2015.
12 http://www.aufschrei-waffenhandel.de/fileadmin/dokumente/dateien-or/ pdf-dokumente/R%C3%BCstungslieferungen-deutscher-Firmen-an-Sau-di-Arabien.pdf
13 http://www.spiegel.de/politik/deutschland/merkel-verteidigt-ruestungs-exporte-als-mittel-zur-friedenssicherung-a-862778.html, 22. 10. 2012.
14 Grässlin, Jürgen: *Schwarzbuch Waffenhandel – Wie Deutschland am Krieg verdient*. München 2013.
15 Interview mit Jürgen Grässlin im Juni 2017.
16 http://www.sueddeutsche.de/politik/panzer-fuer-saudi-arabien-debat-te-im-bundestag-trittin-sieht-schwarz-gelb-an-der-seite-der-despo-tie-1.1117026, 06. 07. 2011.
17 http://www.stern.de/politik/deutschland/deutsches-engagement-in-sau-di-arabien-panzer-polizisten-probleme-3051922.html, 13. 07. 2011.
18 http://www.zeit.de/2011/30/Interview-Niebel/seite-2, 14. 07. 2011.
19 http://www.handelsblatt.com/politik/deutschland/bei-rheinmetall-dirk-niebel-wird-ruestungs-lobbyist/10133924.html, 01. 07. 2014.
20 Vgl. im Folgenden: Adamek, Sascha/Hahn, Martin: »Steuerfrei e. V. – Mil-lionengeschäfte mit der Gemeinnützigkeit«. ARD Story im Ersten 2015.
21 Bickel, Markus: *Die Profiteure des Terrors. Wie Deutschland an Kriegen ver-dient und arabische Diktaturen stärkt*. Berlin 2017, S. 13.

22 https://www.welt.de/wirtschaft/article164153317/Ueber-Umwege-kommt-Saudi-Arabien-weiter-an-deutsche-Waffen.html, 01. 05. 2017.

23 BMWI: Analyse der strukturellen Lage der Verteidigungsindustrie in Deutschland, November 2015, S. 11.
https://www.bmwi.de/Redaktion/DE/Downloads/S-T/sicherheit-verteidigungsstrategie-studie.pdf?__blob=publicationFile&v=4,

24 http://www.bundestag.de/parlament/praesidium/parteienfinanzierung/fundstellen50000/2016

25 http://www.moz.de/details/dg/0/1/1294810, 29. 06. 2014.

26 Ministerium für Wirtschaft und Energie, Einzelplan, S. 149, http://www.mdf.brandenburg.de/media_fast/4055/08_Ministerium%20f%C3%BCr%20Wirtschaft%20und%20Energie_2017-18.pdf

27 Grässlin, Jürgen, a. a. O., S. 492.

28 Ebd., S. 562.

29 Interview mit Jürgen Grässlin im Juni 2017.

30 http://www.zeit.de/2014/37/waffen-ruestungsexporte-sturmgewehr-g3v.04.09.2014 und »Shattered lives report« (Memento vom 2. September 2009) im Internet Archive, San Francisco.

31 http://www.spiegel.de/politik/deutschland/g36-deutsche-waffenexporte-in-saudi-arabien-ausser-kontrolle-a-1038450.html, 12. 06. 2015.

32 http://www.spiegel.de/politik/ausland/saudi-arabien-pocht-auf-einhaltung-von-ruestungsvertraegen-mit-deutschland-a-1114203.html.

33 https://www.hrw.org/report/2015/06/30/targeting-saada/unlawful-coalition-airstrikes-saada-city-yemen, Seitenaufruf 09. 06. 2017.

34 Nassauer, Ottfried: »Explosiv und tödlich – Munitionsexporte in deutscher Verantwortung«, www.bits.de/public/pdf/explosiv_Faltblatt.pdf

35 Schriftliche Anfrage des Autors an Rheinmetall vom 19. 06. 2017.

36 Zit. nach ebd.

37 Vgl. https://www.merkur.de/welt/gaddafi-regime-katar-ruestet-libysche-rebellen-1204461.html, 14. 04. 2011.

38 https://www.dfg-vk.de/stoppt-den-waffenhandel/europaeischer-ruestungskonzern-verdient-am-krieg-in-libyen-werden-drei-seiten-beliefert, 26. 05. 2011.

39 University of Maryland: global-terrorism-database: http://www.start.umd.edu/news/2015-global-terrorism-database-now-available

40 University of Maryland: global-terrorism-database: http://www.start.umd.edu/pubs/START_GTD_OverviewofTerrorism2014_Aug2015.pdf

41 https://www.welt.de/politik/deutschland/article154769649/Islam-etabliert-sich-als-grosse-Religion-in-Deutschland.html#cs-DWO-IP-Religion-sk-1-jpg.jpg

42 SIPRI Yearbook 2016: »Armements, Disarmement and International Security«, Zusammenfassung auf Deutsch. Stockholm 2016, S. 20.

43 Deutsch-Iranische Handelskammer: http://iran.ahk.de/uploads/media/ Member2Member_Page.jpg
44 http://www.stern.de/news/iran-soll-am-bau-israelischer-u-boote-betei- ligt-sein-7224410.html, 04. 12. 2016.
45 http://www.haaretz.com/israel-news/report-israel-to-deploy-nuclear-ar- med-submarines-off-iran-coast-1.293005, 30. 05. 2010.
46 http://www.stern.de/news/iran-soll-am-bau-israelischer-u-boote-betei- ligt-sein-7224410.html, 04. 12. 2016.
47 Interview mit Jürgen Grässlin im Juni 2017.

Tourismus auf Messers Schneide

1 https://de.statista.com/themen/702/tourismus-weltweit/
2 UN WTO: Tourism Highlights 2016 Edition, S. 2, http://www.e-unwto. org/doi/pdf/10.18111/9789284418145
3 http://www.auswaertiges-amt.de/DE/Laenderinformationen/00-SiHi/ MaledivenSicherheit.html?nn=382590, Stand 14. 05. 2017.
4 https://www.welt.de/politik/ausland/article127555940/Malediven-schi- cken-Siebenjaehrige-in-Todeszelle.html, 02. 05. 2014.
5 https://www.welt.de/vermischtes/weltgeschehen/article119271042/Verge- waltigungsopfer-wird-doch-nicht-ausgepeitscht.html, 22. 08. 2013.
6 https://www.amnesty.de/laenderbericht/malediven, Seitenaufruf 14. 05. 2017.
7 https://www.state.gov/j/inl/rls/nrcrpt/2014/supplemental/227935.htm, Seitenaufruf 14. 05. 2017.
8 World Tourism Organisation UNWTO 2016 Edition http://www.e-unw- to.org/doi/pdf/10.18111/9789284418145.
9 http://www.auswaertiges-amt.de/DE/Aussenpolitik/Laender/Laenderin- fos/Malediven/Wirtschaft_node.html, Stand März 2016.
10 Geschäftsbericht der TUI AG 2015/16, S. 261.
11 Ebd., S. 10.
12 https://www.gstcouncil.org/en/members-partners/our-sponsors.html
13 https://www.thomascookgroup.com/wp-content/uploads/2016/12/ TCAR16.pdf, S. 26.
14 http://rewe-group-geschaeftsbericht.de/2015/index.html.
15 http://www.dertouristik.com/de/nachhaltigkeit/
16 http://www.globalcompact.de/de/teilnahme/teilnehmerverzeichnis.php?p ageIdc93e5fe2=9#list_c93e5fe2.
17 Vgl. im Folgenden: http://www.daserste.de/information/politik-weltge- schehen/weltspiegel/malediven-urlaubsparadies-als-touristenheimat- 100.html, 21. 02. 2016.

18 Wolfgang Därr: *Malediven.* Ostfildern 2008, S. 51.

19 https://www.parlament-berlin.de/ados/18/IIIPlen/vorgang/d18-0006.pdf

20 Zit. nach: http://www.bild.de/politik/inland/malediven/isis-breitet-sich-auf-malediven-aus-44840420.bild.html, 17. 03. 2016.

21 World Tourism Organisation UNWTO 2016 Edition, http://www.e-unwto.org/doi/pdf/10.18111/9789284418145.

22 Kurz-Marktstudie der AHK Doha, Februar 2017, S. 6.

23 World Tourism Organisation UNWTO 2016 Edition, http://www.e-unwto.org/doi/pdf/10.18111/9789284418145

24 https://de.statista.com/statistik/daten/studie/486903/umfrage/einnahmen-durch-internationale-touristen-in-dubai/

25 http://tourism-insider.com/2016/11/indonesien-20-prozent-mehr-deutsche-gaeste-in-2016/

26 https://www.welt.de/vermischtes/article118203574/Norwegerin-wird-vergewaltigt-und-muss-dafuer-in-Haft.html, 19. 07. 2013.

27 http://www.spiegel.de/panorama/justiz/mutmassliche-vergewaltigung-oesterreicherin-darf-aus-dubai-ausreisen-a-950302.html, 31. 01. 2014.

28 https://www.welt.de/vermischtes/article159581796/Soll-ich-eine-Vergewaltigung-anzeigen-Ganz-klar-nein.html, 18. 11. 2016.

29 Gespräch mit einem Beamten des Bundeskriminalamtes im März 2017.

30 https://www.treasury.gov/ofac/downloads/sdnlist.pdf, Stand 19. Mai 2017.

31 https://www.amnesty.de/laenderbericht/indonesien, Seitenaufruf 14. 05. 2017.

32 https://www.welt.de/newsticker/news1/article164387241/Christlicher-Gouverneur-von-Jakarta-muss-wegen-Blasphemie-zwei-Jahre-in-Haft.html, 09. 05. 2017.

33 https://www.morgenpost.de/politik/article210514857/Blasphemie-Christlicher-Gouverneur-in-Indonesien-verurteilt.html, 09. 05. 2017.

34 http://www.spiegel.de/politik/ausland/indonesien-gouverneur-von-jakarta-wegen-gotteslaesterung-in-haft-druck-der-strasse-gebeugt-a-1146880.htmlv.09.05.2017

35 Vgl. im Folgenden: Shelley, Louise I.: *Dirty Entanglements. Corruption, Crime and Terrorism.* Cambridge 2014, S. 35.

36 http://www.spiegel.de/reise/aktuell/terror-und-tourismus-die-folgen-politischer-umbrueche-datenanalyse-a-1076229.html

37 http://www.spiegel.de/politik/ausland/indonesien-gouverneur-von-jakarta-wegen-gotteslaesterung-in-haft-druck-der-strasse-gebeugt-a-1146880.html, 09. 05. 2017.

38 http://ethicaltraveler.org/wp-content/uploads/2017/01/ED-2017-report-final.pdf

39 Antwort der DER Touristik GmbH, 24. 05. 2017.

40 Antwort der TUI AG, 24. 05. 2017.

41 https://www.bundestag.de/abgeordnete18/biografien/S/stetten_christi-an/259072, Seitenaufruf 25. 05. 2017.
42 Antwort des Bundestagsabgeordneten Christian von Stetten, 07. 06. 2017.
43 *ÖKO-TEST*: »Mit gutem Gewissen fair reisen«, 01. 04. 2017.

Vorschläge für ein friedliches Miteinander und die Grenzen des Appeasement

1 http://www.sueddeutsche.de/politik/golfstaaten-salafisten-sponsoring-verstoesst-gegen-die-deutsche-staatsraeson-1.3292253
2 Kermani, Navid: »Über die Grenzen – Jacques Mourad und die Liee in Syrien«, http://www.friedenspreis-des-deutschen-buchhandels.de/sixcms/media.php/1290/2015%20Friedenspreis%20Reden.1611966.pdf, 2015, S. 10.
3 https://de.statista.com/statistik/daten/studie/2473/umfrage/rohoelimport-hauptlieferanten-von-deutschland/
4 https://de.statista.com/statistik/daten/studie/172674/umfrage/verteilung-der-oelimporte-der-eu-nach-herkunft
5 Napoleoni, Loretta: *Die Ökonomie des Terrors*. München 2003, S. 18.
6 ARD-Magazin »Kontraste« vom 15. 12. 2016.
7 https://fowid.de/meldung/religionszugehoerigkeiten-deutschland-2015
8 IAB-BAMF-SOEP-Befragung von Geflüchteten: Überblick und erste Ergebnisse 2016.

Dominic Musa Schmitz

Ich war ein Salafist

Meine Zeit in der
islamistischen Parallelwelt

Klappenbroschur.
Auch als E-Book erhältlich.
www.econ.de

Ein Insiderblick in die deutsche Salafisten-Szene

Er war mit Salafisten-Prediger Pierre Vogel auf Pilger-
fahrt in Mekka und agierte als rechte Hand des Islamis-
ten-Führers Sven Lau: Dominic Schmitz konvertierte
als 17-Jähriger zum Islam und war als »Musa Almani«
tief in der deutschen Salafisten-Szene verankert. Mit
professioneller Propaganda warb er neue Anhänger,
einige seiner Brüder kämpften für den »Islamischen
Staat«.

Doch mit der Zeit beginnt Dominic, die Verbote der
Salafisten zu hinterfragen und sich nach seiner Freiheit
zurückzusehnen. Von seinem Wirken als salafistischer
Missionar und seinem Ausstieg erzählt Dominic Musa
Schmitz ehrlich und aufrüttelnd.

Econ